CATALOGUE

MÉTHODIQUE

DE LA

BIBLIOTHÈQUE COMMUNALE

DE LA

VILLE D'AMIENS.

POLYGRAPHIE-HISTOIRE LITTÉRAIRE-BIBLIOGRAPHIE.

CATALOGUE

MÉTHODIQUE

DE LA

BIBLIOTHÈQUE COMMUNALE

DE LA

VILLE D'AMIENS

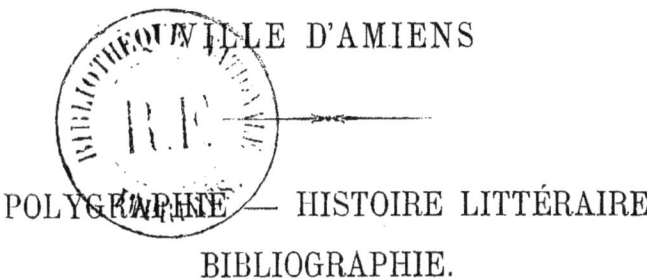

POLYGRAPHIE — HISTOIRE LITTÉRAIRE
BIBLIOGRAPHIE.

AMIENS
IMPRIMERIE YVERT, RUE DES TROIS-CAILLOUX, 64

1873

CATALOGUE

MÉTHODIQUE

DE LA

BIBLIOTHÈQUE COMMUNALE

DE LA

VILLE D'AMIENS

POLYGRAPHIE — HISTOIRE LITTÉRAIRE

BIBLIOGRAPHIE.

AMIENS

Imprimerie YVERT, rue des Trois-Cailloux, 64

1873

A Monsieur le Maire de la Ville d'Amiens.

Monsieur le Maire,

Ce volume que j'ai l'honneur de vous présenter, et qui est le dixième, termine le Catalogue des livres imprimés de la Bibliothèque communale d'Amiens.

Ce long & pénible travail, commencé en 1853, a besoin, aujourd'hui, d'être complété par un supplément. Depuis vingt ans, en effet, la Bibliothèque n'est point restée stationnaire et, chaque année, elle a reçu, grâce à la subvention votée par le Conseil municipal, aux dons des divers Ministères, à la généreuse sympathie de nos concitoyens et même d'étrangers, des accroissements dont il n'a pu être tenu compte, & seulement en partie, que dans les derniers volumes.

Les sections des Belles-Lettres, des Sciences & de l'Histoire notamment, se sont enrichies de nombreux ouvrages qu'il importe de faire connaître au public qui, autrement, n'aurait qu'une idée imparfaite des ressources que peut trouver l'homme d'étude dans notre dépôt littéraire.

Le Conseil municipal, qui a fait si largement les frais de cette publication, l'a bien compris ; il n'a point voulu que cet inventaire restât inachevé, & il a voté cette année encore un nouveau crédit.

Je commence donc ce dernier volume ; et, si l'imprimeur veut bien me seconder, l'année ne se passera point sans que j'aie achevé cette œuvre à l'accomplissement de laquelle j'ai mis tout le soin et tout le zèle qu'il était possible d'y apporter.

Veuillez agréer, Monsieur le Maire, l'assurance de mes sentiments respectueux,

J. GARNIER.
Conservateur de la Bibliothèque.

Bibliothèque. Février 1873.

Le catalogue méthodique de la Bibliothèque communale de la ville d'Amiens, par M. J. GARNIER, Conservateur, se compose des volumes suivants :

Manuscrits. 1843. 1 vol. in-8°.

Imprimés :

I. Polygraphie. — Histoire littéraire. — Bibliographie. 1873. 1 vol.
II. Théologie. 1869-1870. 2 vol.
III. Jurisprudence. 1864. 1 vol.
IV. Sciences et arts. 1859. 1 vol.
V. Médecine. 1853. 1 vol.
VI. Belles-lettres. 1854. 1 vol.
VII. Histoire des religions. 1862. 1 vol.
VIII. Histoire. 1856-1857. 2 vol.

Il faut y joindre :

Catalogue de la Bibliothèque de M. le comte Charles de l'Escalopier, publié par les soins de J. F. Delion. **Paris. 1866-67. Delion. 3 vol. in-8. Port.**

CATALOGUE

DE LA

BIBLIOTHÈQUE COMMUNALE
D'AMIENS.

POLYGRAPHIE — HISTOIRE LITTÉRAIRE —
BIBLIOGRAPHIE.

POLYGRAPHIE.

Ire DIVISION. — TRAITÉS GÉNÉRAUX. — ENCYCLOPÉDIES.

a. — Introduction à l'étude des sciences.

1. — *Henrici Cornelii* AGRIPPÆ de incertitudine et vanitate scientiarum declamatio invectiva, denuò ab autore recognita. . . .
   S. l. n. n. 1537. 1 vol. in-8.
2. — Paradoxe sur l'incertitude, vanité et abus des Sciences. Traduite en françois, du latin de *Henry Corneille* AGR. (AGRIPPA. Par *L.* DE MAYERNE-TURQUET).
   S. l. n. n. 1523. 1 vol. in-8.
3. — *Francisci* (BACONIS) *Baronis de Verulamio*, de dignitate et augmentis scientiarum, libri IX.
   Parisiis. 1624. P. Mettayer. 1 vol. in-4.
4. — *Francisci* BACONIS *de Verulamio* de dignitate et augmentis scientiarum, libri IX. Ed. nov.
   Lugduni Bat. 1645. Moyardus. 1 vol. in-12

5. — De la confusion et des erreurs des sciences ; et des moyens d'y remédier. Discours tiré de la *Science universelle*. Par *C.* Sorel.
   Paris. 1641. Touss. Quinet. 1 vol. in-12.

6. — De scientiis religiosè acquirendis opusculum auctore R. P. fratre Licinio a sancta Scholastica Carmel.
   Parisiis. 1664. C. Calleville. 1 vol. in-12.

7. — *Octaviani* Ferrarii Mediolanensis de disciplina encyclio, ad L. Annibalem Cruceium, liber.
   Venetiis. 1560. Paulus Manutius, Ald. Fr. 1 vol. in-4.

** — *Gerardi Joannis* Vossii de artium et scientiarum natura ac constitutione libri quinque. Ante hac diversis titulis editi.
   Amstelodami. 1696. Blaeu. in-folio.
   Voyez Belles-Lettres N° 732.

---

b. — Classification des connaissances humaines.

** — *Athanasii* Kircheri ars magna sciendi.
   Amstelodami. 1669. Janssonius. 1 vol. in-fol.
   Voyez : *Sciences et Arts.* N° 3108.

8. — Idealis umbra sapientiæ generalis à R. P. F. *Spiritu* Sabbathier. Prodit in lucem posthumam satagente ac promovente R. P. F. *Francisco-Maria* (Jablier).
   Parisiis. 1679. D. Jablier. 1 vol. in-8.

— L'ombre idéale de la sagesse universelle, par le R. P. *Esprit* Sabbathier. L'ouvrage paroist au jour en qualité de posthume par les soins et la diligence du R. P. *François-Marie* (Jablier) *de Paris*.
   Paris. 1679. D^{elle} Jablier. in-8.

   Les feuilles ont été découpées, collées et pliées pour donner à l'ouvrage le format in-8.

** — Esquisse d'un tableau historique des progrès de l'esprit humain. Par *A.* Condorcet.
   Voyez : Œuvres de Condorcet. T. VI.

9. — Tableau des sciences philosophiques, mathématiques et physiques, des belles-lettres et des beaux-arts. (Par *P. S.* Dupont *de Nemours*).
   Paris. 1791. Du Pont. 8 tabl. in-fol.

10. - Exposition du tableau philosophique des connaissances humaines ; par le C^{en} *Arsenne* THIÉBAUT.
   Paris. an X. Imprimerie de la République. 1 vol. in-8.
11. — Esquisse d'un essai sur la philosophie des sciences, contenant un nouveau projet d'une division générale des connoissances humaines ; par M. *M. Ant.* JULLIEN.
   Paris. 1819. Baudouin Fr. 1 vol. in-8.
12. — Essai sur la philosophie des sciences, ou exposition analytique d'une classification naturelle de toutes les connaissances humaines ; par *André-Marie* AMPÈRE.
   Paris. 1834-1843. Bachelier. 2 vol. in-8.
13. — Une nouvelle classification des sciences, résumé de quelques leçons professées à la Faculté des lettres de Caen par M. *A.* CHARMA.
   Paris. 1859. Hachette. 1 vol. in-8.
14. — Introduction aux connaissances humaines, pages détachées d'un dictionnaire ou répertoire biographique et bibliographique, alphabétique et méthodique des sciences, des lettres et des arts, résumé de tous les recueils indiquant la vie et les ouvrages des hommes les plus remarquables, ainsi que les chefs-d'œuvre de l'humanité. Par *A.* DANTÈS. 2e éd.
   Paris. 1872. H. Delaroque. Pièce in-8.

c. — *Dictionnaires encyclopédiques.*

15. — Definitionarium universale scientiarum ordine alphabetico digestum. . . Studio et labore P. F. STANISLAI A S. BARTHOLOMEO, Carmel.
   Bononiæ. 1685. J. Montius. 1 vol. in-fol.
16. — Polyanthea, opus suavissimis floribus exornatum, compositum per *Dominicum* NANUM.
   Parisiis. 1512. Jehan Petit. 1 vol. in-fol.
17. — Florilegii magni, seu Polyantheæ floribus novissimis sparsæ, libri xx. Opus præclarum, suavissimis celebriorum sententiarum, vel græcarum vel latinarum flosculis refertum. Jam olim à *Dom.* NANO, *Bart.* AMAN-

TIO, *Fr.* TORTIO, ex Auctoribus cùm sacris, tùm profanis, vetustioribus et recentioribus, collectum. Studio dehinc et operâ *Josephi* LANGII meliore ordine dispositum. Editio aucta... Fr. SYLVII *Insulani* industria et labore.
Lugduni. 1620. De Harsy et Ravaud. 1 vol. in-fol.

18. — Florilegii magni, seu Polyantheæ.. libri XXIII.. Opus.. à *Josepho* LANGIO, post alios, meliore ordine dispositum. . . . Editio novissima... cui præter additiones et emendationes *Fr.* SYLVII *Insulani*, accesserunt libri tres, circa titulos, qui ad litteras K, X et Y pertinent.
Lugduni. 1659. Huguetan et Ravaud. 1 vol. in-fol.

19. — Florilegii magni, seu Polyantheæ tomus primus et secundus *Jani* GRUTERI, formatus concinnatusque ex quinquaginta minimum Auctoribus vetustis, græcis, latinis, sacris, profanis. . . .
Argentorati. 1624. Hær. Zetzneri. 2 vol. in-fol.

20. — Magnum theatrum vitæ humanæ: hoc est, rerum divinarum, humanarumque syntagma catholicum, philosophicum, historicum, dogmaticum, alphabetica serie Polyantheæ universalis instar, in tomos octo digestum. Auctore *Laurentio* BEYERLINCK.
Lugduni. 1656. Huguetan et Ravaud. 8 vol. in-fol.

** — Indiculus universalis, ou l'univers en abrégé, par le P. F. POMEY.
Voyez : Belles-lettres. 421-422.

21. — Dictionnaire des notions primitives, ou Abrégé raisonné et universel des élémens de toutes les connoissances humaines. (Par PUJET DE SAINT-PIERRE).
Paris. 1773. J. P. Costard. 4 vol. in-8.

22. — Dictionnaire universel des sciences, des lettres et des arts, rédigé, avec la collaboration d'auteurs spéciaux, par M. N. BOUILLET. 3ᵉ édit.
Paris. 1857. L. Hachette. 1 vol. gr. in-8.

23. — Dictionnaire général des lettres, des beaux-arts et des sciences morales et politiques. Par M. *Th.* BACHELET, une Société de littérateurs, d'artistes, de publicistes et de savants, et avec la collaboration et la co-direction de M. *Ch.* DEZOBRY.
Paris. 1862. Dezobry, Tandou et Cⁱᵉ. 2 vol. gr. in-8.

24. — Encyclopédie, ou dictionnaire raisonné des sciences, des arts et des métiers, par une Société de gens de lettres. Mis en ordre et publié par M. Diderot ; et quant à la partie mathématique, par M. D'Alembert.
Paris et Neufchatel. 1751-1780. 35 vol. in-fol.
<small>Aux 17 vol. de l'Encyclopédie sont joints : 1º Recueil de planches (Paris, 1762-77, 12 vol.). 2º Supplément (Paris, 1776-1777, 4 vol.). 3º Table analytique et raisonnée des matières par Mouchon. (Paris, 1780, 2 vol.)</small>

25. — Préjugés légitimes contre l'Encyclopédie, et essai de réfutation de ce dictionnaire. Par *Abraham-Joseph* de Chaumeix.
Paris. 1759. Hérissant. 8 vol. in-12.

26. — Esprit de l'Encyclopédie, ou recueil des articles les plus curieux et les plus intéressans de l'Encyclopédie, en ce qui concerne l'histoire, la morale, la littérature et la philosophie, (par *Remi* Ollivier) ; réunis et mis en ordre par M Hennequin. Nouv. édit.
Paris. 1822-1823. Verdière. 15 vol. in-8.

27. — Encyclopédie méthodique, ou par ordre de matières : par une Société de gens de lettres, de Savans et d'Artistes ; précédée d'un Vocabulaire universel, servant de Table pour tout l'ouvrage, ornée des portraits de MM. Diderot et d'Alembert, premiers éditeurs de l'Encyclopédie.
Paris. 1792-1832. Panckoucke et Agasse. 199 vol. in-4.
Cette collection se compose des dictionnaires suivants :
— Agriculture par MM. Tessier, Thouin, Fougeroux de Bondaroix, Bosc et Parmentier.
1787-1816. 6 vol.
— Dictionnaire de la culture des arbres et de l'aménangement des forêts, par MM. Bosc et Baudrillard.
1821. 1 vol.
— Art aratoire et du jardinage.
1 vol. et pl.
— Dictionnaire des amusements des sciences mathématiques et physiques, des procédés curieux des arts; des tours récréatifs et subtils de la magie blanche.
1792. 1 vol.
— Antiquités, mythologie, diplomatique des chartes et chronologie, par Mongez, de Sainte-Croix, Rabault-Saint-Etienne, Dupuis et Volney.
1786-1794. 8 vol. 3 de pl.

— Architecture. Par M. Quatremere de Quincy.
1788-1825. 3 vol.
— Art militaire. Par MM. de Keralio, Lacuée de Cessac, Pommereul et de Servan.
1784-97. 4 vol.
— Dictionnaire de l'artillerie, par le colonel H. Cotty.
1822. 1 vol.
— Arts et métiers mécaniques.
1782-1791. 16 vol. 8 de pl.
— Arts académiques. Equitation. Escrime. Danse et Art. de nager.
1786. 1 vol.
— Beaux-arts. Par MM. Levesque et Watelet.
1788-1791. 3 vol. 1 de pl.
— Dictionnaire de toutes les espèces de chasses.
1795. 2 vol. 1 de pl.
— Chymie, pharmacie et métallurgie. Par Guiton de Morveau, Maret, Duhamel, Guillot, Fourcroy, Vauquelin, Hassenfratz, Chevreul, etc.
1786-1815. 6 vol. Pl.
— Chirurgie. Par MM. De la Roche, Louis et Petit-Radel.
1790-92. 3 vol. 1 de pl.
— Commerce. Par MM. Baudeau et Savary.
1783-84. 3 vol.
— Economie politique et diplomatique. Par M. Démeunier.
1786-1788. 4 vol.
— Encyclopediana, ou dictionnaire encyclopédique des Ana.
1791. 1 vol.
— Finances. Par M. Rousselot de Surgy.
1784-1787. 3 vol.
— Forêts et bois, arbres et arbustes. Par MM. Blanquart de Septfontaines. — Physiologie végétale. Par M. J. Senebier. — Méthodes et tables pour la cubature des bois. . . Par M. de Septfontaines et M. de Prony.
1791-1815. 1 vol.
— Géographie ancienne. Par MM. Mentelle, Bonne et Desmarest.
1787-1792. 4 vol. 1 de pl.
— Géographie moderne. Par MM. Robert, Masson de Morvilliers, Mentelle, Bonne et Desmarest.
1787-1792. 3 vol. 4 de pl.
— Géographie physique. Par MM. Desmarest, Bory de Saint-Vincent, Doin, Ferry et Huot.
1795-1828. 6 vol. 1 de pl.
— Grammaire et littérature. Par MM. Marmontel et Beauzé
1782-1786. 3 vol.
— Histoire. Par MM. Gaillard, de Sacy, de Montigny, Turpin, etc.
1784-1804. 6 vol.
Dans le tome I l'Art héraldique ou du blason. Par M.

— Histoire naturelle.
1781-1832. 48 vol.
— Les quadrupèdes et les cétacés. — Les quadrupèdes ovipares et les serpents. — Les poissons. Par M. DAUBENTON. — Les oiseaux. Par M. MAUDUYT. — Les insectes. Par MM. MAUDUYT, OLIVIER, LATREILLE, GODARD, LEPELLETIER DE S. FARGEAU. SERVILLE et GUERIN. — Les vers, coquilles, mollusques. Par MM. BRUGUIÈRE, DE LAMARCK et DESHAYES. — Les zoophytes ou animaux rayonnés. Par MM. LAMOUROUX, BORY DE SAINT-VINCENT et EUDES DESLONGCHAMPS. — Botanique. Par MM. DE LAMARCK et J.-L.-M. POIRET.
— Les planches et leur description ont été publiées sous le titre de tableau encyclopédique et méthodique des trois règnes de la nature. L'abbé BONNATERRE a donné la Cétologie, l'Erpétologie, l'Ophiologie. l'Insectologie. l'Ictyologie, et l'Ornithologie avec VIEILLOT ; DESMAREST, la mammologie ; DE LAMARCK, les mollusques et les vers ; LATREILLE et GUÉRIN, les crustacées, les arachnides et les insectes.
— Jurisprudence. Par M. LERASLE.
1782-1792. 10 vol.
— Logique, métaphysique et morale. Par M. LACRETELLE.
1786-1791. 4 vol.
— Manufactures, arts et métiers. Par M. ROLAND DE LA PLATIÈRE. — Dictionnaire des teintures. Par G. T. DOIN. — Traité des huiles et des savons. Par M. POUTET.
1785-1828. 4 vol.
— Marine. Par MM. BLONDEAU et VIAL DE CLAIRBOIS.
1784-1787. 4 vol. 1 de pl.
— Mathématiques. Par MM. D'ALEMBERT, BOSSUT, DE LALANDE, CONDORCET, CASTILLON père et fils, BERNOUILLI, DE LA CHAPELLE, DARGENVILLE, DIDEROT et RALLIER DES OURMES. — Dict. des jeux. Par M.
1784-1789. 3 vol.
— Dict. des jeux mathématiques.
An VII. 2 vol. 1 de pl.
— Médecine. Par une Société de médecins sous la direction de VICQ-D'AZYR.
1787-1830. 13 vol.
— Musique. Par MM. FRAMERY, GINGUENÉ, DE MOMIGNY, SUARD et ROQUEFORT.
1791-1818. 2 vol.
— Dict. de toutes les espèces de pêches.
1796. 2 vol. 1 de pl.
— Philosophie ancienne et moderne. Par M. NAIGEON.
1791-1793. 3 vol.
— Dict. de physique, par MM. MONGE, CASSINI, BERTHOLON, HASSENFRATZ.
1793-1822. 5 vol. 1 de pl.
— Système anatomique. Par MM. VICQ-D'AZYR et H. CLOQUET.
1792-1830. 5 vol. 1 de pl.
— Théologie. Par M. l'abbé BERGIER.
1788-1790. 3 vol.

28. — Encyclopédie moderne, ou dictionnaire abrégé des sciences, des lettres et des arts, avec l'indication des ouvrages où les divers sujets sont développés et approfondies, par M. Courtin et par une Société de gens de lettres.
Paris. 1829-1832. Moreau. 26 vol. dont 2 de pl.
29. — Dictionnaire de la conversation et de la lecture. (Publié sous la direction de M. *William* Duckett.)
Paris. 1832-1839. Belin-Mandar. 52 vol. in-8.
30. — Encyclopédie du dix-neuvième siècle, répertoire universel des sciences, des lettres et des arts, avec la biographie de tous les hommes célèbres. (Publiée sous la direction de M. le comte A. de Saint-Priest).
Paris. 1842-1859. 28 vol in-8.
(Il y a 2 vol. de supplément et 1 de table.)
31. — Encyclopédie moderne. Dictionnaire abrégé des sciences, des lettres, des arts, de l'industrie, de l'agriculture et du commerce ; nouv. édit. publiée par MM. *Firmin* Didot frères, sous la direction de M. *Léon* Renier.
Paris. 1852-1856. F. Didot fr. 27 vol. in-8. 3 Atlas.
32. — Complément de l'encyclopédie moderne... publié par MM. *F.* Didot fr., sous la direction de MM. *Noël* Des Vergers et *Léon* Renier et de M. *Edouard* Carteron.
Paris. 1856-1862. F. Didot fr. 12 vol. in-8. 2 atlas.

d. — Encyclopédies.

33. — Bibliotheca mundi Vincentii *Burgundi*, ex Ord. Præd. ven. Episcopi Bellovacencis, speculum quadruplex, naturale, doctrinale, morale, historiale. In quo totius naturæ Historia, omnium scientiarum Encyclopædia, moralis philosophiæ Thesaurus, temporum et actionum humanarum Theatrum.... exhibetur.... Omnia nunc recognita.... Opera et studio Theologorum Benedictinorum Collegii Vedastini in alma Academia Duacensi.
Duaci. 1624. Bellerus. 4 vol. in-fol.

34. — Tractatus de proprietatibus rerum editus a fratre Bartholomeo anglico ordinis fratrum minorum.
   Argentine. 1480. Nic. de Bensheym. 1 vol. in-fol.
35. — Idem opus.
   (Lugduni). 1482. Petrus Ungarius. 1 vol. in-fol.
   Le premier feuillet marque.
36. — Le proprietaire en francoys (translaté *de Barthelemy* de Glanville, par *Jehan* Corbichon et reviste par *Pierre* Ferget).
   Paris. s. d. Vérard. 1 vol. in-fol.
   Le dernier feuillet manque.
   ** — Li livres dou tresor par *Brunetto* Latini, publié pour la première fois d'après les manuscrits de la Bibliothèque impériale, de la Bibliothèque de l'Arsenal et plusieurs manuscrits des départements et de l'étranger. Par P. Chabaille. (1)
   Paris. 1863. Imprimerie impériale. 1 vol. in-4.
   Voyez : Collection de doc. inéd. sur l'hist. de Fr.
37. — Dies caniculares hoc est colloquia tria et vigenti physica, nova et penitus admiranda ac summa jucunditate concinnata : per *Simonem* Maiolum.... Opera M. G. Draudii prodit.
   Maguntiæ. 1610. Schonwetter. 3 vol. in-4.
38. — Dies caniculares ill. ac rev. Dn. *Simonis* Maioli.
   Moguntiæ. 1615. Schonwetter. 1 vol. in-fol.
39. — Les jours caniculaires c'est-à-dire : vingt et trois excellents discours des choses natureles et surnatureles, embellis d'exemples et d'histoires, tant anciennes que modernes, sacrées et prophanes, récitez par un Théologien, un Philosophe et un Gentil-homme. Composez en latin par Messire *Simon* Maiole.... Mis en françois par *F.* de Rosset.
   Paris. 1609-1612. R. Fouet. 3 vol. in-4.
   ** — Essais des merveilles de la nature et des plus nobles artifices. Par *René* François (*Etienne* Binet).
   Rouen. 1621. N. de Beauvais. 1 vol. in-4.
   Voyez : Sciences et Arts. n° 3505-3506.

---

(1) Chabaille *(François-Adrien-Polycarpe)*, né à Abbeville, le 19 janvier 1796, mort à Vincennes, le 16 octobre 1863.

e. — *Cours d'études encyclopédiques.*

40. — Bref sommaire des sept vertus, sept ars liberaulx, sept ars de poésie, sept ars mechaniques, des philozophies, des quinze arts magiques. La louenge de musique. Plusieurs bonnes raisons à confondre les Juifz qui nyent l'advenement nostre-seigneur Jésuchrist. Les dicts et bonnes sentences des philozophes. Avec les noms des premiers inventeurs de toutes choses admirables et dignes de savoir.... faict par *Guillaume* Telin.
   Paris. 1528. Galliot du Pré. 1 vol. in-8.

41. — *Joachimi* Fortii Ringelbergii opera.
   Antuerpiæ. 1531. Gryphius. 1 vol. in-8.

42. — *P*. Rami Scholæ in liberales artes.
   Basileæ. 1569. Eus. Episcopius. 1 vol. in-fol.

43. — *Martiani Minei Felicis* Capellæ satyricon, in quo de nuptiis Philologiæ et Mercurii libri duo, et de septem artibus liberalibus libri singulares. Omnes, et emendati, et notis, sive Februis *Hug*. Grotii illustrati.
   Antuerpiæ. 1599. Plantinus. 1 vol. in-8.

44. — *Joan*. à Wower de polymathia tractatio. Integri operis de studiis veterum ἀποσπασμάτιον.
   Basileæ. 1603. Froben. 1 vol in-4.

45. — *Joannis Ludovici* Vivis de disciplinis libri xii. Septem de corruptis artibus; quinque de tradendis disciplinis.
   Lugduni Batav. 1636. S. Maire. 1 vol. in-12.

46. — *Joan. Henrici* Alstedii scientiarum omnium encyclopædiæ tomi IV.
   Lugduni. 1649. Huguetan. 4 en 2 vol. in-fol. Port.

47. — *Nicolai* Forest Duchesne florilegium universale liberalium artium et scientiarum : philologicum, mathematicum philosophicum, ac theologicum. Auctuario physico-mathematico illustratum. Tomus prior.
   Lutetiæ Par. 1650. Alex. Lesselin. 1 vol. in-4.

48. — *Gerardi Joannis* Vossii de quatuor artibus popularibus, de philologia, et scientiis mathematicis, cui

Operi subjungitur, Chronologia mathematicorum, libri tres. (Edidit *Franciscus* JUNIUS).
Amstelodami. 1650. Blaeu. 1 vol. in-4.

49. — *Fr.* LEONIS (*Joannis* MACÉ) Carmelitæ Studium sapientiæ universalis. Contextus scientiæ humanæ.
Parisiis. 1657. Ant. Padeloup. 1 vol. in-fol.

50. — L'Académie des sciences et des arts, pour raisonner de toutes choses, et parvenir à la sagesse universelle. Par le R. P. LEON (*Jean* MACÉ).
Paris. 1679. Besoigne. 2 vol. in-12.

51. — De l'instruction de Monseigneur le Dauphin. (Par le Sieur DE LA MOTTE LE VAYER.)
Paris. 1640. S. Cramoisy. 1 vol. in-4.

** — La science universelle de SOREL.
Voyez : *Sciences et Arts.* Nos 148-149.

** — De la perfection de l'homme. Par *Ch.* SOREL.
Paris. 1655. R. de Nain. 1 vol. in-4.
Voyez : *Sciences et Arts.* N° 150.

52. — Idée générale des sciences. Ne éd.
Paris. 1696. M. et G. Jouvenel. 1 vol. in-8.

53. — Traité historique et critique de l'opinion, par M. *Gilbert Charles* LE GENDRE.
Paris. 1741. Briasson. 7 vol. in-12.

** — Le spectacle de la nature. Par l'Abbé *N.-A.* PLUCHE.
Paris. 1741-50. V. Etienne. 8 vol. in-12.
Voyez : *Sciences et Arts.* N° 928.

** — La sciences des personnes de cour, d'épée et de robe du Sieur DE CHEVIGNI.
Paris. 1752. Vᵉ Lottin. 8 vol. in-12.
Voyez : *Sciences et Arts.* N° 925.

54. — Encyclopédie élémentaire, ou introduction à l'étude des lettres, des sciences et des arts. Par M. l'Abbé de PETITY.
Paris. 1767. Hérissant fils. 3 vol. in-4.
Cette ouvrage porte un second titre :
Bibliothèque des artistes et des amateurs : ou tablettes analytiques, et méthodiques, sur les sciences et les beaux-arts. Par M. l'abbé DE PETITY.
Paris. 1766. Simon.

55. — Abrégé de toutes les sciences, à l'usage des enfants. Nᵉ édit. rev. et corr. par M. FORMEY.
Berlin. 1772. J. Pauli. 1 vol. in-12.

56. — Même ouvrage. N° édit.
   Bruxelles. 1782. Le Francq. 1 vol. in-12.
57. — Encyclopédie élémentaire, ou rudiment des sciences et des arts. Par *J. M. C.* (Cromelin).
   Autun. 1775. De Jussieu. 3 vol. in-12.
** — Eraste ou l'ami de la jeunesse. Par M. l'Abbé Fillassier.
   Paris. 1807. 2 vol. in-8.
                                    Voyez : *sciences et arts.* N° 926-927.
58. — Eudoxe. Entretiens sur l'étude des sciences, des lettres et de la philosophie; par *J. P. F.* Deleuze.
   Paris. 1810. Schœll. 2 vol. in-8.
59. — Manuel complet des aspirants au baccalauréat ès-lettres. Par *A.* Delavigne.
   Paris. 1828. Villeret. 1 vol in-16.
60. — Séances des Écoles normales, recueillies par des sténographes, et revues par les professeurs. N° éd.
   Paris. 1800. Imp. du Cercle social. 13 vol. in-8.
61. — Mélanges tirés d'une grande bibliothèque. *(Par A.-R.* d'Argenson, Marquis de Paulmy et Contant d'Orville.
   Paris. 1779-88. 69 vol. in-8.
62. — Bibliothèque universelle des dames.
   Paris. 1785. Hotel Serpente. 152 vol. in-18.
   Cette ouvrage se divise ainsi :

1	Voyages. 20 vol. et 2 atlas.	7	Mathématiques. 9 vol.
2	Histoire. 30 vol.	8	Astronomie et physique. 6 vol.
3	Mélanges. 15 vol.	9	Chimie.— Physique de l'homme et de la femme.— Botanique.— Economie rurale et domestique. 14 vol.
4	Théâtre. 13 vol.		
5	Romans. 24 vol.		
6	Morale. 17 vol.	10	Musique. 2 vol.

Le tome 2 de la physique de l'homme manque.

IIe Division. — Polygraphes.

a. — *Polygraphes grecs.*

** — ΞΕΝΟΦΩΝΤΟΣ τὰ σωζόμενα. Xenophontis scripta quæ supersunt.
                                    Voyez : Histoire. N. 793 à 798.
** — ΑΡΙΣΤΟΤΕΛΟΥΣ ἅπαντα. — Aristotelis... opera omnia.
                                    Voyez : Sciences et Arts. N. 39 à 44.

63. — ΠΛΟΥΤΑΡΧΟΥ Χαιρωνεως τά σωζόμενα πάντα. PLUTARCHI Chæronensis quæ exstant omnia, cum latina interpretatione *Hermanni* CRUSERII : *Gulielmi* XYLANDRI, et doctorum virorum notis, et libellis variantium lectionum ex Mss. Codd. diligenter collectarum, et indicibus accuratis.
Francofurti. 1599. And. Wecheli heredes. 2 vol. in-fol.

** — ΠΛΟΥΤΑΡΧΟΥ συγγράμματα. — PLUTARCHI opera.
Parisiis. 1841-1855. Amb. F. Didot. 5 vol. in-8,
Voyez : Scrip. græc. Bibl.
I. II. Vitæ. Secundum codices parisinos recognovit *Th.* DŒHNER. — III, IV. Scripta moralia. Ex codicibus quos possidet regia Bibliotheca omnibus cum Reiskiana editione collatis emendavit *Fr.* DÜBNER. — V. Fragmenta et spuria. Cum codicibus contulit et emendavit *Fr.* DÜBNER.

64. — Œuvres de PLUTARQUE, traduites du grec par *Jacques* AMYOT; avec des notes et des observations de M. l'Abbé BROTIER, de M. VAUVILLIERS et de M. l'Abbé BROTIER neveu.
Paris. 1783-87. Cussac. 22 vol. in-8. Fig.
I. XII. Vies des hommes illustres. — XIII. XVII. Œuvres morales. — XVIII. XXII. Œuvres mélées.

*' — THEOPHRASTI græcè et latinè opera omnia.
Voyez : Sciences et Arts. N. 2220.
** — PHILONIS Judæi omnia quæ extant opera.
Voyez : Théologie. N. 1996.
** — Les œuvres de PHILON. Mises de grec en françois par *P.* BELLIER.
Ibid. N. 1997.
** — Les œuvres de PHILON... Translatez en françois par *F.* MOREL.
Ibid. N. 1998.

65. — ΛΟΥΚΙΑΝΟΥ ἅπαντα. LUCIANI Samosatensis opera, quæ quidem extant, omnia, græcè et latinè, in quatuor tomos divisa : unà cum *Gilberti* COGNATI, et *Joannis* SAMBUCI annotationibus utilissimis : narratione item de vita et scriptis Authoris *Jac.* ZUINGERI. Ed. nitidiss.
Basileæ. 1563. Seb. Henricpetri. 4 vol. in-8.

66. — ΛΟΥΚΙΑΝΟΥ Σαμοσατεως ἅπαντα. — LUCIANI Samosatensis opera omnia in duos tomos divisa. *Johannes* BENEDICTUS emendavit et latinam versionem recognovit.
Salmurii. 1619. Piededius. 2 vol. in-8.

** — ΛΟΥΚΙΑΝΟΥ τοῦ Σαμοσατεωσ τά σωζόμενα. — LUCIANI Samosaten-

sis opera ex recensione *Guilielmi* Dindorfii, græcè et latinè, cum indicibus.

Parisiis. 1840. Amb. F. Didot. 1 vol. in-8.

Vid. Sript. græc. Bibl.

67. — ΛΟΥΧΙΑΝΟΥ Σαμοσατεως φιλοσοφοῦ τὰ σωζόμενα. Luciani *Samosatensis* philosophi opera omnia quæ extant. Cum latina doctiss. virorum interpretatione (*J.* Micylli, *M.* Boleri, *D.* Erasmi, *Ott.* Luscinii, P. Virunii, *Th.* Mori, *Aug.* Dathi, *Petri* Mosellani, Bilibaldi Birckheimeri, *V.* Obsopoei, Anastasii, *Ph.* Melanchthonis, *J.* Sinapii). *J.* Bourdelotius cum regiis Codd. aliisque Mss. contulit, emendavit, supplevit. Adjectæ sunt ejusdem Bourdelotii, *Th.* Marcilii, *G.* Cognati notæ.

Lutetiæ. 1615. Bertault. 1 vol. in-folio.

68. — Luciani Samosatensis opera, quæ quidem extant, omnia, à græco sermone in latinum conversa, nunc postremùm multò diligentius et melius quàm antè, ad græcum exemplar correcta et emendata.

Parisiis. 1546. Vascosanus. 1 vol. in-fol.

69. — Luciani opera, quæ quidem extant, omnia è græco sermone in latinum, partim jam olim diversis authoribus, partim nunc per *Jac.* Micyllum, translata.

Lugduni. 1549. Frellon. 1 vol. in-fol,

70. — ΛΟΥΧΙΑΝΟΥ Σαμοσατεωσ μέροσ δεύτερον.

Basileæ. 1545. Palma Isingrinus. 1 vol. in-8.

71. — Lucien de la traduction de *N.* Perrot S[r] d'Ablancourt.

Paris. 1655. Courbé. 2 vol. in-4.

72. — Lucien, de la traduction de *N.* Perrot, Sieur d'Ablancourt. Avec des remarques sur la traduction. N[e] édit.

Paris. 1707. Guignard. 3 vol. in-12.

73. — OEuvres complètes de Lucien de Samosate. Traduction nouvelle, avec une introduction et des notes, par *Eugène* Talbot.

Paris. 1857. Hachette. 2 vol. in-18.

74. — Philostrati *Lemnii* opera quæ extant. Philostrati *Junioris* Imagines, et Callistrati Ecphrases. Item Eusebii Cæsariensis Episcopi liber contra Hieroclem,

qui ex Philostrati historia æquipararat Apollonium Tyaneum Salvatori nostro Jesu Christo. Græca latinis è regione posita ; *Fed.* Morellus cum Mss contulit, recensuit: et hactenus nondum latinitate donata. vertit.
Parisiis. 1608. Cl. Morellus. 1 vol. in-fol.

** — Philostratorum et Callistrati opera, Recognovit *Anton.* Westermann.
Parisiis. 1849. A.-F. Didot. 1 vol. in-8.
Voyez : Scrip. græc. Bibl.

75. — Æliani de varià historià libri XIIII. Nunc primùm et latinitate donati, et in lucem editi, *Justo* Vulteio interprete. Item, de politiis, sive Rerum publicarum descriptiones, ex Heraclide, eodem interprete.
Lugduni. 1567. J. Tornesius. 1 vol. in-16.

76. — ΚΛ. ΑΙΛΙΑΝΟΥ ποικίλης. ἱστορίας βιβλία ΙΔ. *Cl.* Æliani variæ historiæ libri xiv. Cum notis *Johannis* Schefferi et interpretatione *Justi* Vultell. Editio novissima variis lectionibus trium Msctorum codicum è regia Parisiensi bibliotheca, notis posthumis *Joh.* Schefferi. Fragmentis Æliani, novis denique annotationibus aucta, curante *Joachimo* Kühnio.
Argentorati. 1685. J. F. Spoor. 1 vol. in-8.

77. — ΚΛ. ΑΙΛΙΑΝΟΥ Σοφιστοῦ ποικίλη ἱστορία —, *Cl.* Æliani Sophistae varia historia, cum notis integris *Conradi* Gesneri, *Johannis* Schefferi, *Tanaquilli* Fabri, *Joachimi* Kühnii, *Jacobi* Perizonii, et interpretatione latina *Justi* Vulteji, innumeris in locis emendata. Curante *Abrahamo* Gronovio qui et suas adnotationes adjecit.
Lugduni Batav. 1731. Luchtmans. 2 vol. in-4.

** — Æliani de natura animalium varia historia, epistolæ et fragmenta . . . . Recognovit, annotatione critica et indicibus instruxit *Rud.* Hercher.
Parisiis. 1858. A.-F. Didot. 1 vol. in-8.
Voyez : Scrip. græc. Bibl.

** — Eusebii Pamphili opera quæ extant omnia.
Voyez : Théologie. N. 2055.

78. — ΙΟΥΛΙΑΝΟΥ Αὐτοκράτορος τά σωζόμενα. — Juliani Imperatoris ra quæ extant omnia, à *Petro-Martinio* Morentino et *Carolo* Cantoclaro latina facta....
Parisiis. 1583. Duvallius. 1 vol. in-8.

79. — ΙΟΥΛΙΑΝΟΥ Αὐτοκράτοροσ τά σωζόμενα. — Juliani Imperatoris opera, quæ quidem reperiri potuerunt, omnia. Ea verò partim antehac edita, partim nunc primùm è manuscriptis eruta græcè latinèque prodeunt, cum notis.
   Parisiis. 1630. Seb. Cramoisy. 1 vol. in-4.
80. — ΙΟΥΛΙΑΝΟΥ τοῦ Αὐτοκράτορος μισοπώγων, καί ἐπιστολαί. — Juliani Imperatoris Misopogon et Epistolæ, græcè latinèque nunc primùm edita et illustrata à *Petro-Martinio* Morentino. Addita est præfatio de vita Juliani eodem authore.
   Parisiis. 1566. And. Wechelus. 1 vol. in-8.
81. — OEuvres complètes de l'Empereur Julien, traduites pour la première fois, du grec en français, accompagnées d'argumens et de notes, et précédées d'un abrégé historique et critique de sa vie; par *R.* Tourlet.
   Paris. 1821. Moreau. 3 vol. in-8.

b. — Polygraphes latins anciens.

82. — Opera Ciceronis rhetorica, oratoria, forensia et philosophica, præmisso indice et vita ex Livio... Addita per *Leonardum* Arretinum Æschinis accusatio, et Demosthenis defensio.
   Parisiis. 1522. Jehan Petit. 2 vol. in-fol.
83. — *Marci Tullii* Ciceronis omnia, quæ in hunc usque diem extare putantur opera, in tres secta tomos. Quibus addita Æschinis contra Ctesiphontem oratio, et Demosthenis defensio, *Leon.* Aretino interprete.
   Basileæ. 1528. Cratander. 3 vol. in-fol.
   Il manque le second volume, contenant les discours.
84. — *Marci Tullii* Ciceronis opera omnia quæ exstant, à *Dionysio* Lambino ex codicibus manuscriptis emendata, et aucta.... Ejùsdem *D.* Lambini annotationes.
   Parisiis. 1566. J. du Puys. 4 en 2 vol. in-fol.

85. — Eadem.
   Parisiis. 1566. Rovillius. 4 en 2 vol. in-fol.
   Le titre et la préface seuls sont d'une impression différente.
86. — *M.-Tullii* Ciceronis opera omnia. Præter hactenus vulgatam Dion. Lambini editionem, accesserunt D. Gothofredi notæ...
   Coloniæ Allobrog. 1606. Chouet. 1 vol. in-4.
87. — *M. Tullii* Ciceronis opera omnia : cum Gruteri et selectis variorum notis et indicibus locupletissimis, accurante C. Schrevelio.
   Amstelodami. 1661. L. et D. Elzevirii. 1 vol. in-4.
88. — *M. Tullii* Ciceronis opera quæ supersunt omnia. Ad fidem optimarum editionum diligenter expressa. Voluminibus XX. (Ex editione *J.* Oliveti.)
   Glasguæ. 1749. Rob. et And. Foulis. 20 vol. in-12.
   I. III. Opera rhetorica.— IV. IX. Orationes. — X. Orationes suppositæ. — XI. XV. Opera philosophica. — XVI. XX. Epistolæ.
89. — *M. Tullii* Ciceronis opera. Cum indicibus et variis lectionibus.
   Oxonii. 1783. Clarendon. 10 vol. in-4. Port.
   I. Rhetorica. — II. III. Philosophica. — IV. V. VI. Orationes. — VII. Epistolæ ad familiares. — VIII. Epistolæ ad Atticum.— IX. Epistolæ ad Fratrem. Poemata. Ciceronis historia per *Fr.* Fabricium.: *Des.* Jacotii.de philosophorum doctrina libellus ex Cicerone. — X. Indices.
   " — *M.-T.* Ciceronis quæ exstant omnia opera, cum deperditorum fragmentis, in quatuor partes divisa, item indices quinque novi et absolutissimi.
   Parisiis. 1828-31. F. Didot. 19 vol. in-8.
   Voyez : Bibl. class. lat.
   I. II. Opera rhetorica et oratoria. Recensuit *J. W.* Rinn. — III. VIII. Orationes omnes... Recensuit *J.-Vict.* Le Clerc. — IX. XIV. Opera philosophica... Curante... *M. N.* Bouillet. — XV. XVII. Epistolarum omnium libri... Recensuit *J. Vict.* Le Clerc. XVIII. Fragmenta... Recensuit *J. Vict.* Le Clerc.— XIX. Indices.
90. — Les œuvres de Cicéron de la traduction de M. Du Ryer, etc.
   Paris. 1670. La Compagnie. 12 vol. in-12.
   I. La rhétorique. Du meilleur genre d'orateurs. Oraisons. — II. VI. Les oraisons. — VII. VIII. Epistres familières. — IX. Les offices ou les devoirs de la vie civile. Lettres de Brutus et de Cicéron. — X. Les Tusculanes.— XI. De la nature des Dieux. La consolation. — XII. De la vieillesse. De l'amitié. Des orateurs illustres. Songe de Scipion.
   Le troisième volume manque.
91. — OEuvres complètes de *M. T.* Cicéron, traduites en

français, le texte en regard. (Par ACHAINTRE, AUGER, BERNARDI, BINET, BOUHIER, CASTILLON, COLLIN, DURAND, GALLON DE LA BASTIDE, GIRAUD, LEMAIRE, LEVÉE, LIEZ, MORABIN, MONGAULT, D'OLIVET, l'abbé PRÉVOST, REGNIER-DESMARAIS, *Eus.* DE SALVERTE, VERGER).
Paris. 1816-1817. Fournier. 31 vol. in-8. Port.

<small>I. IV. Ouvrages de rhétorique. — V. XIII. Discours. — XIV. XX. Lettres. — XXI. Lettres. Questions académiques. — XXII. XXVII. Ouvrages philosophiques. — XXVIII. XXIX. Histoire de Cicéron, tirée de ses écrits et des monumens de son siècle. Par MIDDLETON. Traduit de l'anglais par l'Abbé PRÉVOST. — XXX. XXXI. *J. A.* ERNESTI clavis ciceroniana, sive indices rerum et verborum philologico-critici; accedunt græca Ciceronis necessariis observationibus illustrata.</small>

92. — Œuvres complètes de **M. T.** CICÉRON, traduites en français, avec le texte en regard. Edition publiée par *Jos. Vict.* LE CLERC.
Paris. 1821-1824. Lefèvre. 30 vol. in-8. Port.

<small>Aux traducteurs de la collection précédente il faut ajouter *J. L.* BURNOUF, *J. S.* DE CASTILLON, *A.-Th.* GAILLARD, *P.* GOUBAUX, *P. C. R.* GUÉROULT, *J. V.* LECLERC, *J.* NAUDET, *Ch.* DE RÉMUSAT, *B. A.* DEWAILLY, qui ont traduit à nouveau ou revu certaines parties.

I. Prolégomènes. Discours préliminaire par *J. V.* LE CLERC. Vie de Cicéron, par PLUTARQUE. Notice bibliographique. — II. V. Ouvrages de rhétorique. — VI. XIV. Discours. — XV. XVII. Lettres familières. — XVIII. XX. Lettres à Atticus. — XXI. Lettres à Atticus, à Quintus, à Brutus. — XXII. XXVIII. Ouvrages philosophiques. — XXIX. Anciens et nouveaux fragments. — XXX. Tables.</small>

** — Œuvres complètes de CICÉRON. — Traduction nouvelle par MM. ANDRIEU, CHAMPOLLION-FIGEAC, DE GUERLE, DELCASSO, DE GOLBERY, DU ROZOIR. AJASSON DE GRANSAGNE, GUÉROULT, LIEZ, MATTER, PANCKOUCKE, PERICAUD, PIERROT, RABANIS, STIEVENART, *J. P.* CHARPENTIER, GRESLOU, AGNANT, BOMPART, L. CHEVALIER, A. LUCAS, MANGEART, et A. POMMIER.
Paris. 1830-37. Panckoucke. 37 vol. in-8.

Voyez : Bibl. latine franç.

93. — Fragmenta CICERONIS, variis in locis dispersa, *Caroli* SIGONII diligentia collecta, et scholiis illustrata.
Venetiis. 1559. Stella. 1 vol. in-8.

** — Thesaurus M. Tullii Ciceronis.
Parisiis. 1556. Carol. Stephanus. 1 v. in-fol.

Voyez : Belles-Lettres. N° 386.

94 — VALERII MAXIMI dictorum ac factorum memorabilium tam Romanorum, quam exterorum collectanea, cum

Oliverii *Arzignanensis* commentario, et *Jodoci* Badii Ascensii familiarissima ac plane dilucida expositione, adjectis quattuor et vigenti exemplis ab Aldo prius impressis, quæ in plerisque exemplaribus desiderantur.
Luteciæ. 1517. Vuolphang Hopil. 1 vol. in-fol.

95. — Valerii Maximi moralium exemplorum libri novem, summa diligentia castigati, ac fidelissimis eruditissimorum virorum Oliverii S. *Arziganensis, Jodocique* Badii Ascensii commentariis enarrati, quibus addita sunt quatuor et vigenti exempla, nuper Aldi Manutii industria inventa, ejusdem Ascensii commentariis exornata. — Insunt præterea Theophili perutiles lucubrationes. — Adjunctis etiam autoritatibus Livii, Justini, Plutarchi, Dionysii, et multorum aliorum illustrium historiographorum, quæ in aliis deerant.
Venetiis. 1558. (Apud. J. N. Bonellum). 1 vol. in-fol.

96. — Valerii Maximi dictorum factorumque memorabilium libri ix. Infinitis mendis ex veterum exemplarium fide repurgati, atque in meliorem ordinem restituti, per *Stephanum* Pighium. Accedunt in fine ejusdem annotationes : et breves notæ *Justi* Lipsii.
Antuerpiæ. 1600. M. Nutius. 1 vol. in-8.

97. — Valerii Maximi dictorum factorumque memorabilium libri ix. Cum J. Lipsii notis et indice uberrimo.
Amstelodami. 1660. J. Janssonius. 1 vol. in-8.

98. — Valerii Maximi dictorum factorumque memorabilium libri ix, annotationibus, in usum studiosæ juventutis, instar commentarii, illustrati, operà et industrià *Johannis* Min-Ellii.
Parisiis. 1720. Nyon. 1 vol. in-8.

** — Valerius Maximus de dictis factisque memorabilibus et *Jul.* Obsequens de prodigiis, cum supplementis *Conradi* Lycosthenis et selectis eruditorum notis, quos recensuit novisque accessionibus locupletavit *Car. Ben.* Hase. — Addita sunt fragmenta *Joan.* Lydi, Astrampsychi, Nicephori et Zoroastis.
Parisiis. 1822-1823. F. Didot. 2 vol. in-8.
Voyez : Bib. class. lat.

99. — Les dix livres de Valère Le Grand, contenans les

exemples des faits et dits mémorables, tant des vertueux que des vicieux personnages anciens. Par lesquels les hommes, par la loüange des vertus, ou par le reproche des vices seront enflammez à suyvre les uns, et avoir en horreur les autres. Traduits nouvellement de latin en françois par Maistre J. Le Blond. Rouen. 1615. N. Angot. 1 vol. in-8.

** — Valère Maxime. Faits et paroles mémorables. Traduction nouvelle par C. A. F. Frémion.
Paris. 1827-1828. Panckoucke. 3 vol. in-8.

Voyez : Bibl. lat. franç.

100 — *Dionysii* de Burgo declaratio Valerii Maximi.
S. l. n. n. n. d. 1 vol. in-fol.

Ce commentaire de Valère Maxime que l'on suppose imprimé à Strasbourg par Mentelin, vers 1472, sans titre ni réclames, à 369 feuillets de 36 lignes par pages, et commence ainsi : *Incipit epistola super declaracione Valerii Maximi. Edita a fratre dionysio de Burgo sancti sepulcri ordinis fratrum heremitarum sancti Augustini*. L'auteur y expose le but de son commentaire. L'initiale de cette lettre, qui occupe les deux premières pages, et celle de l'ouvrage sont manuscrites, en rouge et bleu.

101. — *L.* Apuleii opera, quæ extant, omnia. Cum *Phil.* Beroaldi in Asinum aureum eruditissimis commentariis : recensque *Godescalci* Stevvechii in L. Apuleii opera omnia quæstionibus et conjecturis... Accesserunt *J.* Casauboni in Apologiam doctissimæ castigationes, *J.* Pyrrhi in libros iv. Floridorum scholia, *F.* Roaldi variæ lectiones. *J.* Gruteri suspiciones et *G.* Schoppii suspectæ lectiones.
Lugduni. 1614. Anth. De Harsy. 2 vol. in-8.

I. De Asino aureo libri XI. — II. Floridorum libri IV. — De dogmate Platonis. — De philosophia sive de Deo Socratis. — Apologiæ. — De mundo, sive Cosmographia. — De medicaminibus herbarum. — Mercurii Trismegisti Asclepius, de voluntate Dei. L. Apuleio interprete. — De syllogismo categorico.

** — Apulée. Traduction nouvelle par M. V. Bétolaud.
Paris. 1836. Panckoucke. 4 vol. in-8.

Voyez : Bibl. lat. franç.

** — *C. Sol.* Apollinaris Sidonii opera.

Voyez : Théologie. N. 2351-2352.

** — Magni *Aurelii* Cassiodori Senatoris opera omnia.

Voyez : Théologie. N. 2370.

** — Sancti Isidori Hispalensis Episcopi opera omnia quæ extant.

Voyez : Théologie. N. 2383.

c. — *Polygraphes latins modernes.*

** — ALANI Magni de Insulis cognomento *Universalis* opera moralia, parænetica et polemica, quæ reperiri potuerunt.
Antuerpiæ. 1654. Lesteenius. 1 vol. in-fol.
Voyez : Théologie. N. 2629.

** — Beati ALBERTI *Magni* opera.
Lugduni. 1651. Prost. 21 vol. in-fol.
Voyez : Théologie. N. 2553.

** — *Raymundi* LULLII opera ea quæ ad inventam ab ipso artem universalem... pertinent.
Argentorati. 1617. L. Zetzner. 1 vol. in-8.
Voyez : Sciences et Arts. N. 1777.

102. — *Francisci* PETRARCHÆ *Florentini*, Philosophi, Oratoris et Poetæ clarissimi, opera quæ extant omnia. In quibus præter Theologica, Naturalis, Moralisque Philosophiæ præcepta, liberalium quoque artium Encyclopediam, Historiarum thesaurum et Poesis divinam quandam vim, pari cum sermonis majestate conjuncta invenies. Adjecimus ejusdem authoris, quæ Hetrusco sermone scripsit carmina..
Basileæ. 1554. Henrichus. Petri. 1 vol. in-fol.

103. — Eadem.
Basileæ. 1581. Seb. Henricpetri. 1 vol. in-fol.

104. — *Francisci* PETRARCHÆ opuscula latina. Accedit BENEVENUTI DE RAMBALDIS libellus qui *Augustalis* dicitur.
Basileæ. 1496. J. de Amerbach. 1 vol. in-fol.

105. — *Laurentii* VALLÆ opera, nunc primo non mediocribus vigiliis et judicio quorundam cruditiss. virorum in unum volumen collecta, et exemplaribus variis collatis, emendata.
Basilæ. 1543. Henrichus Petrus. 1 vol. fol.

106. — Opera omnia *Joannis* PICI, *Mirandulæ Concordiæque Comitis.*—Item, tomo II, *Joannis Francisci* PICI *Principis*, ex eadem illustri prosapia oriundi, opera quæ extant omnia.
Basileæ. 1573. Officina Henricpetrina. 2 vol. in-fol.

107. — Eadem.
Basileæ. 1601. Seb. Henricpetri. 2 en 1 vol. in-fol.

108. — *Joannis* Pici *Mirandulæ* omnia opera.
   Venetiis. 1519. G. de Fontaneto. 1 vol. in-fol.
   A la suite :
   Franc. Poggii (Bracciolini) Florentini opera.
   Basileæ. 1538. Henricus Petri. in-fol.

109. — Omnium *Angeli* Politiani operum (quæ quidem extare novimus) tomus prior et posterior.
   Parisiis. 1519. J. B. Ascensius. 2 en 1 vol. in-fol.

110. — Commentariorum urbanorum *Raphaelis* Volaterrani octo et trigenta libri. — Item OEconomicus Xenophontis, ab eodem latio donatus.
   Lugduni. 1552. Gryphius. 1 vol. in-fol.

111. — *Nicolai Leonici* Thomaei de varia historia libri tres nuper in lucem editi.
   Basileæ. 1531. Froben. 1 vol. in-4.

112. — *Nicolai Leonici* Thomaei de varia historia libri tres.
   Lugduni. 1555. S. Gryphius. 1 vol. in-16.

113. — *Des.* Erasmi *Rot.* operum tomi ix.
   Basileæ. 1540. Frohen. 9 en 8 vol. in-fol.
   Le tome premier manque.
   I. Colloquia. — II. Adagiorum chiliades IV. — III. Epistolarum libri XXVIII. — IV. Quæ ad morum institutionem pertinent. — V. Quæ ad pietatem instituunt.— VI. Novum Testamentum (græc lat.)— In Novum Testamentum annotationes. — VII. Paraphrases in Novum Testamentum. — VIII. Theologica ex græcis Scriptoribus theologicis in latinum sermonem transfusa. — IX. Apologiæ.

114. — *Desid.* Erasmi *Rot.* opera præcipua.
   Lugd. Batav. 1642. Joan. Maire. 5 vol. in-12.
   I. Vita. Epistolæ illustres. Consultatio de bello Turcis inferendo. — II. Dialogus de recta latini græcique sermonis pronunciatione. Dialogus ciceronianus: sive de optimo genere dicendi. — III. Querela pacis. De sarcienda Ecclesiæ concordia.— Principis christiani institutio.—IV. Lingua, sive de linguæ usu atque abusu. — Encomium moriæ.— De ratione studii.— De ratione instituendi discipulos.— V. De virtute amplectenda. —De præparatione ad mortem.— De morte declamatio.— De puero Jesu concio.— Enchiridion militis christiani.— De contemptu mundi.

115. — *Thomæ* Mori *Angli* omnia, quæ hucusque ad manus nostras pervenerunt, latina opera : quorum aliqua nunc primùm in lucem prodeunt, reliqua verò multò quam antea castigatiora.
   Lovanii. 1566. J. Bogardus. 1 vol. fol.

116. — *Thomæ* Mori, Angliæ ornamenti eximii, lucubra-

tiones, ab innumeris mendis repurgatæ. — Utopiæ libri II. — Progymnasmata. — Epigrammata. — Ex LUCIANO conversa quædam.— Declamatio Lucianicæ respondens. — Epistolæ.
Basileæ. 1563. Episcopius. 1 vol. in-8.

117. — *Jo. Lodovici* VIVIS opera, in duos distincta tomos.
Basileæ. 1555. Episcopius. 2 vol. in-fol.

118. — *Caelii* CALCAGNINI opera aliquot.
Basileæ. 1544. Froben. 1 vol. in-fol.

119. — *Jacobi* SADOLETI opera quæ exstant omnia : ad Eloquentiam. Philosophiam, ac Theologiam pertinentia. Nunc primum è variis bibliothecis simul edita et aucta. Ad hæc *Antonii* FLOREBELLI orationes III.
Moguntiæ. 1607. Lippius. 1 vol. in-8.

120. — *Lilii Greg.* GYRALDI operum quæ extant omnium... tomi duo.
Basileæ. 1580. Guarinus. 2 vol. in-fol.

121. — *Adriani* TURNEBI libelli de vino, calore et methodo, nunc primùm editi. Cum ARISTOTELIS lib. de his quæ auditu percipiuntur, ab eodem TURNEBO latinitate donato.
Parisiis. 1600. C. Morellus. 1 vol. in-8.

A la suite :

. — *Adriani* TURNEBI lucubrationes variæ — C. Plinii historiæ naturalis præfatio emendata et annotationibus illustrata.— In M. T. Ciceronis. I. Academicas questiones ; — II. de Fato ; — III. de Legibus libros tres, una cum Apologia ;— IV. in Orationem pro C. Rabirio, commentarii eruditiss.
Antuerpiæ. 1597. Commelinus. in-8.

122. — *Joannis-Genesii* SEPULVEDÆ opera nuper ab eodem authore recognita : quæ cum prius dispersa ferrentur, nunc primùm in unum quasi corpus digesta, et impressa fuerunt.
Parisiis. 1541. Sim. Colinæus. 1 vol. in-8

123. — Opera *Joan.* GOROPII BECANI, hactenus in lucem non

edita : nempe, Hermathena, Hieroglyphica, Vertumnus, Gallica, Francica, Hispanica.

Antuerpiæ. 1580. Plantinus. 1 vol. in-fol.

124. — *Hieronymi* CARDANI opera omnia : tam hactenus excusa, quam nunquam aliàs visa, ac primùm ex auctoris ipsius autographis eruta : curà *Caroli* SPONII.

Lugduni. 1663. Huguetan. 10 vol. in-fol.
    I. Philologica, logica, moralia. — II. Moralia quædam et physica. — III. Physica. — IV. Arithmetica, geometrica, musica. — V. Astronomica, astrologica, onirocritica. — VI. IX. Medicinalium libri IV. — X. Fragmenta. Paralipomenon libri XVIII.

125. — Somniorum Synesiorum omnis generis insomnia explicantes, libri IIII. Per *Hieronymum* CARDANUM.— Quibus accedunt, ejusdem hæc etiam : — De libris propriis.— De curationibus et prædictionibus admirandis. — Neronis encomium. — Geometriæ encomium.— De uno.— Actio in Thessalicum medicum. — De secretis. — De gemmis et coloribus. — De morte.— Item ad somniorum libros pertinentia : De minimis et propinquis. — De summo bono.

Basileæ. 1585. Seb. Henricpetri. 1 vol. in-4.

126. — *Georgii* BUCHANANI *Scoti* opera omnia, historica, chronologica, juridica, politica, satyrica et poetica.. Notis aliisque utiliss. Accessionibus illustrata et aucta. curante *Thoma* RUDDIMANNO. Cum indicibus et præfatione *Petri* BURMANNI.

Lugduni Bat. 1725. Langerak. 2 vol. in-4. Port.

127. — *Petri* PITHOEI opera, sacra, juridica, historica, miscellanea.

Parisiis. 1609. Seb. Cramoisy. 1 vol. in-4.

128. — *Justi* LIPSII opera, quæ velut in partes antè sparsa, nunc in certas classes digesta, atque in gratiam et utilitatem legentium in novum corpus redacta et II tomis comprehensa.

Lugduni. 1613. Cardon. 2 vol. in-fol.
    I, Autoris vita. — Opera critica. — Epistolæ. — II. Opera politica et historica.

129. — *Justi* LIPSII opera omnia postremum ab ipso aucta et recensita...

Antuerpiæ. 1637. Moretus. 4 vol. in-fol.

I. Fama Lipsii postuma — Opera quæ ad Criticam spectant.— II. Epistolarum centuriæ decem. — III. Historia et antiquitas, maxime Romana. — IV. Quæ ad prudentiam et civilem doctrinam, itemque ad sapientiam pertinent. — Index.

130. — *Justi* Lipsii opera quædam.
Recueil factice. 1 vol. in-4 contenant :
. — De cruce libri tres. . . Unà cum notis.
Antuerpiæ. 1594. Officina Plantiniana.
. — Lovanium : sive Opidi et Academiæ ejus descriptio.
Antuerpiæ. 1605 Off. Plantiniana.
. — Justi Lipsii sapieutiæ et litterarum antistitis fama postuma.
. — Assertio Lipsiani donarii adversus Gelastorum suggillationes.
. — Justi Lipsii principatus litterarius, à *Gaugerico* Rivio scriptus ad ritum priscum.
Antuerpiæ. 1607. Off. Plantiniana.
. — Admiranda, sive de magnitudine romana libri quattuor.
Antuerpiæ. 1598. Off. Plantiniana.

131. — *Jos. Justi* Scaligeri opuscula varia antehac non edita.
Parisiis. 1610. H. Beys. 1 vol. in-4.
A la suite :
. — *Jacobi* Bornitii de nummis in Repub. percutiendis et conservandis libri duo.
Hanoviæ. 1608. Cl. Marnius. in-4.

132. — *Nicolai* Fabri opuscula. Cum ejusdem Fabri vita. Scriptore *Fr.* Balbo.
Parisiis. 1614. Pet. Chevalier. 1 vol in-4.

133. — *Adami* Blacuodæi opera omnia.
Parisiis. 1644. S. et G. Cramoisy. 1 vol. in-4.

134. — Les méditations historiques de M. *Philippe* Cameranius. Comprises en trois volumes qui contiennent trois cens chapitres réduits en quinze livres : tournez de latin en françois par S. G. S. (*Simon* Goulart *Senlisien*). Nᵉ édit.
Lyon. 1610. Vᵉ A. de Harsy. 3 en 1 vol. in-4.

135. — *Francisci* Baconi *Baronis de Verulamio* opera omnia

quæ extant : philosophica, moralia, politica, historica, His præfixa est auctoris vita.
Francofurti. 1665. Matt. Kempfferius. 1 v. in-f. Port.
** — Œuvres philosophiques, morales et politiques de *François* Bacon, Baron de Vérulam, Vicomte de St-Alban, avec une notice biographique par *J. A. C.* Buchon.
Paris. 1836. Desrez. 1 vol. in-8.
Voyez : *Panthéon littéraire.*

136. — Viridarium sacræ ac profanæ eruditionis, à P. *Francisco* de Mendoça. Editio postrema.
Lugduni. 1635. G. Boissat. 1 vol. in-fol.
Voyez aussi : Théologie. N. 416.

137. — *Ger. Joannis* Vossii tractatus duo. Quorum prior de cognitione sui. Alter commentarium in Epistolam Plinii de Christianis et Edicta Cæsarum Romanorum adversus Christianos continet.
Amstelodami. 1656. Janssonius. 1 vol. in-16.

138. — *Petri* Gassendi opera omnia in sex tomos divisa.
Lugduni. 1658. Anisson. 6 vol. in-folio.
I. II. Syntagma philosophicum. Logica, Physica, Ethica. — III. Philosophica opuscula. — IV. Opera astronomica. — V. Opera humaniora ac miscellanea. — VI Epistolæ et responsa. 1621-1655.

139. — Miscellaneorum libri duo. Authore *Daniele* Priezaco.
Lutetiæ. 1658. Rocolet. 1 vol. in-4.

140. — B. D. S. (*Benedicti* de Spinosa) Opera posthuma. I. Ethica, more geometrico demonstrata. — II. Politica. — III. De emendatione intellectus. — IV. Epistolæ et ad eas responsiones. — V. Compendium grammatices linguæ hebrææ. (Edidit Jarrig Jellis).
S. n. n. l. 1677. 1 vol. in-4.

141. — *Isaaci* Vossii variarum observationum liber.
Londini. 1685. Rob. Scott. 1 vol. in-4.

142. — *Pauli* Colomesii opera theologici, critici et historici argumenti, junctim edita curante *Jo. Alberto* Fabricio.
Hamburgi. 1709. Typis Spieringianis. 1 vol. in-4.
** — *Pauli* Colomesii opuscula.
Voyez : Belles-Lettres. N. 3057.

143. — *Joh. Christophori* Wagenseilii exercitationes sex varii argumenti.
Norimbergæ. 1687. P. Furstius. 1 vol. in-4.

144. — *Gothofredi Guillelmi* Leibnitii opera omnia, nunc

primum collecta, in classes distributa, præfationibus et indicibus exornata, studio *Ludovici* Dutens.
Genevæ. 1768. Fr. de Tournes. 5 en 6 vol. in-4.Port.
<small>I. Opera, theologica. — II. Logica, Metaphysica, Physica generalis, Chymia, Medicina, Botanica, Historia naturalis, Artes. — III. Opera mathematica. — IV. Philosophia in genere et opuscula Sinenses attingentia. Historia et antiquitates. Jurisprudentia. — V. Opera philologica. — VI. Philologicorum continuatio. Collectanea etymologica.</small>

145. — OEuvres de Leibniz publiées pour la première fois d'après les manuscrits originaux, avec notes et introductions, par *A*. Foucher de Careil
Paris. 1859-65. Didot. 6 vol. in-8.

146. — *Joan*. Harduini opera varia, cum indicibus et tabulis æneis.
Amstelodami. 1733. Du Sauzet. 1 vol. in-fol.
** — *Joannis* Harduini opera selecta.
Amstelodami. 1709. Delorme. 1 vol. in-fol.
<small>Voyez : Histoire. N. 4880.</small>

---

d. — Polygraphes allemands.

147. — *Friedrichs* von Schiller sammtliche Werke.
Stuttgart und Tubingen. 1827-28. Cotta. 18 vol. in-12.
<small>I. II. Vie de Schiller. Poésies. — III. X. Théâtre. — XI. Œuvres en prose. — XII. XIII. Histoire du soulévement des Pays-Bas contre la domination des Espagnols. — XIV. XV. Guerre de 30 ans. — XVI. XVIII. Mélanges d'histoire, d'esthétique et de littérature</small>

148. — Schiller's sammtliche Werke mit Stahlstichen.
Stuttgart und Tubingen. 1835. Cotta. 12 vol. in-8.
<small>I. Poésies. — II. VII. Théâtre. — VIII. Histoire du soulévement des Pays-Bas. — IX. Guerre de trente ans. — X. XII. Œuvres diverses en prose.</small>

149. — OEuvres de Schiller. Traduction nouvelle par *Ad*. Regnier.
Paris, 1859-61 Hachette. 8 vol. in-8.
<small>I. Poésies. — II. IV. Théâtre. — V. VI. Œuvres historiques. — VII. Mélanges. — VIII. Esthétique.</small>

150. — Goethe's Werke.
Stuttgart und Tubingen. 1828-33. Cotta. 55 v. in-18.
<small>I. V. Poésies diverses. — VI. Notes et notices diverses. — VII. XV. Théâtre. — XVI. Werther. — XVII. XXIII. Romans. — XXIV. XXVI. Mémoires. — XXVII. XXIX. Voyage en Italie. — XXX. Campagne de 1792.</small>

—XXXI.XXXII. Journal complémentaire. 1749-1822.—XXXIII. Articles ds critique. — XXXIV. XXXV. Mémoires de Benvenuto Cellini. — XXXVI. Le neveu de Rameau. Essai de Diderot sur la peinture. — XXXVII. Winkelmann. Hackert. — XXXVIII. Introduction dans les Propylées. — XXXIX. Etudes d'art. — XL. Le poème du Renard. — XLI. Second Faust. — XLII. Gaetz de Berlichingen. — XLIII. Voyage en Suisse et sur le Rhin. — XLIV. Mélanges. — XLV. Théâtre et littérature d'Allemagne. — XVLI. Mélanges de littérature étrangère. — XLVII. Poésies. XLVIII. 4ᵉ partie des mémoires. — XLIX. Miscellanées. — L. LV. Mélanges d'histoire naturelle.

151. — GOETHE's Werke. Vollstandige Ausgabe letzer Hand.
Stuttgart und Tubingen. 1837. Cotta. 5 vol. in-8.
I.II. Poésies. Théâtre. Romans. — III. Les années de voyages de W. Meister. Les années d'apprentissage. Mémoires. Voyages en Italie. — IV. Mélanges. — V. Mélanges de littérature.— Histoire naturelle.

152. — Œuvres de GOETHE. Traduction nouvelle par *Jacques* PORCHAT.
Paris. 1861-1863. Hachette. 10 vol. in-8.
I. Poésies diverses. Pensées. Divan oriental. — II. V. Théâtre. — VI. Poèmes et romans. — VII. Les années d'apprentissage de Wilhem Meister. — VIII. Les années de voyage de W. Meister. Entretiens d'émigrés allemands. Les bonnes femmes. Nouvelle. — VIII. Mémoires. — IX. Voyages en Suisse et en Italie. — X. Mélanges.

e. — Polygraphes anglais.

153. — Les œuvres mêlées de M. le Chevalier TEMPLE.
Utrecht. 1693. A. Schouten. 2 vol, in-12.
154. — Œuvres postumes du Chevalier TEMPLE.
Utrecht. 1704. G. Van de Water. 1 vol. in-12.
** — Œuvres complètes de L. STERNE. Traduites de l'anglais par une Société de gens de lettres. (FRENAIS, LESPINASSE, RAYNAL, SALAVILLE, LABEAUME et MELLINET). Nᵉ éd.
Paris. 1818. Ledoux et Tenré. 4 vol. in-8.
Voyez : Belles-Lettres. N. 2424.

f. — Polygraphes italiens.

155. — Œuvres de MACHIAVEL (traduites par *F.* TÉTARD). Nᵉ édit. augm. de l'*Anti-Machiavel* (de FRÉDÉRIC II), et autres pièces.
La Haye, 1743. La Compagnie. 6 vol. in-12.
I. II. Discours politiques sur la première décade de Tite-Live,—II Vie de

Castruccio-Castracani.— Récit de la manière dont se servit le duc de Valentinois, pour se défaire de Vitelli... Portrait de la France. Portrait de l'Allemagne. — III.L'art de la guerre.— IV. V. Histoire de Florence. —VI. Vie de Machiavel.—Examen du Prince.—Le Prince.— Ecrits concernant l'Anti-Machiavel.

** — Œuvres complètes de *N*. MACCHIAVELLI avec une notice biographique par *J. A. C.* BUCHON.
Paris. 1837. Desrez. 2 vol. in-8.
Voyez : Panthéon littéraire.
I. Ouvrages historiques. — Ouvrages relatifs à l'art de la guerre. — Ouvrages philosophiques et politiques, — II. Ouvrages dramatiques. — Poésies diverses.— Œuvres diverses en prose.— Légations et missions. — Correspondance.

156. — Il quarto ritratto de'discorsi, e delle descrittioni del signor *Giorgio* GRATIANI.
Venetia. 1633 Righettini. 1 vol. in-12.

157. — Histoire critique de la vie civile, et lettres familières de M. *Vincent* MARTINELLI. Traduit de l'italien.
Amsterdam, 1769. Rozet. 2 vol. in-12.

---

g. — Polygraphes espagnols.

---

158. — Les diverses leçons de *Pierre* MESSIE. Contenans variables et memorables histoires : mises en françois par *Claude* GRUGET.
Lyon. 1563. Cotier. 1 vol. in-8.

159. — Les diverses leçons de *Pierre* MESSIE. Mises de castillan en françois par *Cl.* GRUGET: avec sept dialogues de l'Autheur, dont les quatre derniers ont esté de nouveau traduicts en ceste quatriesme édition. Plus la suite de celles d'*Antoine* DU VERDIER : S. DE VAUPRIVAZ, augmentée d'un septiesme livre.
Tournon. 1610. Michel. 2 vol. in-8.

160. — Œuvres de DONOSO CORTÈS, marquis de VALDEGAMAS, publiées par sa famille, précédées d'une introduction par M. *Louis* VEUILLOT. 2e édit.
Paris. 1862. Vaton. 3 vol. in-8.

h. — *Polygraphes français.*

161. — Les œuvres de Maistre *Alain* Chartier, contenans l'Histoire de son temps, l'Espérance, le Curial, le Quadrilogue, et autres pièces, toutes nouvellement revues... par *André* Du Chesne.
Paris. 1617. S. Thiboust. 1 vol. in-4.

162. — Œuvres complètes de *Michel* L'Hospital, ornées de portraits et de vues dessinées et gravées par *Tardieu* et précédées d'un essai sur sa vie et ses ouvrages par P. J. S. Duféy, *de l'Yonne.*
Paris. 1824. Boulland et C⁰. 6 vol. in-8.
_{I. Harangues. — II. Harangues. Mémoires d'état. — III. Epistolarum libri IV. — IV. Epistolarum libri V. VI. Tumuli (Poemata). Portraits et vues. — V. Traité de la réformation de la justice. — VI. Suite du traité de la réformation de la justice. Mémoires d'Estat. Essai sur la législation du XVIe siècle.}

** — Œuvres de *Michel* de Montaigne, avec une notice biographique par J. A. C. Buchon.
Paris. 1837. Desrez. 1 vol. in-8.
Voyez : Panthéon littéraire.

163. — Les œuvres de feu M. *Claude* Fauchet. Reveues et corrigées en ceste dernière édition, suppléées et augmentées sur la copie, mémoires et papiers de l'Autheur, de plusieurs passages et additions...
Paris. 1610. De Heuqueville. 1 vol. in-4.

** — Œuvres complètes de *Pierre* de Bourdeille, abbé séculier de Brantome.
Voyez : Panthéon littéraire.
Voyez : Publications de la Société l'histoire de France.

164. — Les œuvres d'*Estienne* Pasquier... et les lettres de *Nicolas* Pasquier fils d'Estienne.
Amsterdam. 1723. Libraires associez. 2 vol. in-fol.
_{I. Recherches de la France. — Pour-parler du Prince. — Pour-parler de la loy. — L'Alexandre. — Plaidoyé pour M. le Duc de Lorraine. — Plaidoyé de M. Versoris pour les Jésuites, contre l'Université. — Epigrammata. — Icones. — Epigraphia. — II. Lettres. — Œuvres meslées. — Le monophile. — Colloques d'amour. — Lettres amoureuses. — Œuvres poétiques. — Lettres de *Nicolas* Pasquier.}

165. — Les œuvres du Sʳ Du Vair. Comprises en cinq parties.
Rouen. 1617. Osmont. 1 vol. in-8.

166. — Les mêmes. Dernière édition.
Paris. 1619. Chevalier. 1 vol. in-fol.

167. — Les œuvres de Messire *François* DE MALHERBE. 3ᵉ éd.
Troyes. 1635. J. Balduc. 1 vol. in-8.

168. — Les œuvres de M. SARASIN.
Paris. 1656. Aug. Courbé. 1 vol. in-4.

169. — Les œuvres de M. SARASIN, contenant les traitez suivans : la Conspiration de Valstein... S'il faut qu'un jeune homme soit amoureux... La vie de Pomponius Atticus... La pompe funèbre de Voiture et diverses poésies... Discours de la tragédie... Le siége de Dunkerque... Opinion du nom et du jeu des Echets.
Paris. 1694. Cramoisy. 1 vol. in-12.

** — Les œuvres diverses du Sieur DE BALZAC.
Paris. 1664-1677. 5 vol. in-12.
Voyez : Belles-Lettres. N. 3068.

** — Pensées, fragments et lettres de *Blaise* PASCAL, publiées pour la première fois conformément aux manuscrits originaux en grande partie inédits, par M. *Prosper* FAUGÈRE.
Paris. 1844. Andrieux. 2 vol. in-8.
Voyez : Théologie. N. 26.

170. — OEuvres de *François* DE LA MOTHE LE VAYER. 3ᵉ édit.
Paris. 1662. Courbé. 2 vol. in-fol. Port.
I. De l'instruction de Mgr le Dauphin. Jugement sur les historiens grecs et latins. De la vertu des payens. Des Français et des Espagnols. — II. Opuscules. Petits traitez en forme de lettres. Prose chagrine.

171. — OEuvres diverses de M. ARNAUD D'ANDILLY, divisées en trois tomes.
Paris. 1675. Le Petit. 3 vol. in-fol.
I. Poëme sur la vie de J.C.—De la réformation de l'homme intérieur.— S. EUCHER. Du mépris du monde.—L'Echelle sainte par S. JEAN CLIMAQUE.—Instructions chrétiennes tirées des lettres de M. de S. CYRAN. La vie du B. Grégoire Lopez, par *Fr.* LOSA. — II. Vies des Saints Pères des déserts et de quelques saintes. — III. Histoire de l'Ancien Testament.—Les Confessions de S. AUGUSTIN.

172. — OEuvres de M. l'Abbé DE SAINT-RÉAL. Nouv. édit.
La Haye. 1722. Vaillant. 5 vol. in-12. Fig.
I. De l'usage de l'histoire. Histoire de la Conjuration des Gracques. Affaires de Marius et de Sylla. — II. Fragments d'histoire romaine. — III. La Vie de Jésus-Christ. — IV. Histoire de Don Carlos. Conjuration des Espagnols contre les Vénitiens. Mémoires de la Duchesse de Mazarin.—V.Traités de philosophie, de morale et de politique.—Lettres sur divers sujets.— De la critique.

** — Œuvres de M. de Saint-Evremond publiées sur les manuscrits de l'auteur (par Des Maizeaux).
Londres. 1711. Tonson. 7 vol. in-12.

Voyez : Belles-Lettres. N 3075.

173. — OEuvres de M. de Saint Evremond, avec la vie de l'auteur. Par M. Des Maizeaux. N° éd.
S. n. n. l. 1740. 7 vol. in-12. Fig.

> I. II. Mélange curieux des meilleures pièces attribuées à M. de Saint Evremond et de quelques autres ouvrages rares et curieux. — III. Mémoires de Madame la Comtesse de M. (Murat) avant sa retraite. — IV. V. Œuvres. Vie de l'auteur. — VI. VII. Les mémoires de la vie du comte D*** avant sa retraite.

174. — OEuvres meslées de M. de Saint-Evremont.
Paris. 1688. Barbin. 1 vol. in-4.

175. — OEuvres de Messire *Jacques-Bénigne* Bossuet. (Publiées par *L. G.* Pérau et *Ch. Fr.* Leroy).
Paris. 1743-47. Le Mercier. 12 vol. in-4. Port.

> I. Dissertatio de Psalmis. Psalmi, Cantici et Libri Salomonis. — II. Explication d'Isaïe. Psaume XXI. L'Apocalypse. Instruction sur la Version du Nouveau-Testament imprimée à Trévoux. Catéchisme de M l'Evêque de Meaux. Prières ecclésiastiques. — III. Exposition de la doctrine de l'Eglise catholique. Histoire des variations des Eglises protestantes — IV. Avertissement aux Protestants. — Conférences avec M. Claude. — V. Traité de la Communion sous les deux espèces. Instructions sur les promesses de l'Eglise. Adoration de la croix. Prières de la messe. Réfutation du Catéchisme de P. Ferry. Sermon sur l'unité de l'Eglise. Méditations et instructions sur le Jubilé. Règlement pour les Filles de la Propagation de la Foi. Statuts et ordonnances synodales. Epistola quinque Praesulum ad Innocentem XII. Pièces concernant l'Abbaye de Jouarre. — VI, Instructions sur les états d'oraison. Divers écrits relatifs au livre des *Maximes des Saints.* — VII Quiétisme. Politique tirée de l'Ecriture sainte. Maximes et réflexions sur la comédie. - VIII. Discours sur l'Histoire universelle. Lettre au Pape sur l'instruction du Dauphin. Oraisons funèbres. Discours de réception à l'Académie française. — IX. Méditations sur sur l'Evangile. Discours sur la vie cachée en Dieu. Préparation à la communion et à la mort. — X, Elévation sur les mystères. Du libre-arbitre. De la concupiscence. De la connaissance de Dieu et de soi-même. — XI. Traité de l'amour de Dieu. Lettres de piété. Abrégé de l'Histoire de France. — XII. Suite de l'abrégé de l'Histoire de France.
> On y a joint deux volumes formant les tomes XIII et XIV.

— Justification des réflexions sur le Nouveau-Testament, imprimées de l'autorité de Mgr l'Evesque et Comte de Châlons et approuvées par Mgr le Card. de Noailles, Arch. de Paris ; composée en 1699, contre le *Problême*

ecclésiastique, etc. Par feu Messire *Jacques-Benigne* Bossuet, Evêque de Meaux.
Amsterdam. 1745. La Compagnie. in-4.

. — Oraison funèbre de M. Jacques Benigne Bossuet, Evesque de Meaux, prononcé dans l'Eglise Cathédrale de Meaux, le 23 Juillet 1704. Par le P. Delarue.
Paris. 1704. Benard. in-4.

. — Instruction pastorale de Mgr l'Evêque de Troyes. Au sujet des calomnies avancées dans le Journal de Trévoux, du mois de Juin 1731, contre les Elévations à Dieu sur tous les mystères de la religion chrétienne. Ouvrage posthume de feu M. Bossuet, Ev. de Meaux.
Paris. 1733. Bart. Alix. in-4.

. — Seconde instruction pastorale de Mgr l'Evêque de Troyes. Au sujet des calomnies avancées dans le Journal de Trévoux, du mois de Février 1732, contre les Méditations sur l'Evangile, ouvrage posthume de feu M. Bossuet, Evêque de Meaux.
Paris. 1734. Bart. Alix. in-4.

176. — Œuvres de Messire *Jacques-Benigne* Bossuet.
Paris. 1748-49. Coignard. 12 vol. in-4. Port.
Cette édition est la même que la précédente. La distribution et la pagination sont les mêmes. Seulement on trouve dans le tome III la *Défense de l'histoire des variations* qui se trouve dans l'autre au tome IV. Les titres et la table du dernier volume sont différents.
On a joint à ces 12 vol. les 8 suivants formant les tomes XIII à XX.

. — Defensio Declarationis celeberrimæ, quam de potestate ecclesiastica sanxit Clerus gallicanus xix Martii MDCLXXXII. Ab Illus. Rev. *Jacobo-Benigno* Bossuet, Meld. Epis. ex speciali jussu Ludovici Magni Christianiss. Regis scripta et elaborata. Nunc primum in lucem edita.
Luxemburgi. 1730. And. Chevalier. 2 vol. en 1.

. — Défense de la Déclaration de l'Assemblée du Clergé de France de 1682, touchant la puissance ecclésiastique. Par Messire *Benigne* Bossuet. Traduite en françois, avec des notes. (Par *Ch. Fr.* Le Roy).
Amsterdam. 1745. La Compagnie. 3 vol. in-4.

. — Œuvres posthumes de *Jacques Benigne* Bossuet, pour

servir de Supplément aux dix-sept volumes de ses ouvrages, ci-devant publiés in-4.
Amsterdam. Paris. 1753. Hérissant. 3 vol. in-4.

177. — Œuvres de Messire *Jacques-Benigne* Bossuet. Nouvelle édition (publiée par Dom de Foris).
Paris. 1772-78. Boudet. 12 vol. in-4.
Ce recueil comprend :
I. Psalmi. — Cantica. — Libri Salomonis. — II. Elévations sur les mystères. — Méditations sur l'Evangile, — III. Méditations sur l'Evangile. — Explications sur Isaïe. — Psaume XXI. — Discours sur la vie cachée en Dieu. — Traité de la concupiscence. — L'Apocalypse. — De excidio Babylonis. — IV. VII. Sermons et pensées morales. — VIII. Oraisons funèbres. — Sermons sur l'état religieux. — IX. XII. Lettres.

178. — Œuvres de Bossuet, évêque de Meaux, revues sur les manuscrits originaux, et les éditions les plus correctes. (Publiées par l'Abbé Hemey d'Auberive et l'Abbé Caron.)
Versailles. 1815-17. Lebel. 43 vol. in-8.
Les tomes 30, 31. 32, 34, 35 et 43 manquent.
I. Libri Psalmorum et Cantica. — II. Libri Salomonis. — III. Prophéties d'Isaïe. — Psaume XXI. — Apocalypse. — Avertissement aux Protestants. — IV. De excidio Babylonis. — Réflexions morales sur le Nouveau Testament de Trévoux. — V. Défense de la Tradition des Pères. — Instructions sur la lecture de l'Ecriture Sainte. — VI. Catéchisme. — Prières ecclésiastiques. — Instructions sur le Jubilé. — VII. Statuts et ordonnances synodales. — Abbaye de Jouarre. — Cleri gallicani declaratio. — VIII. Elévations à Dieu sur les mystères. — IX. X. Méditations sur l'Evangile. — La vie cachée en Dieu. — Traité de la concupiscence. — Opuscules. - XI. XV. Sermons. — Exhortations. — XV. Pensées chrétiennes et morales. — XVI. Panégyriques. — XVII. Sermons pour les vêtures. — Oraisons funèbres. — XVIII. Doctrine catholique sur les controverses, XIX. XX. Histoire des variations des églises protestantes. - XXI. Défense de l'histoire des variations. — XXII. Immutabilité de l'être divin — Etat présent des controverses. — Instructions sur les promesses de J.-C. à son Eglise. — XXIII. Réfutation du catéchisme de P. Ferry. — Conférence avec M. Claude. — Traité de la Communion sous les deux espèces. — XXIV. La tradition défendue. — Difficultés sur les prières de la messe — XXV. Réglement des filles de la Propagation de la Foi. — Projet de réunion des Protestants. — XXVII. Etat d'oraison. — Quiétisme. — XXVIII. Tradition des nouveaux mystiques. — Maximes des Saints. - XXIX Quiétisme. — XXX. Suite des écrits sur le Quiétisme et les Maximes des Saints. — Mémoires sur la nouvelle Bibliothèque des auteurs ecclésiastiques de M. Dupin. — Remarques sur *La Mystique cité de Dieu*. — Sur l'Histoires des conciles d'Ephèse et de Chalcédoine, par M. Dupin. — Traité de l'Usure. — Dissertatiuncule IV adversus Probabilitatem. — XXXI. XXXIII. Defensio Declarationis Conventus Cleri gallicani anni 1682. —

XXXIV. De l'instruction de Mgr le Dauphin. — De la connaissance de Dieu et de soi-même. — Traité du libre-arbitre. — XXXV. Discours sur l'histoire universelle. — XXXVI. Politique tirée de l'Ecriture sainte. — XXXVII. XXXIX. Lettres diverses.— Lettres de piété et de direction. — XL. XLII. Lettres sur l'affaire du Quiétisme. — Lettres diverses. — XLIII. Mélanges. — Tables des matières,

179. — OEuvres complètes de Bossuet, Évêque de Meaux.
Paris. 1837. Gauthier fr. 48 vol. in-12.
I. Avent. — II. IV. Carêmes. — V. VI. Fêtes et dimanches. — VII. Fêtes de la Sainte Vierge.— VIII. Etat religieux.— IX. Panégyriques.— X. Oraisons funèbres. — XI. Elévations à Dieu. — XII. XIII. Méditations sur l'Evangile.—XIV. Opuscules de piété.—XV. Lettre au Pape sur l'éducation du Dauphin. —Instruction au Dauphin.— De la connaissance de Dieu et de soi-même.—Traité du libre-arbitre.—XVI. XVII. Discours sur l'histoire universelle. — XVIII. Politique tirée de l'Ecriture Sainte. — XIX. XX. Histoire de France. — XXI. Liber Psalmorum. — XXII. Cantica. Libri Salomonis. — XXIII. Ecclesiasticus. — Prophéties d'Isaïe. — XXIV. Apocalypse.— XXV. Avertissement aux Protestants. — De excidio Babylonis. — XXVI. Avertissement sur le livre des Réflexions morales.—Instruction sur la version du Nouveau-Testament de Trévoux. — XXVII. XXVIII. Défense de la Tradition des saints Pères. — XXVIII. Instruction sur la lecture de l'Ecriture sainte.— Sur les trois Madeleines. — XXIX. Catéchisme du diocèse de Meaux. — Prières ecclésiastiques. — XXX. Méditations pour le Jubilé. — Statuts et ordonnances synodales.— Pièces concernant l'abbaye de Jouarre.—Règlement pour les Filles de la Propagation de la Foi. — XXXI. Cleri gallicani Declaratio.— XXXII. Exposition de la doctrine de l'Eglise catholique touchant les controverses. — XXXIII. XXXV. Histoire des variations des églises protestantes. — XXXVI. Avertissements aux Protestants.—XXXVII. Immutabilité de l'Etre divin. — Etat présent des controverses. — XXXVIII. XXXIX. Projet de réunion des Protestants — XL. Réfutation du Catéchisme de P. Ferry. —Conférence avec le ministre Claude. — XLI. Traité de la Communion sous les deux espèces. — XLII. Lettre aux nouveaux catholiques.— Difficultés sur les prières de la messe. —Instructions sur les promesses de J.-C. à son Eglise.—XLIII. XLIV. Lettres de Bossuet.— Lettres écrites à Bossuet.—XLV. Lettres de piété. —XLVI. Lettres à l'abbesse et aux religieuses de Jouarre. — XLVII. Logique et mélanges. — XLVIII. Tables.

180. — Opuscules de M. Bossuet, Evêque de Meaux.
Paris. 1751. Guérin. 5 vol. in-12.

181. — OEuvres inédites de Bossuet, dédiées à S. A. R. Monseigneur le Duc de Bordeaux.
Paris. 1828. Beaucé-Rusand. 1 vol. in-8.
Ce volume contient la logique, l'Instruction au Dauphin pour sa première communion, un écrit sur l'existence de Dieu et une fable latine.

182. — OEuvres diverses de M. Pierre Bayle, contenant tout ce que cet Auteur a publié sur des matières de

— 36 —

Théologie, de Philosophie, de Critique, d'Histoire et de Littérature, excepté son Dictionnaire historique. (Publiées par P. Des Maizeaux).
La Haye. 1727-1731. Husson. 4 vol. in-fol.

<small>I. Nouvelles de la République des lettres, de Mars 1684 à Février 1687. — II. Critique générale de l'Histoire du Calvinisme du P. Majmbourg. — La France toute catholique sous Louis-le-Grand. — Commentaire philosophique sur ces paroles de J. C. *Contraignez-les d'entrer* — La cabale chimérique. — Lettres sur les Petits livres. — Nouvelle hérésie dans la morale prêchée par M Jurieu. — III. Pensées diverses à l'occasion d'une Comète et Réponse aux Questions d'un Provincial. — IV. Entretiens de Maxime et de Thémiste. — Opuscules. — Préfaces. — Système abrégé de philosophie. — Lettres. — Discours historique sur la vie de Gustave Adolphe, Roi de Suède.</small>

183. — Réponse aux questions d'un Provincial. (Par *Pierre Bayle*).
Amsterdam 1704-1707. Reinier Leers. 5 vol. in-12.

184. — Pensées diverses, écrites à un Docteur de Sorbonne, à l'occasion de la Comète qui parut au mois de Décembre 1680. (Par *P. Bayle*.) Nᵉ éd.
Rotterdam. 1721. Reinier Leers. 4 vol. in-12.

185. — OEuvres complètes de Fléchier, avec une notice ou discours préliminaire sur la vie et les ouvrages de ce célèbre orateur, par *A. V. Fabre de Narbonne*.
Paris. 1828. Boiste fils. 10 vol. in-8. Port.

<small>I. Oraisons funèbres. — II. III. Sermons. — IV. Sermons. — Panégyriques des Saints. — V. Panégyriques. — Mandements, — Lettres pastorales. — Considérations et pensées diverses. — VI. Histoire de Théodose Le Grand. — VII. Vie du Cardinal Ximenès. — VIII. Vie du Cardinal Commendon. — IX. Poésies latines et françaises. — Réflexions sur les caractères des hommes. — Mémoires. — X. Lettres.</small>

186. — OEuvres posthumes de M. Fléchier : avec son oraison funèbre (par M. l'Abbé Du Jarry).
Paris. 1712. J. Estienne. 2 vol. in-12.

<small>I. Mandements et Lettres pastorales. — Oraison funèbre. — II. Harangues, compliments, discours, poésies latines et françaises.</small>

187. — OEuvres de Fénélon, Archevêque de Cambrai, publiées d'après les manuscrits originaux, et les éditions les plus correctes; avec un grand nombre de pièces inédites, (par Gosselin et Caron).
Versailles. 1820-1822. Lebel. 22 vol. in-8. Port.

I. Traité de l'existence de Dieu. — Lettres sur divers sujets de métaphysique et de religion. — II. Traité du ministère des pasteurs. — Lettres sur l'autorité de l'Eglise. — III. Sur la nature et la grâce. — Opuscules théologiques.—IV. VIII. Quiétisme.— Maximes des Saints.— IX. Lettres sur la charité. — Dissertatio de amore puro — X. Ouvrages sur le Jansénisme. — Cas de conscience. — XI Infaillibilité de l'Eglise. — XII. Question du Formulaire. — XIII. Cas de conscience. — Bulle *Vineam Domini*. — XIV. Silence respectueux. — Constitution *Unigenitus*. — XV. XVI. Instruction sur le système de Jansénius. — XVII. De l'éducation des filles. — Sermons.— Lettres de spiritualité. — XVIII. Manuel de piété. — Réflexions. — Méditations. — Mandements. — XIX. Fables. — Dialogues des morts. — Opuscules. — XX. Discours sur la poésie épique. — Télémaque. — XXI. Dialogues sur l'éloquence. — Opuscules littéraires. — XXII. Abrégé de la vie des anciens Philosophes. — Essais politiques.—Mémoires concernant la guerre de la succession d'Espagne.

188. — OEuvres choisies de FÉNÉLON, précédées d'une notice biographique et littéraire par M. VILLEMAIN.
Paris. 1830. Et. Ledoux. 6 vol. in-8. Port.

I. Traité de l'existence de Dieu. — II. Dialogues sur l'éloquence. — Mémoires sur la guerre de la succession d'Espagne. —Ecrits divers. — III. Dialogues des morts. — Fables. — IV. De l'éducation des filles. — Lettres sur divers sujets de métaphysique et de religion. — V. VI. Discours sur la poésie épique. — Télémaque. — VI. Aventures d'Aristonous. — Variante de Télémaque. — Eloge de Fénélon par La Harpe.

189. — OEuvres de M. DE TOURREIL.
Paris. 1721. Brunet. 2 vol. in-4.

I. Pièces diverses (Discours. Poésies). — Essais de jurisprudence — Philippiques de DÉMOSTHÈNE.—II. Harangues de DÉMOSTHÈNE.—Remarques sur les harangues.

** — Œuvres de l'Abbé FLEURY, contenant : Traité du choix et de la méthode des études, Mœurs des Israélites et des Chrétiens, Discours sur l'histoire ecclésiastique, grand Catéchisme historique, Histoire du droit français, etc., pour faire suite aux œuvres de Fénélon, précédées d'un essai sur la vie et les ouvrages de l'Abbé Fleury. par M. *Aimé* MARTIN.
Paris. 1837. Desrez. 1 vol. in-8.

Voyez : Panthéon littéraire.

190. — OEuvres de M. DE SACY, contenant les Lettres de PLINE le Jeune, le Panégyrique de Trajan par le même PLINE, et le Traité de l'Amitié (de CICÉRON). Nᵉ édit.
Paris. 1722. La Comp. des Libraires. 1 vol. in-4.

** — Recueil de divers ouvrages philosophiques, théologiques, historiques, apologétiques et de critique. Par le R. P. DANIEL.
Paris. 1724. Mariette. 3 vol. in-4.

Voyez : Théologie. N. 3662.

191. — OEuvres de Madame la Marquise DE LAMBERT, avec un Abrégé de sa vie. N° édit.
Paris. 1748-1750. V° Ganeau. 2 vol. in-12.
I. Vie de Madame de Lambert. — Traité de l'Amitié. — Traité de la Vieillesse. — Réflexions diverses sur les femmes, sur le goût, sur les richesses. — Portraits. — Lettres. — La femme Hermite, nouvelle. — II. Avis d'une mère à son fils. — Avis d'une mère à sa fille.

192. — OEuvres posthumes de D. *Jean* MABILLON et de D. *Thierri* RUINART. Par D. *Vincent* THUILLIER.
Paris. 1724. Babuty. 3 vol. in-4.
I. Histoire de la contestation sur l'Auteur de l'Imitation de J. C. — Lettres et écrits sur les Azymes, — Du culte des Saints inconnus. — Des études monastiques. — Lettres diverses, — II. *J.* MABILLONII itinerarium Burgundicum. — Sépultures des rois. — Dots des religieuses. — Histoire des Bénédictins. — De Pallio, auctore D. *Th.* RUINART. — III. Urbani Papæ II. Vita. — Iter litterarium in Alsatiam et Lotharingiam. Auctore *Th.* RUINART.

193. — OEuvres complètes de FRÉRET. Edition augmentée de plusieurs ouvrages inédits, et rédigée par feu M. DE SEPTCHÊNES.
Paris. 1796. Dandré. 20 vol. in-12.
I. VI. Histoire. — VII. X. Chronologie de Newton. — XI. XIV. Chronologie des Chinois. — XV. XVI. Géographie. — XVII. Sciences et arts. XVIII. Mythologie. — XIX. XX. Philosophie. — Examen critique des Apologistes de la Religion chrétienne. — Lettre de Thrasybule à Leucippe. — La Moïsade.

194. — Les œuvres du feu *P.* ANDRÉ, contenant quinze discours sur différents sujets. (Publiées par l'Abbé *G. G.* GUYOT).
Paris. 1767. Ganeau. 4 vol. in-12.
Les tomes 1 et 2 manquent.
I. II. Traité de l'homme — III. Discours sur l'idée de Dieu. — Questions littéraires. — Poésies. — IV. Œuvres de mathématiques et de physique. — Pièces sur divers sujets.

195. — OEuvres de M. DE MONTESQUIEU. N° édition, revue, corrigée et considérablement augmentée par l'auteur.
Londres. 1767. Nourse. 3 vol. in-4. Port.
I. Eloge de M. de Montesquieu et analyse de l'Esprit des lois par M. D'ALEMBERT. — Discours de réception à l'Académie. — Esprit des lois, livr. I à XXI. — II. Esprit des lois. — Défense de l'Esprit de lois. — Remerciment sincère. — Lysimaque. — III. Lettres persanes. — Considérations sur les causes de la grandeur des Romains et de leur décadence. — Le Temple de Gnide. — Essai sur le goût. — Lettres familières.

196. — OEuvres de M. DE MONTESQUIEU. N° éd.
Amsterdam. 1772. Arkstée et Merkus. 7 vol. in-12.
I. IV. Eloge de l'auteur. — Discours de réception à l'Académie. — Esprit des lois. — Défense de l'Esprit des lois. — Lysimaque. — V. Lettres persanes. — Le Temple de Gnide. — VI. Grandeur et décadence des Romains. — Dialogue de Sylla et d'Eucrate. — Le Temple de Gnide — Essai sur le goût. — VII. Lettres familières.

197. — OEuvres de MONTESQUIEU. N° édit.
Paris. 1796. Gueffier. 5 vol. in-8.
I. Extrait du Dictionnaire historique. — Discours de réception à l'Académie. — Eloge de l'auteur. — Analyse de l'Esprit des lois. — Esprit des lois. — II. III. Esprit des lois.—Défense.— Remerciment sincère.—Lysimaque. — IV. Lettres persanes.—Le Temple de Gnide. — Céphise et l'Amour.— Adieux à Gènes.— V. Grandeur et décadence des Romains. Dialogue de Sylla et d'Eucrate. — Lettres familières. — Arsace et Isménie. — Essai sur le goût. — Eloge historique du maréchal de Berwick.

198. — OEuvres de MONTESQUIEU.
Paris. 1838. Pourrat. 6 vol. in-8.
I. Analyse de l'esprit des lois, par D'ALEMBERT. — Esprit des lois. — II. III. Esprit des lois. — Défense. — Remerciement sincère. — Grandeur et décadence des Romains. — Dialogue de Sylla et d'Eucrate. — Politique des Romains dans la religion. — Arsace et Isménie. Lysimaque. —.V. Eloge de Montesquieu, par D'ALEMBERT. — Lettres persanes. — VI. Le Temple de Gnide.—Céphise et l'Amour.—Invocation aux Muses.— Essai sur le goût.— Discours à l'Académie de Bordeaux.— Observations sur l'histoire naturelle. — Discours de réception à l'Académie française. — Eloge historique du maréchal de Berwick.— Pensées diverses. —Notes sur l'Angleterre. — Poésies. — Lettres familières.

199. — OEuvres complètes de MONTESQUIEU.
Paris. 1823. Garnery. 8 vol. in-12.
I. IV. Vie de Montesquieu. — Esprit des lois. — V. Arsace et Isménie.—Le Temple de Gnide.—Céphise et l'Amour.—Poésies. — Dialogue de Sylla et d'Eucrate.— Lysimaque. — Essai sur le goût. — Pensées. — Notes sur l'Angleterre. — Discours. — Eloge historique du maréchal de Berwick. — VI. Discours. — Histoire naturelle. — Lettres familières. — VII. Grandeur et décadence des Romains. — VIII. Lettres persanes.

200. — OEuvres de DU MARSAIS. (Recueillies et publiées par M. E. G. DUCHOSAL et Ch. MILLON).
Paris. 1797. Pougin. 7 vol. in-8.
I, Eloge de Du'Marsais, par D'ALEMBERT.—Exposition d'une méthode raisonnée pour apprendre la langue latine.— II. *Epitome de Diis et Heroibus poeticis* du P. Jouvenci, mis en versions interlinéairès. — III. Des tropes.— Dissertation sur la prononciation et sur l'orthographe de la langue française.—Lettre sur ce passage de l'Art poétique : *Difficile est proprié communia dicere*.—Fragment sur les causes de la parole.— IV. V. Mélanges de grammaire, de philosophie, etc. tirés de l'Encyclopédie.

— V. Logique. — VI. De la raison. — Le philosophe. — Essai sur les préjugés. — VII. Analyse de la religion chrétienne — Exposition de la doctrine de l'Eglise gallicane. — Tables.

** — Œuvres diverses de M. DE FONTENELLE.
La Haye. 1728. Gosse et Neaulme. 3 vol. in-4.
Voyez : Belles-Lettres. N. 3081.

** — Les mêmes.
Paris. 1724. Brunet. 3 vol. in-12.
Voyez : Belles-Lettres. N 3082.

I. Dialogues des morts. — Entretiens sur la pluralité des mondes.— Histoire des Oracles.—Origine des fables.—Du bonheur.—De la patience. — De l'existence de Dieu. — Discours de réception à l'Académie française.—II. Poésies.— Lettres galantes. — Œuvres mêlées.—III. Eloges.

201. — Œuvres de BOULANGER.
Suisse. 1791. Imp. philosophique. 10 vol. in-12.

I. IV. Antiquité dévoilée. — V. Recherches sur l'origine du despotisme oriental.— VI. Dissertation sur Elie et Enoch. — Esope fabuliste. —Traité mathématique sur le bonheur par *Irénée* KRANTZOVIUS (traduit par *Et.* DE SILHOUETTE). — VII. Le christianisme dévoilé. — VIII. Examen critique de S. Paul. — Dissertation sur S. Pierre. — IX. Articles extraits de l'Encyclopédie : (Corvées, Déluge, Guèbres, Langue hébraïque). — X. Essai philosophique sur le gouvernement.

202. — Œuvres de BOULLANGER.
Amsterdam. 1794. 6 vol. in-8.

I. II. Antiquité dévoilée. — III. Recherches sur l'origine du despotisme oriental.—Essai philosophique sur le gouvernement.—Esope fabuliste. — Du bonheur. — IV. Le christianisme dévoilé. — Dissertation sur Elie et sur Enoch. — Examen critique de S. Paul. — Dissertation sur S. Pierre. — V. De la cruauté religieuse. — Articles extraits de l'Encyclopédie (Corvées, Déluge, Guèbres, Langue hébraïque).— Economie politique. — VI. Histoire d'Alexandre-Le-Grand.

203. — Œuvres de MAUPERTUIS. N^e édit.
Lyon. 1768. J. Marie Bruyset. 4. vol. in-8. Port.

I. Essai de cosmologie. — Discours sur les différentes figures des astres. — Essai de philosophie morale. — Réflexions philosophiques sur l'origine des langues.—Remarques de M. BOINDIN.—II. Vénus physique. — Système de la nature. — Lettres sur divers sujets. — Lettre sur le progrès des sciences. — III. Eléments de géographie. — Voyage au cercle polaire. — Voyage en Laponie. — Lettre sur la comète de 1742 — Discours académiques. — Dissertation sur les langues. — IV. Accord des différentes lois de la nature. — Lois du mouvement et du repos. — Astronomie nautique. — Parallaxe de la lune. — Mesure du degré du méridien au cercle polaire.

** — Œuvres du Philosophe bienfaisant. (STANISLAS 1. Roi de Pologne).
Paris. 1763. 4 vol. in-8.
Voyez : Sciences et Arts. N. 157.

204. — OEuvres diverses de Duclos. Nouvelle édition (publiée par *N. L.* Desessarts).
   Paris. An X. Desessarts. 5 vol. in-8. Port.
   I. Discours de réception à l'Académie française. — Considérations sur les mœurs. — II. Mémoires sur les mœurs. — Acajou et Zirphile.— III. Les Confessions du Comte de ***.— Histoire de Madame de Luz. — IV. Voyage en Italie. — V. Eloge de Duclos. — Mémoire sur les Druides, les épreuves, les jeux scéniques, l'origine et les révolutions des langues celtique et française.

205. — OEuvres de Duclos (publiées et précédées d'une notice sur l'auteur par M. *G. T.* Villenave).
   Paris. 1821. A. Belin. 3 en 6 vol. in-8.
   I. Notice. — Mémoires sur la vie de Duclos. — Discours de réception à l'Académie française.— Considérations sur les mœurs. — Histoire de Madame de Luz. — Les Confessions du comte de ***. — Mémoires sur les mœurs. — II. Acajou et Zirphile. — Mémoires sur les langues celtique et française. — Remarques sur la grammaire générale. — Considérations sur le goût. — Histoire de l'Académie française.—Eloge de Fontenelle. — Jeux scéniques des Romains. — Les caractères de la folie (ballet). — La conversion de Madame Gautier. — III. Histoire de Louis XI. — IV. Voyage en Italie. — V. Mémoires secrets sur le règne de Louis XIV, la Régence et le règne de Louis XV.— VI. Morceaux historiques. — Mémoires sur les Druides, sur les épreuves — Essai sur la voirie. — Table.

206. — OEuvres complettes de M. de Saint-Foix.
   Paris. 1778. V⁰ Duchesne. 6 vol. in-8. Port. et fig.
   I. II. Eloge historique de Saint-Foix. — Théâtre. — III. V. Essais historiques sur Paris. — VI. Histoire de l'Ordre du S. Esprit.

207. — Collection complète des œuvres de J. J. Rousseau. citoyen de Genève (publiée par Du Peyrou).
   Genève. 1782. 17 vol. in-4. (Port. et fig.)
   I. Politique. — II. III. Julie ou la nouvelle Héloïse. — IV. V. Emile ou de l'éducation. — VI. Lettre à M. de Beaumont. — Lettres écrites de la montagne. — Lettre à D'Alembert sur son article *Genève*. — De l'imitation théâtrale.— VII. Discours et Lettres.— Le lévite d'Ephraim. — Lettre à Sara. — La Reine fantasque. — Le Persifleur. — Traduction du 1 livre de l'Histoire de Tacite. — Traduction de l'Apocolokintosis de Sénèque. — Episode d'Olinde et Sophronie traduite de Tasse. — Botanique.—VIII. Théâtre. — Musique.—Origine des langues. — IX. Dictionnaire de musique. — X. Les Confessions. Livres I à VI. — Les Rêveries du Promeneur solitaire. — XI. Rousseau juge de Jean Jacques.— XII. Projet de paix perpétuelle.— Lettres diverses.— XIII. XV. Mélanges. — Discours. — Lettres. — Théâtre.—XVI. XVII. Confessions, liv. 1 à XII. — Lettres diverses.

208. — OEuvres complètes de *J. J.* Rousseau. Nouvelle

— 42 —

édition classée par ordre de matières et ornée de 90 gravures. (Publiées par *Séb.* Mercier, l'Abbé *Gab.* Brizard et *F. H. St.* de L'Aulnaye).
Paris. 1788-1793. Poinçot. 37 vol. in-8.

I. Introduction. — Voyage à Ermenonville. — Julie ou la nouvelle Héloise. — II. IV. Julie.— V. VI. Lettres sur la botanique. — VII. IX. Politique. — X. XIV. Emile ou de l'éducation. — XV. XVII. Littérature. — XVIII. Théâtre. — XIX. XXII. Musique. — XXIII. XXVI. Confessions. — XXVII. XXVIII. Rêveries. — XXIX. XXX. Philosophie. — XXXI. XXXV. Lettres. — XXXVI. Mélanges. — XXXVII. Romances.

209. — Œuvres complètes de Voltaire, avec des remarques et des notes historiques, scientifiques et littéraires. Deuxième édition (revue par *Léon* Thiessé).
Paris. 1822-1828. Baudouin fr. 75 vol. in-8.

I. Vie de Voltaire. — II. IX. Théâtre. — X. XII. Commentaires sur Molière, Crébillon, Shakespeare et Corneille. — XIII. La Henriade. — IX. La Pucelle. — XV. Poèmes. — XVI. Contes. — XVII. Epitres. — XVIII. XIX. Mélanges littéraires. — XX. XXIV. Essai sur les mœurs. XXV. XXVI. Siècle de Louis XIV. — XXVII. XXIX. Siècle de Louis XV. — XXX. Histoire de Charles XII. — XXXI. Histoire de Russie.— XXXII. XXXIII. Annales de l'Empire. — XXXIV. Histoire du Parlement de Paris. — XXXV. XXXVII. Mélanges historiques.—XXXVIII. XL. Politique et législation.— XLI. XLII. Physique.— XLIII. XLVIII. Philosophie. — XLIX. L. Dialogues. — LI. LVIII. Dictionnaire philosophique. — LIX. LX. Romans. — LXI. Facéties. — LXII. LXXII. Correspondance générale. — LXXIII LXXIV. Correspondance avec les Souverains. — LXXV. Correspondance avec D'Alembert.

210. — Œuvres de Voltaire avec préfaces, avertissements, notes, etc., par M. Beuchot.
Paris. 1829-34. F. Didot fr. 70 vol. in-8. Pl.

I. Biographie.— II. IX Théâtre.— X. La Henriade.— XI. La Pucelle. XII. XIV. Poésies diverses. — XV. XVIII. Essai sur les mœurs. — XIX. XX. Siècles de Louis XIV. — XXI. De Louis XV. — XXII. Histoire du Parlement. — XXIII. Annales de l'Empire. — XXIV. Histoire de Charles XII. — XXV. Histoire de Russie. — XXVI. XXXII. Dictionnaire philosophique. — XXXIII. XXXIV. Romans. — XXXV. XXXVI. Commentaires sur Corneille. — XXXVII. L. Mélanges. — LI. LXX. Correspondance.— LXXI. LXXII. Table rédigée par *P. A. M.* Miger.

On y a joint deux volumes de planches par Saint-Aubin et Moreau le jeune.

211. — Œuvres de Condillac, revues, corrigées par l'Auteur, imprimées (par Arnoux et Mousnier) sur ses ma-

nuscrits autographes, et augmentées de *La Langue des Calculs*, ouvrage posthume.
Paris. An VI (1798). Ch. Houel. 23 vol. in-8. Port.
1. Essai sur l'origine des connaissances humaines..— 11. Traité des systèmes. — 111. Traité des sensations. — Traité des animaux. — 1V. Le commerce et le gouvernement. — V. La grammaire. — V1. L'art de penser. — V11. L'art d'écrire. — V111. L'art de raisonner. — 1X. X1V. Histoire ancienne. — XV. XX. Histoire moderne. — XX1. De l'étude de l'histoire. — XX11. La logique. — XX111. La langue des calculs.

212. — OEuvres complètes de CONDILLAC, (publiées par *A. F.* THÉRY, avec une notice sur l'Auteur).
Paris. 1821-1822. Lecointe et Durey. 16 vol. in-8.
1. Notice sur la vie et les ouvrages de Condillac, par *A. F.* THÉRY.— Essai sur l'origine des connaissances humaines. — 11. Traité des systèmes, — 111. Traité des sensations. — Traité des animaux. — 1V. Le commerce et le gouvernement. — V. Art. de penser. — Art d'écrire. V1. Art de raisonner. — Grammaire. — V11. X. Histoire ancienne. — X1. X1V. Histoire moderne. — XV. De l'étude de l'histoire.— Logique. XV1. La langue des calculs.

213. — OEuvres de *Denis* DIDEROT, publiées sur les manuscrits de l'Auteur, par *Jacques André* NAIGEON.
Paris. An VIII. Deterville. 15 vol. in-12. Port.
1. Essai sur le mérite et la vertu. — Pensées philosophiques. — Introduction aux grands principes. — Observations sur l'Instruction de M. l'Evêque d'Auxerre. — Lettre à mon frère. — Entretien d'un philosophe avec la Maréchale de. . . . . — 11. Mémoires sur différents sujets de mathématiques. — Lettres sur les aveugles.— Lettres sur les sourds et muets. — Avis à plusieurs hommes. — Lettre à Mademoiselle***. — Recherches sur l'origine et la nature du beau.— 111. Prospectus de l'Encyclopédie. — Lettres au R. P. Berthier. — De l'interprétation de la nature. — Principes sur la matière et le mouvement. — Supplément au Voyage de Bougainville. — Lettres sur l'éducation des enfants. — Sur Boulanger.— Sur le livre De l'esprit d'Helvétius. — 1V. Le fils naturel. — Dorval et moi. — Le père de famille. — De la poésie dramatique. — V. V1. V11. Opinions des anciens philosophes. — V111. 1X. Essai sur les règnes de Claude et de Néron. — Vie de Senèque. — Mélanges de littérature et de philosophie. — X. Les bijoux indiscrets. — L'oiseau blanc. — X1. Jacques le fataliste. — X11. La religieuse. — Les deux amis de Bourbonne. — Ceci n'est pas un conte. — Sur la conséquence du jugement public de nos actions particulières. — Sur les femmes. — X111. Le salon de 1765. — Essai sur la peinture. — X1V.XV. Le salon de 1767. — XV. Pensées sur la peinture. — L'histoire et le secret de la peinture en cire. — Mélanges.

214. — OEuvres complètes de l'Abbé de MABLY.
Londres. 1789. 13 vol. in-8.
I. III. Eloge de Mably par l'Abbé BRIZARD. — Observations sur

l'Histoire de France. — IV. Observations sur l'histoire de la Grèce. — Sur les Romains. — V. VII. Droit public de l'Europe. — VIII. Du gouvernement et des lois de la Pologne. — Des Etats-Unis d'Amérique. — IX. De la législation ou principe des lois.— X. Entretiens de Phocion.— Principes de morale. — XI. Doutes sur l'ordre naturel et essentiel des Sociétés politiques.— Des droits et des devoirs du citoyen. — XII. De l'étude de l'histoire. — De la manière d'écrire l'histoire. — XIII. Le destin de la France. — Vie privée de l'Abbé de Mably, par M. l'Abbé BARTHÉLEMY.

215. — Collection complète des œuvres de l'Abbé de MABLY. (Publiée par ARNOUX).
Paris. 1794-95. Ch. Desbrière. 15 vol. in-8. Port.

La division des 12 premiers volumes est la même que dans l'édition précédente.

XIII. Situation politique de la Pologne en 1776.— Etudes politiques. — De la superstition. — Notre gloire et nos rêves. — De la paix de l'Allemagne. — XIV. L'oracle d'Apollon. — Des talents.— Du beau.— XV. Du développement, des progrès et des bornes de la raison. — Le compte-rendu.— La retraite de M. Necker. — Du cours et de la marche des passions dans la société.

216. — OEuvres du Philosophe de Sans-Souci (FRÉDÉRIC II, Roi de Prusse). Nouvelle édition, plus complette qu'aucune de celles qui ont paru, et enrichie de variantes.
Neuchatel. 1760. 4 vol. in-12.

I. II. Mémoires pour l'histoire de la maison de Brandebourg.—II. De la superstition et de la religion. — Des mœurs, des coutumes, de l'industrie, des progrès de l'esprit humain. — Dissertation sur les raisons d'établir ou d'abroger les loix. — III. L'art de la guerre. — Odes. — Epitres. — IV. Epitres familières. — Pièces diverses.— Lettres en vers et en prose. — Pièces académiques.

217. — OEuvres posthumes de FRÉDÉRIC II, Roi de Prusse. (Publiées par M. J. Ch. LAVEAUX).
Berlin 1788. Woss et Decker. 15 vol. in-8. Port.

I. II. Histoire de mon temps. — III. IV. Histoire de la guerre de sept ans. — V. Mémoires. 1763 à 1775. — Correspondance de l'Empereur et de l'Impératrice relative à la succession de la Bavière. — VI. Considérations sur l'état présent du corps politique de l'Europe.—Essai sur les formes de gouvernement et sur les devoirs des souverains. — Dialogues des morts. — Examen du Système de la nature. — Poésies. — VII. Poésies. — VIII. Poésies. — Correspondance. — IX. X. Correspondance avec Voltaire.— XI. XII. Lettres à D'Alembert, à Jordan, à Madame du Chastelet. — XIII. XIV. XV. Lettres de D'Argens, de Jordan, de Madame du Chastelet, de D'Alembert, de Fontenelle, de Rollin, de Condorcet.

218. — OEuvres complètes de Mirabeau, précédées d'une notice sur sa vie et ses ouvrages, par M. Mérilhou.
Paris. 1820-1834. Kleffer et Didier. 8 v. in-8. Port.

    I. III. Discours et opinions de Mirabeau, précédés d'une notice historique sur sa vie, par M. Barthe ; et de l'oraison funèbre prononcée par Cérutti lors de ses funérailles ; d'un parallèle de Mirabeau et du Cardinal de Retz, par M. le Comte Boissy-d'Anglas ; et des jugemens portés sur Mirabeau par Chénier et M. le Comte Garat. — IV. VI. Lettres écrites du Donjon de Vincennes à Sophie Ruffei et à quelques autres personnes. — VII. Des lettres de cachet et des prisons d'Etat. — VIII. Essai sur le despotisme. — Histoire secrète de la cour de Berlin.

219. — OEuvres de Rulhiére (publiés par P. R. Auguis).
Paris. 1819. Ménard et Desenne. 2 vol. in-8.

    I. Eclaircissements sur les causes de la révocation de l'édit de Nantes. — II. Discours. — Anecdotes. — Poésies.

220. — OEuvres posthumes de Rulhiére (avec une notice historique sur sa vie et ses écrits par P. R. Auguis).
Paris. 1819 Ménard et Desenne. 4 vol. in-8. Port.

    I. Notice historique sur la vie et les écrits de Rulhière. — Histoire de l'anarchie de Pologne. — IV. Anecdotes sur la révolution de Russie en 1762.

** — OEuvres d'*André* Chénier.
Paris. 1826. Guillaume. 2 vol. in-8.
                                            Voyez : Belles-Lettres. N. 3094. 3095.

221. — OEuvres de Condorcet publiées par A. Condorcet-O'Connor et M. F. Arago.
Paris. 1847-49. F. Didot. 12 vol. in-8 Port.

    I. Biographie. — Correspondance. — OEuvres diverses. — II. III. Eloges. — IV. VI. Mélanges de littérature et de philosophie. — VII. X. Economie politique et politique. — XI. XII. Politique.

222. — OEuvres complètes de Chamfort, recueillies et publiées, avec une notice historique sur la vie et les ouvrages de l'auteur, par P. R. Auguis.
Paris. 1824-25. Chaumerot. 5 vol. in-8.
                                            Le cinquième volume manque.

    I. Eloges. — Discours sur l'influence des grands écrivains. — Notes sur les fables de La Fontaine. — Discours de réception à l'Académie française. — Des académies. — De l'imitation de la nature. — Maximes et pensées. — Petits dialogues philosophiques. — II. Caractères et anecdotes. — Tableaux historiques de la révolution française. — Précis historique des révolutions de Naples et de Sicile. — III. Mélanges de littérature et d'histoire. (Article du Mercure de France). — IV. Observations sur l'art dramatique. — V. Théâtre.

223. — OEuvres complètes de MARMONTEL. Nouvelle édition. (publiée par M. DE SAINT-SURIN).
Paris. 1818. Verdière. 18 vol. in-8. Port. et fig.
    I. II. Eloge de Marmontel par MORELLET.— Mémoires d'un père pour servir à l'instruction de ses enfants. — III. VI. Contes moraux. — VII. Bélisaire. — VIII. Les Incas. — IX. Théâtre. — X. Mélanges. — XI. La Pharsale traduite de LUCAIN.— XII. XV. Eléments de littérature.— XVI. Grammaire et logique.—XVII. Métaphysique et morale.— XVIII. Régence du duc d'Orléans. — XIX. Œuvres posthumes. — Poésies.

224. — OEuvres de LA HARPE, accompagnées d'une notice sur sa vie et sur ses ouvrages. (Par M. de SAINT-SURIN).
Paris. 1820-1821. Verdière. 16 vol. in-8. Port.
    I. II. Théâtre. — III. Poésies. — IV. Eloges. — V. Mélanges. — VI. VII. Les douze Césars traduits de SUÉTONE.— VIII. La Lusiade de CAMOENS traduite du Portugais. — Jérusalem délivrée du TASSE. Les huit premiers chants traduits en vers. — IX. Le Psautier français. — X XIII. Correspondance littéraire.— XIV. XV. Littérature et critique. — XVI. Apologie de la religion.

225. — OEuvres de RIVAROL.—Etudes sur sa vie et son esprit, par SAINTE-BEUVE, *Arsène* HOUSSAYE, *Armand* MALI-TOURNE.
Paris. 1852. E. Didier. 1 vol. in-8. Port.

226. — Mélanges de littérature, de morale et de physique. (Par Mme *Gén.Ch.* D'ARCONVILLE. Publiés par ROSSEL).
Amsterdam 1775. 7 vol. in-12.
    I. Méditations sur les tombeaux, traduit de HERVEY.— Avis d'un père à sa fille, par le Marquis d'HALLIFAX, traduit de l'anglais. — Pensées et réflexions morales.— II. De l'amitié. — Des passions.— III. Chimie. — Médecine. — Botanique. — IV. Mémoires de Mademoiselle de Valcourt.— V. Lettres de M. de Nerville à Madame de Mirevaux. — Histoire d'Amyntor et de Thérèse, traduite de l'anglais. — VI Histoire d'Agnès de Castro, traduite de l'anglais de Madame BEHN.—Lettres d'un persan (tirées de LITTLETON). — Histoire de Polydore et d'Emilie. — Le Bijoutier, satyre dramatique traduite de R. DODSLEY. — Henry et Emma, traduit de l'anglais de *Mat.* PRIOR.—Essai sur la Poésie, par le duc de BUCKINGHAM. — Poésies diverses. — VII. Le Temple de la Renommée.— Epîtres d'Héloïse à Abélard.— Elégie. Traduites de POPE. — Ce volume est complété par diverses pièces de ROSSEL : Discours sur la légèreté traduit du latin du P. PORÉE. — Louis IX, tragédie. — Abdolonime, comédie. — Les bouquets de noce, comédie.

227. — OEuvres complètes de l'Abbé PROYART.
Paris. 1819. Méquignon fils 17 vol. in-8. Fig.
    I. Louis XVI détrôné avant d'être roi. — II. VI. Louis XVI et ses

vertus. — VII. VIII. Vie du Dauphin, père de Louis XV. — IX. Vie du Dauphin. père de Louis XVI. — X. XI. Histoire de Stanislas I, Roi de Pologne. — XII. Vie de Marie Leckzinska. Reine de France. — XIII. XIV. Vie de Madame Louise de France, religieuse carmélite.— XV. Vie de M. d'Orléans de La Motte, Evêque d'Amiens. — XVI. L'écolier vertueux. — Le modèle des jeunes gens. — XVII. Histoire de Loango. Kakongo et autres royaumes d'Afrique.

228. — OEuvres de M. J. Chénier ; précédées d'une notice sur Chénier, par M. Arnault : revues, corrigées et mises en ordre par *D. Ch.* Robert.
Paris. 1824-1826. Guillaume. 5 vol. in-8. Port.
I. II. Théâtre. — III. Mélanges politiques.— IV. Mélanges littéraires. — V. Poésies diverses.

229. — OEuvres posthumes de *M. J.* Chénier, rev., corr. et augm. de beaucoup de morceaux inédits ; précédées d'une notice sur Chénier, par M. Daunou.
Paris. 1824-1827. Guillaume. 3 vol. in-8. Port.
I. Notice sur Chénier par M. Daunou. — Théâtre. — II. Théâtre. — Poésies diverses. — Dialogue des orateurs. — Poétique d'Aristote, traduite en prose.—III. Tableau de la littérature française.— Mélanges littéraires. — Leçons sur les poètes et sur les historiens français.

230. — OEuvres complètes de *Jacques-Henri-Bernardin* de Saint-Pierre, mises en ordre et précédées de la vie de l'auteur, par *L. Aimé* Martin.
Paris. 1820. Mequignon Marvis. 19 v. in-18. fig.
I. II. Voyage à l'Ile de France. — III. X. Etudes de la nature.— XI. XV. Harmonies de la nature. — XVI. Vœux d'un solitaire. — XVII. Dialogues philosophiques. — XVIII. Mélanges. — XIX. Essai sur la vie et sur les ouvrages de B. de Saint-Pierre.

231. — Les mêmes. Nouvelle édition revue, corrigée et augmentée par *L. Aimé* Martin.
Paris. 1826. Dupont. 12 vol. in-8. Fig.
I. II. Voyage à l'île de France. — III. VII. Etudes de la nature. — VIII. X. Harmonies de la nature. — XI. Vœu d'un solitaire. — XII. Mélanges.

232. — Mémoires et mélanges historiques et littéraires, par le *Prince* de Ligne.
Paris. 1827. Dupont. 5 vol. in-8. Port.

233. — OEuvres complètes de *C. F.* Volney, mises en ordre et précédées d'une notice sur la vie et les écrits de C. F. Volney (par M. *Ad.* Bossange).
Paris. 1826. Parmentier. 8 vol. in-8.

Le faux-titre porte : *Œuvres de C. F. Volney. Deuxième édition complète.* Il y a un titre particulier pour chaque volume.

I. Les ruines. — La loi naturelle. — Discours sur l'étude philosophique des langues. — II. Etat physique et politique de l'Egypte et de la Syrie. — III. Etat politique de la Syrie. — Etat du commerce du Levant. — Considérations sur la guerre des Turks. — IV. Tableau du climat et du sol des Etats-Unis. — V. VI. Recherches nouvelles sur l'histoire ancienne. — VII. Leçons d'histoire. — Histoire de Samuel. — Etat physique de la Corse. — VIII. L'alfabet européen appliqué aux langues asiatiques. — Simplification des langues orientales. — L'hébreu simplifié.

234. — Œuvres de M. le Comte (*Joseph-Marie*) DE MAISTRE.
Lyon et Paris. 1822. Rusand. 6 vol. in-8.

I. Considérations sur la France. — Essai sur le principe générateur des constitutions politiques. — Sur les délais de la justice divine, traduit de PLUTARQUE par *J.* AMYOT. — II. III. Du Pape. — IV. De l'église gallicane. — V. VI Soirées de S. Pétersbourg. — VI. Eclaircissement sur les sacrifices.

235. — Œuvres diverses de *P. L.* LACRETELLE (ainé). — Philosophie et Littérature.
Paris. 1802. Treuttel et Wurtz. 3 vol. in-8.

— Œuvres complètes de *Paul-Louis* COURIER.
Paris. 1836. Paulin et Perrotin. 4 vol. in-8. Port.
Voyez : Belles-Lettres. N. 3108.

236. — Mémoires d'un détenu, suivis de divers fragmens de littérature et d'histoire naturelle. (Par *Charles* DUMONT). (1)
Paris. An III. 1 vol. in-12.

237. — Opuscules. — Dernier hommage de M. *Vulfran* WARMÉ (2) à ses Compatriotes. (Publié par M. *H.* DAUPHIN).
Amiens. 1835. R. Machart. 1 vol. in-8.

238. — Œuvres de M. DE BONALD.
Paris. 1805-1840. Le Clère. 12 vol. in-8.

I. Essai analytique sur les lois naturelles de l'ordre social. — II. IV. Législation primitive. — V. Du divorce. — VI. VII. Pensées et discours — VIII. IX. Recherches philosophiques. — X. XI. Mélanges littéraires, politiques et philosophiques. — XII. Démonstration philosophique du principe constitutif de la Société. — Méditations politiques tirées de l'Evangile.

---

(1) DUMONT (Charles-Henri-Frédéric), né à Oisemont le 27 avril 1758, est mort à Paris le 8 janvier 1830.

(2) WARMÉ (Vulfran-Joseph-Florimond), né à Amiens le 13 Juillet 1797, y mourut le 11 mars 1835.

239. — OEuvres complètes de Etienne Jouy, avec des éclaircissements et des notes (et une table générale).
Paris. 1823-1828. J. Didot. 27 vol. in-8. Port.
> I. XIII. Essais sur les mœurs. — XIV. La morale appliquée à la politique. — XV Essais sur les mœurs. — XVI. Mélanges. — XVII. Poésies légères.— XVIII. XXI. Théâtre. — XXII. Mélanges.— Beaux-arts. — Industrie. — XXIII. XXIV. Cécile, ou les passions. — XXV. XXVI. Essais sur les mœurs. — XXVII. Table. — (Les essais sur les mœurs comprennent : I. III. L'Hermite de la Chaussée d'Antin. — IV. V. Le Franc-Parleur. — VI. VII. L'Hermite de la Guyanne. — VIII. XIII. XXV. XXVI. L'Hermite en province.)

240. — OEuvres complètes de M. le Vte de Chateaubriand.
Paris. 1826-31. Ladvocat. 28 en 31 vol. in-8.
> I. II. Essai sur les révolutions. — III. Mélanges historiques. — IV. V ter. Discours servant d'introduction à l'Histoire de France.—VI. VII. Voyages en Amérique et en Italie. — VIII. X. Itinéraire de Paris à Jérusalem. — XI. XV. Génie du christianisme. — XVI. Atala.— René. — Aventures du dernier Abencérage. — XVII. XVIII bis. Les Martyrs. — XIX. XX. Les Natchez. — XXI. Mélanges littéraires. — XXII. Moyse. Tragédie. — Poésie et littérature. — XXIII. Opinions et discours. — XXIV. Réflexions politiques. — XXV. Mélanges politiques. — XXVI. Polémique.— XXVII. De la liberté de la presse. — XXVIII. Table analytique avec une notice sur la vie et les ouvrages de l'auteur, par M. de L. de S. E.)

241. — OEuvres complètes de A. F. Ozanam, avec une notice par le R. P. Lacordaire et une préface par M. Ampère.
Paris. 1855-1865. J. Lecoffre et Ce. 11 vol.in-8. Port.
> I. II. La civilisation au Ve siècle. — III. IV. Etudes germaniques, — Les Germains avant le christianisme et la civilisation chrétienne chez les Francs. — V. Les poètes franciscains. — VI. Dante et la philosophie catholique au XIIIe siècle. — VII. VIII. Mélanges. — IX. Le Purgatoire de Dante. — X. XI, Lettres.

242. — OEuvres complètes de *François* Arago publiées d'après son ordre sous la direction de M. *J. A.* Barral.
Paris. 1854-62. Gide et J. Baudry. 13.vol. in-8. Port.
> I. III Notices biographiques. — IV. VIII. Notices scientifiques. — IX. Instructions pour des voyages scientifiques. — X. XI. Mémoires scientifiques. — XII. Mélanges. — XIII. Tables.

243. — OEuvres complètes du Baron de Stassart, publiées et accompagnées d'une Notice biographique et d'un Examen critique des ouvrages de l'auteur par *P. N.* Dupont-Delporte. N^e édit.
Paris 1855. F. Didot fr. 1 vol. in-8. Port.

244. — Mélanges historiques, littéraires et archéologiques, par M. Dupont-White.
   Beauvais. 1847. Achille Desjardins. 1 vol. in-8.

245. — OEuvres choisies de M. le Marquis de Larochefoucault-Liancourt.
   Paris. 1860-1862. Morris. 8 vol. in-8. Fig.
   I. Achille à Troyes. Poème. — Poésies diverses. — II. Eglogues de Virgile. — Satires de Perse et de Sulpicia, traduites en vers. — III. Scènes dramatiques. — IV. La vie de l'homme. Poésies. — V. VI. Etudes sur Racine, — VII. VIII. Mémoires de Concordet sur le règne de Louis XVI. extraits de sa correspondance et de celles de ses amis.

246. — St. *Albin* Berville. — OEuvres diverses. (1)
   Paris 1868-1871. Maillet. 5 vol. in-18.
   I. Poésies et littérature légère. — II. Littérature. Mélanges en prose. — Travaux académiques ; Biographie. — III. Questions d'histoire littéraire ; Esthétique et théorie des Arts : fragments divers. — IV. OEuvres oratoires. — V. Politique, Législation. Mélanges. Histoire.

247. — OEuvres de Napoléon III.
   Paris. 1854-1869. Amyot et Plon. 5 vol. in-8. Port.
   I. Des idées napoléoniennes.—Fragments historiques. 1688 et 1830. — Rêveries politiques. — Mélanges. — II. Mélanges. — Extinction du Paupérisme. — Question des sucres. — Recrutement de l'armée. — Considérations politiques et militaires sur la Suisse. — Quelques mots sur Jos. Nap. Bonaparte. — Le canal du Nicaragua. — III. Discours. — Proclamations. — Messages. — 1848-1855. — IV. Du passé et de l'avenir de l'artillerie. — V. Discours. — Proclamations. — Messages. — 1856-1869.

i. — Variétés.

Sous ce titre sont réunis les ouvrages d'auteurs qui, sans avoir fait de traités spéciaux, ont écrit cependant sur les différentes branches des connaissances humaines.

248. — OEuvres morales et diversifiées en histoires, pleines de beaux exemples, enrichies d'enseignemens vertueux, et embellies de plusieurs sentences et discours. Le tout tiré des plus signalez et remarquables Au-

---

(1) Berville (*Albin*), né à Amiens le 22 Octobre 1788, mourut le 25 septembre 1868, à Fontenay-aux-roses (Seine).

theurs grecs, latins et françois, qui ont escrit de tout temps, pour l'enseignement de toutes personnes qui aspirent à vertu, et philosophie chrestienne. Par *Jean* Des Caurres, de Morœul, Principal du Collége, et Chanoine de S. Nicolas d'Amiens. (1). Rev. corr.
Paris. 1583. G. de la Noue. 1 vol. in-8.

249. — Les diverses leçons d'*Antoine* du Verdier, Sieur de Vauprivas, suivans celles de Pierre Messie. Contenans plusieurs histoires, discours, et faicts mémorables. Augmentées par l'autheur en ceste cinquiesme édition de trois discours trouvez après le decez de l'autheur en ses papiers, du Duëil, de l'Honneur, et de la Noblesse. Avec deux tables.
Tournon. 1616. Michel. 1 vol. in-8.

250. — Les diverses leçons de *Loys* Guyon, Sieur de la Nauche: suyvans celles de Pierre Messie, et du Sieur de Vauprivaz. Divisées en cinq livres. 2e édit.
Lyon. 1610-1617. Morillon. 3 vol. in-8.

251. — Les diversitez de Messire *Jean Pierre* Camus, Evesque et Seigneur de Belley. 2e édit.
Paris. 1612-1614. Cl. Chappelet, 10 vol. in-8.

252. — Recueil général des questions traictées ès Conférences du Bureau d'Adresse, sur toutes sortes de matières; par les plus beaux Esprits de ce temps.
Paris. 1658-1660. Cardin Besongne. 5 vol. in-8.

253. — Même recueil.
Lyon. 1666-1670. Valançol. 7 vol. in-12.

254. — La première partie des conférences académiques et oratoires, accompagnées de leurs résolutions. Dans lesquelles on voit le plus bel usage des maximes de la Philosophie et des préceptes de l'Éloquence. Par I. D. S. (*Jean* de Soudier) Sieur de Richesource.
Paris. 1661. Targa. 1 vol. in-4.

255. — Les questions de la Princesse Henriette de la Guiche, Duchesse d'Angoulême et Comtesse d'Alais, sur toute sorte de sujets; avec les réponses. Par M. Pontier.
Paris. 1688. Guill. Cavelier. 1 vol. in-8.

1, Des Caurres (*Jean*), né à Moreuil, en 1540, mourut à Amiens, le 17 mars 1587.

256. — Jeux d'esprit et de mémoire, ou conversations plaisantes avec des personnes les plus distinguées de l'État, par leur génie et leur rang. Avec quelques particularitez qui se sont passées sous le règne de Louis Le Grand. Par M. L. M. D. C. (le Marquis DE LA CHATRE).
Cologne. 1698. Le Jeune. 1 vol. in-12.

257. — Cent questions et réponses sur différens sujets. Pour le mois de Mars 1704. Par M. l'Abbé BORDELON.
Paris. 1704. Coustelier. 1 vol. in-12

258. — Fragmens d'histoire et de littérature. (Par *Nic.-Hyacinthe* LARROQUE).
La Haye. 1706. Moetjens. 1 vol. in-12.

259. — Recherches historiques, curieuses, et remarquables, tirées d'un grand nombre d'Historiens. (Par M. DE BOISSELLE).
Paris 1723. A. Cailleau. 1 vol. in-12.

** — Mélanges d'histoire et de littérature. Par M. de VIGNEUL-MARVILLE (*Bonav.* D'ARGONNE). 4ᵉ éd. rev., corr., augm. par M.*** (l'Abbé BANIER).
Paris. 1725. Prudhomme. 3 vol. in-12.
Voyez : Belles-Lettres. N. 3316.

** — Recueil de littérature, de philosophie et d'histoire. (Par *C. E.* JORDAN).
Amsterdam. 1730. L'Honoré. 1 vol. in-12.
Voyez : Belles-Lettres. N. 3317.

** Essais sur divers sujets de littérature et de morale. Par M. l'Abbé TRUBLET. 2ᵉ édit.
Paris. 1737. Briasson. 2 en 1 vol. in-12.
Voyez : Belles-Lettres. N. 3320.

260. — Singularités historiques et littéraires contenant plusieurs recherches, découvertes et éclaircissemens sur un grand nombre de difficultés de l'Histoire ancienne et moderne. Ouvrage historique et critique. (Par Dom *Jean* LIRON).
Paris. 1738-40. Didot. 4 vol. in-12.

261. — Mémoires historiques, critiques, et littéraires, par feu M. BRUYS; avec la vie de l'auteur, et un catalogue raisonné de ses ouvrages, (par l'Abbé *Ch.-L.* JOLY).
Paris. 1751. Hérissant. 2 vol. in-12.
L'éditeur ne pouvant faire de ces mémoires deux volumes d'égale grosseur, a complété le second avec:
La Promenade de Saint-Cloud. Dialogue sur les

Auteurs. Par *Gabriel* GUERET. — Borboniana, ou fragment de littérature et d'histoire de *Nicolas* DE BOURBON. — Chevaneana, ou fragment de mélanges de M. *J. Aug.* DE CHEVANES.

262. — Variétés historiques, physiques et littéraires, ou recherches d'un sçavant, contenant plusieurs pièces curieuses et intéressantes. (Par BOUCHER D'ARGIS).
Paris. 1752. Nyon. 3 en 4 vol. in-12.

263. — L'abeille, ou recueil de philosophie, de littérature et d'histoire.
La Haye. 1755. 1 vol. in-8.
" Nouveaux mémoires d'histoire, de critique et de littérature. Par l'Abbé D'ARTIGNY.
Paris. 1749-56. Debure l'ainé. 7 vol. in-12.
Voyez : Belles-Lettres. N. 3322.

264. — Dissertations littéraires et philosophiques. Par M. *(Et.-Simon)* DE GAMACHES.
Paris. 1755. De Nully. 1 vol. in-12.

265. — Nouveaux mélanges de littérature, d'histoire et de philosophie, d'un centenaire, etc., etc.
S n. n. l. 1769. 1 vol. in-8.

266. — Choix de lectures intéressantes, ou recueil de notices et anecdotes. Par D'ESMERY. (1).
Paris. An VII (1799). Rebour. 2 en 1 vol. in-8.
" Mélanges de littérature et de philosophie du 18e siècle. Par M. l'Abbé MORELLET.
Paris. 1818. Vᵉ Le Petit. 3 vol. in-8.
Voyez : Belles-Lettres. N. 3332.

267. — Pensées, maximes, essais et correspondance de J. JOUBERT, recueillis et mis en ordre par M. *Paul* RAYNAL, et précédées d'une notice sur sa vie, son caractère et ses travaux. Nᵉ édit.
Paris. 1861. Didier. 2 vol. in-8.

268. — Le dernier voyage de Nelgis, ou mémoires d'un vieillard. Par Madame la Comtesse DE GENLIS.
Paris. 1828. Roux. 2 vol. in-8. Fig.

269. — Nouveaux mélanges par M. l'Abbé *F.* LA MENNAIS.
Paris. 1826. Lib. classique élémentaire. 1 vol. in-8.

---

(1) D'ESMERY (*Aymar-Jacques-Isidore*), né à Amiens le 29 avril 1732, y mourut le 7 décembre 1811.

" Œuvres de *Victor* Hugo. 1819-1834. Littérature et philosophie mêlées.
Paris. 1834. Renduel. 2 en 1 vol. in-8.
Voyez : Belles-Lettres. N. 3336.

270. — Essais de politique et de littérature par M. Prevost-Paradol. 3e édit. Première série.
Paris. 1865. Michel Lévy. 1 vol. in-18.

271. — Mélanges historiques et littéraires. Par *Prosper* Mérimée.
Paris. 1855. Michel Lévy. 1 vol. in-18.

272. — Essais de littérature et de morale. Par M. *Saint-Marc* Girardin. Nouvelle édition revue par l'Auteur.
Paris. 1853. Charpentier. 2 vol. in-18.

273. — Causeries d'un curieux, variétés d'histoire et d'art tirées d'un cabinet d'autographes et de dessins. Par F. Feuillet de Conches.
Paris. 1862-68. Plon. 4 vol. in-8. Fac-similé.

274. — Laissez passer la justice d'une femme. Par Madame *Fanny* Dénoix des Vergnes. Première partie.
Paris. 1866. Collignon. 1 vol. in-18.

275. — Coups de plume sincères. Littérature et politique par *Paulin* Limayrac.
Paris. 1853. V. Lecou. 1 vol. in-18.

IIIe Division. Collections d'ouvrages de divers auteurs.

276. — Scriptorum græcorum bibliotheca. — Collection des auteurs grecs, avec la traduction latine en regard et les index.
Paris. 1837-1861. A. F. Didot. 56 vol. in-8.
Cette collection comprend les auteurs suivants :

Théologie.

. — Ancien testament (version des Septante) publié par J. N. Jager. 2 vol.

. — Nouveau testament, publié par J. N. Jager et C. Tischendorf. 1 vol.

. — Saint Jean Chrysostome. Œuvres choisies, publiées par *Fr.* Dübner. 1 v. Tome Ier.

Philosophie.

- — Platon. Œuvres complètes. Texte entièrement revu par *Ch.* Schneider et *R. B.* Hirschig. Traduction toute nouvelle. 2 volumes.
- — Aristote. Œuvres complètes publiées par MM. *Fr.* Dübner, *Cats* Bussemaker et Heitz. 4 vol.
- — Plotin. *Ennéades*, avec la traduction de Ficin. Publié par *Fr.* Creuzer et *G. H.* Moser. — En tête se trouvent les *Institutions* de Porphyre, suivies des *Institutions théologiques* de Proclus, et à la fin les *solutions* de Priscien; publiées par *Fr.* Dübner. 1 v.
- — Théophraste, Marc-Antonin, Épictète, Arrien, Simplicius, Cèbès, Maxime *de Tyr*, publ. par *Fr.* Dübner. 1 vol.
- — Diogène Laerce, publié par *C. Gab.* Cobet. Vies de Platon, par Olympiodore; d'Aristote, par Ammonius; de Pythagore, par Iamblique et Porphyre; de Plotin, par Porphyre; d'Isidore, par Damascius : publiées par *Ant.* Westermann. — Vie de Proclus par Marinus, publiée par *J. Fr.* Boissonade. 1 vol.
- — Philostrate et Callistrate. Œuvres publiées par *Ant.* Westermann; Eunape, par *J. Fr.* Boissonade; Himérius, par *Fr.* Dübner. 1 vol.
- — Fragments de Philosophes grecs, publiés par *F. G. A.* Mullach. 1 vol.

Littérature.

- — Démosthène et fragments recueillis pour la première fois, publiés par *J. Théod.* Voemel. 1 vol.
- — Orateurs Athéniens. Isocrate, Antiphon, Andocide, Lysias, Lycurgue, Eschine, Dinarque, Démade, Lesbonax, Gorgias, Hypéride, Isée, Hérode, Alcidamas, publiés par MM. Ahrens, Baiter, *Ch.* Müller, et *J.* Hunziker. 2 vol.
- — Homère. *Fragments des Cycliques.* D'après la récension de G. Dindorf. 1 vol.
- — Hésiode, Apollonius de *Rhodes*, Tryphiodore, Co-

luthus, Quintus de *Smyrne*, Tzetzès, Musée et fragments d'Antimaque, Choerilus, Panyasis, Asius et Pisandre, publiées par Lehrs et Dübner. 1 vol.
- — Poètes bucoliques et didactiques. Théocrite, Bion et Moschus, Nicandre, Oppien, Marcellus de *Side*, l'Anonyme *de Viribus herbarum*, Philé, fragmenta Poematum de re naturali et medica, Aratus, Manéthon, Maxime. Publiés par *F. S.* Lehrs, *K.* Lehrs, *Fr.* Dübner, *C. Fr.* Ameis, *Cats* Bussemaker et *Arm.* Koechly. 1 vol.
- — Scolies de Théocrite, de Nicandre et d'Oppien, publiées par *F.* Dübner et *Cats* Bussemaker. 1 vol.
- — Eschyle et *les fragments*.— Sophocle et *les fragments*. Publiés par *A. E. I.* Arhens et *L.* Benloew. 1 vol.
- — Euripide. Texte nouveau, revu, et traduction toute nouvelle par M. *Th.* Fix. 1 vol.
- — Fragments d'Euripide et de tous les Tragiques grecs, suivis de ce qui reste des Drames chrétiens, publiés par *Fr. G.* Wagner et *Fr.* Dübner. 1 vol.
- — Aristophane, publié par G. Dindorf ; fragments de Ménandre et de Philémon, par *Fr.* Dübner. 1 vol.
- — Scolies complètes d'Aristophane, avec un Index tout nouveau, publiées par *Fr.* Dübner. 1 vol.
- — Fragments des Comiques grecs, publiés d'après *A.* Meineke par *Fr. H.* Bothe, avec une notice et une table générale par *I.* Hunzicker. 1 vol.
- — Nonnus. Les Dionysiaques ou Bacchus, poëme rétabli, traduit en françois et commenté par le Comte de Marcellus. 1 vol.
- — Romanciers grecs. Parthenius, Achilles Tatius, Longus, Xénophon, Chariton, Héliodore, Iamblique, Antoine Diogène, publiés par *Adr.* Hirschig ; Eumathius, par *Ph.* Lebas ; Appollonius *de Tyr*, par *A. J.* Lapaume ; Nicetas Eugenianus, par Boissonade. 1 v.

Géographie.
- — Pausanias. Publié par *Louis* Dindorf. 1 vol.

— STRABON. Publié par *Fr.* DÜBNER et *Ch.* MÜLLER. 1 vol. et 15 cartes coloriées.

— GEOGRAPHI GRÆCI MINORES. Publié par *Ch.* MÜLLER. 2 vol. et un atlas de 29 cartes coloriées.

Histoire.

— HÉRODOTE. Texte et traduction revus par *Guillaume* DINDORF. — CTÉSIAS et les chronographes CASTOR et ERATOSTHÈNE, publiés par *Ch.* MÜLLER. 1 vol.

— THUCYDIDE *avec les Scolies.* Publié par *F.* HAASE. 1 v.

— XÉNOPHON. Œuvres complètes, d'après la récension de *L.* DINDORF. 1 vol.

— DIODORE DE SICILE, avec tous les fragments. Publié par *L.* DINDORF et *Ch.* MÜLLER. 2 vol.

— POLYBE et APPIEN, avec tous les fragments. Revus par *Fr.* DÜBNER. 2 vol.

— FLAVIUS JOSÈPHE. Texte et traduction revus par G. DINDORF. 2 vol.

— APPIEN. Texte et traduction de SCHWEIGHÆASER, revus sur ses manuscrits... 1 vol.

— ARRIEN. — Ses ouvrages historiques, etc., suivis des fragments d'historiens d'Alexandre, et de l'histoire fabuleuse de ce prince attribuée à CALLISTHÈNE. Publié par *Fr.* DÜBNER et *Ch.* MÜLLER. 1 vol.

— Fragments d'historiens grecs 4 vol. Tome I : HECATÉE, CHARON, XANTHUS, HELLANICIUS, PHERECYDE, ACUSILAUS, ANTIOCHUS, PHILISTUS, TIMÉE, EPHORE, THEOPOMPE, PHYLARQUE, CLITODEME, PHANODEME, ANDROTION, DEMON, PHILOCHORE, ISTER, et la Bibliothèque d'APOLLODORE avec les *fragments.* Publiés avec des notes par *Car.* et *Theod.* MULLER ; à la suite les marbres de Paros et de Rosette, avec les commentaires de LETRONNE et de *C.* MULLER.

— Tome II : contenant ce qui reste de soixante-douze historiens, et plusieurs fragments considérables inédits de DIODORE de SICILE, de POLYBE et de DENYS D'HALICARNASSE, recueillis par *Ch.* MÜLLER.

. — Tome III : contenant la suite, par ordre chronologique, des fragments de *cent onze* historiens grecs, et particulièrement ceux de Nicolas *de Damas*, recueillis par M. *Ch.* Müller.

. — Tome IV : contenant ce qui reste d'un grand nombre d'historiens dont plusieurs sont inédits, et une Table générale.

Polygraphie.

. — Plutarque. OEuvres complètes. (Vies des hommes illustres, publiées par *Th.* Doehner. OEuvres morales. — Fragments. Publiés par *Fr.* Dübner). 5 vol.

. — Lucien. OEuvres, publiées par *G.* Dindorf. 1 v.

. — Elien. De natura animalium, varia historia, et fragmenta. — Philon *de Byzance. De septem orbis spectaculis.* — Porphyre. *De Abstinentia* et *de Antro Nympharum.* Publiés par *Rud.* Hercher. 1 vol.

— Divers traités de Lucien, Xénophon, Platon et Plutarque, accompagnés de sommaires-françois et de notes sur le texte. Publiés par M. l'Abbé Gail. (En grec).

Paris. 1783. Didot jeune. 1 vol. in-12.

Voyez : Sciences et Arts. N. 474.

277. — Bibliothèque classique latine, ou collection des auteurs classiques latins, avec des commentaires anciens et nouveaux, des index complets, le portrait de chaque auteur, des cartes géographiques etc. dédiée au Roi, et publiée par *Nicolas-Eloi* Lemaire.

Paris. 1819-38. F. Didot. 142 vol. in-8.

Le faux-titre porte :

Bibliotheca classica latina sive collectio auctorum classicorum latinorum cum notis et indicibus.

Cette collection comprend :

Cæsar. 4 v. — Catullus. 1 v. — Cicero. 19 v. — Claudianus. 2 v. — Cornelius Nepos. 1 v. — Florus, 1 v. — Horatius. 3 v. — Justinus. 1 v. — Juvenalis et Persius. 3 v. — Lucanus. 3 vol. — Lucretius. 2 v. — Martialis. 3 v. — Ovidius. 10 v. — Phædrus. 2 v. — Plautus. 4 v. — Plinius. 11 v. — Plinius Junior. 2 v. — Propertius. 1 v. — Quintus Curtius. 3 v. —

Quintilianus. 7 v. — Sallustius. 1 v. — Seneca. 9 v.
— Silius Italicus. 2 v. — Statius. 4 v. — Suetonius.
2 v. — Tacitus. 5 vol. — Terentius. 2 v. — Tibullus.
1 v. — Titus Livius. 12 v. — Valerius Flaccus, 2 v. —
Valerius Maximus. 3 v. — Velleius Paterculus. 1 v.
— Virgilius. 8 v. — Poetæ latini minores. 7 v. —
Appendix. 1 v.

278. — Bibliothèque latine-française, collection des classiques latins avec la traduction en regard, publiée par C. L. F. PANCKOUCKE.
Paris. 1825-1850. Panckoucke. 216 vol. in-8.
_{Cette collection dont les premières livraisons ont paru avec la mention Bibliothèque... publiée par Jules Pierrot, comprend les ouvrages suivants :}

Ire série :

— APULÉE. Trad. nouv. par M. V. BÉTOLAUD. 4 v.
— CÉSAR. Trad. nouv. par M. ARTAUD. 3 v.
— C. V. CATULLE. Trad. par *Ch.* HÉGUIN DE GUERLE et CORNELIUS GALLUS. Trad. n. par M. *J.* GENOUILLE. 1 v.
— CICÉRON. 36 v.
— CLAUDIEN. Trad. nouv. par MM. HÉGUIN DE GUERLE et *A.* TROGNON. 2 v.
— CORNELIUS NEPOS. Trad. par P.F. DE CALONNE et *Am.* POMMIER. 1 vol.
— L. A. FLORUS. Trad. par *F.* RAGON, avec une notice par M. VILLEMAIN. 1 v.
— HORACE. Tra. par AMAR, ANDRIEUX, A. V. ARNAULT, *Ph.* CHASLES, DARU, DUROZOIR, NAUDET, F. PANCKOUCKE, E. PANCKOUCKE, DE PONGERVILLE, BIGNAN, CHARPENTIER, J. N. M. DE GUERLE, FÉLETZ, L. HALEVY, LIEZ, OUIZILLE, et *A.* TROGNON. 2 vol.
— JUSTIN. Trad. par *J.* PIERROT et *E.* BOITARD. 2 v.
— JUVÉNAL. Trad. par *J.* DUSAULX. Nouv. édit. rev. et corr., par *J.* PIERROT. 2 vol.
— LUCAIN. Trad. par *Ph.* CHASLES, GRESLOU et COURTAUD-DIVERNÉRESSE. 2 v.
— LUCRÈCE. Trad. par DE PONGERVILLE, avec une notice

littéraire et bibliographique (et un exposé du système physique d'Epicure), par AJASSON DE GRANDSAGNE. 2 v.
- M. V. MARTIAL. Trad. par V. VERGER, N. A. DUBOIS. J. MANGEART ... 4 v.
- OVIDE. Trad. par MM. Th. BURETTE, CHAPPUYZI, J. P. CHARPENTIER, GROS, HÉGUIN DE GUERLE, MANGEART. CARESME et VERNADÉ. 10 v.
- PERSE. Fragments de TURNUS et de SULPICIA. Trad. nouv. par A. PERREAU. 1 v.
- PETRONE. Trad. nouv. par C. H. D. G. (HEGUIN DE GUERLE), avec des notes, par J. N. M. DE GUERLE. 2 v.
- PHÈDRE. Trad. nouv. par E. PANCKOUCKE. 1 v.
- PLAUTE. Trad. par J. NAUDET. 9 v.
- PLINE (Histoire naturelle). Trad. nouv. par AJASSON DE GRANDSAGNE. 20 v.
- PLINE (le Jeune). Trad. par DE SACY. Nouv. édit. rev. et corr. par J. PIERROT. 3 v.
- PROPERCE. Trad. nouv. par J. GENOUILLE. 1 v.
- QUINTE-CURCE. Trad. par Aug. et Alp. TROGNON. 3 v.
- QUINTILIEN. Trad. par C. V. OUIZILLE. 6 vol.
- SALLUSTE. Trad. par Ch. DU ROZOIR. 2 v.
- SENÈQUE le Philosophe. Trad. nouv. par MM. AJASSON DE GRANDSAGNE, BAILLARD, CHARPENTIER, CABARET-DUPATY, DU ROZOIR, HÉRON DE VILLEFOSSE, NAUDET. F. et E. PANCKOUCKE, DE VATIMESNIL, A. et G. DE WAILLY, Alph. TROGNON. Publié par Ch. DU ROZOIR. 8 vol.
- SENÈQUE (tragédies de). Trad. par E. GRESLOU. 3 v.
- SILIUS ITALICUS. Trad. par E. F. CORPET, N. A. DUBOIS et E. GRESLOU. 3 v.
- STACE. Trad. par RINN, ACHAINTRE et BOUTTEVILLE. 4 v.
- SUÉTONE. Trad. par DE GOLBERY. 3 v.
- TACITE. Trad. par C. L. F. PANCKOUCKE. 7 v.
- TÉRENCE. Trad. par J. A. AMAR. 3 v.
- TIBULLE. Trad. par VALATOUR. — *Publius* SYRUS. Trad. par J. CHENU. 1 vol.

— Tite-Live. Trad. par *J*. Liez, *N.A*. Dubois, *V*. Verger et Corpet. 17 v.
— Valerius Flaccus. Traduit pour la première fois par *J. J. A*. Caussin de Perceval. 1 v.
— Valère Maxime. Trad. par *C. A. F*. Frémion. 3 v.
— *C*. Velleius Paterculus. Trad. par Desprès. 1 v.
— Virgile. Trad. par Villenave, Charpentier et Amar. Géographie par *V*. Parisot. Flore par Fée. 4 v.

II° Série.

— Aulu-Gelle. Trad. par *E*. de Chaumont, *F*. Flambart et *E*. Buisson. 3 v.
— Aurelius Victor. Trad. par *N. A*. Dubois. 1 vol.
— Ausone. Trad. par *E. F*. Corpet. 2 v.
— *R*. Festus Avienus. — *Cl*. Rutilius Numatianus. Trad. par *E*. Despois et *E*. Saviot. 1 v
— Censorinus. Trad. par *J*. Mangeart.— Julius Obsequens et Lucilius Ampelius. Trad. par *V*. Verger. 1 vol.
— Columelle. Trad. par *L*. Dubois. 3 v.
— *Flavius* Eutrope. — Messala Corvinus. — Sextus Rufus. Trad. par *N. A*. Dubois. 1 v.
— Sextus Pompeius Festus. Trad. par *A*. Savagner. 2 v.
— Frontin. Trad. par *Ch*. Bailly. 1 v.
— Jornandès. Trad. par *A*. Savagner. 1 v.
— *C*. Lucilius. Trad. par Corpet. — Lucilius Junior. Saleius Bassus. — Cornelius Severus.—Avianus.— Dionysius Caton. Trad. par *J*. Chenu. 1 v.
— Macrobe. Trad. par *H*. Descamps, Laass d'Aguen, *N. A*. Dubois. *A*. Ubicini Martelli, 3 v.
— *P*. Mela. — Vibius Sequester. — Ethicus Ister.— P. Victor. Trad. par *L*. Baudet. 1 vol.
— Palladius. Trad. par Cabaret-Dupaty. 1 v.
— Poetæ minores. Arborius.—Calpurnius.—Eucheria, — Gratius Faliscus, Lupercus Servastus, Nemesianus, Pentadius, Sabinus, Valerius Cato, Vestritius Spurinna et le Perviligium veneris. Trad. par Cabaret-Dupaty. 1 v.

— Priscianus. Trad. par *E. F.* Corpet. — Serenus Sammonicus. — Macer Floridus. — Marcellus. Trad. par *L.* Baudet. 1 v.
— Solin. Trad. par *A.* Agnant. 1 v.
— Sulpice Sévère. Trad. par Herbert. — Paulin de *Périgueux.*— Fortunat. Trad. par *E. F.* Corpet. 2 v.
— Varron. Economie rurale. Trad. par Rousselot. 1 v.
— Vitruve. Trad. par *Ch. L.* Maufras. 2 v. Fig.
— Ecrivains de l'histoire Auguste. 3 v. — I. Spartianus. — Vulcatius gallicanus. — Trebellius pollion. Trad. nouv. par *Fl.* Legay.— II. Ælius Lampridius. Trad. par Laass d'Aguen.— Flavius Vopiscus. Trad. par *E.* Taillefert et *J.* Chenu. — III. Julius Capitolinus. Trad. par Valton.

279. — Syntagma variarum dissertationum rariorum, quas Viri doctissimi superiore seculo elucubrarunt. Ex Musaeo *Joannis-Georgii* Graevii.
   Ultrajecti. 1702. G. Vande Water. 1 vol. in-4.
   On trouve dans ce recueil :
   Th. Reinesii Ιστορουμενα linguae Punicae. — De Deo Endovellico. — *Herm.* Conringii de Asiæ et Ægypti dynastiis adversaria chronologica.— *J.* Jonsenius de Spartis.— *J.* Wandalini de Feria Passionis diatribe. — *G. E.* Phaletrani de Sceptri judaici ablatione exercitatio. — *Ch.* Daumius de linguae latinæ radicibus. — *And.* Rivinus de Majumis, Maicampis et Roncaliis. — Duæ de Venilia et Salacia et Malacia dissertationes. — *Ch. Fr.* Frankenstein de Ærario populi romani.

280. — Panthéon littéraire. Collection universelle des chefs-d'œuvre de l'esprit humain.
   Paris. 1840-1846. Desrez. 45 vol. in-8.
   Tous les ouvrages, à moins d'indication spéciale, sont précédés de notices historiques et littéraires par *J. A. C.* Buchon.
   Cette collection incomplète se divise ainsi :

I. — *Théologie.*

— Choix de monuments primitifs de l'église chrétienne.

— Correspondance entre Pline et Trajan au sujet des chrétiens. — Tertullien. Vingt-trois traités. — Minucius Félix. Octavius. — S. Cyprien. Douze traités. — Lactance. Mort des persécuteurs de l'Église.— Institutions divines.— Colère de Dieu — OEuvre de Dieu.— J. F. Maternus. Erreurs des religions profanes. 1 vol.

— OEuvres de Saint Jérome publiées par M. *Benoit* Matouges, sous la direction de M. *Aimé* Martin. 1 v.
— Choix d'ouvrages mystiques. — S. Augustin. Confessions. — Méditations. — Boèce. Consolations de la philosophie. — S. Bernard. Traité de la considération. — Gersen. Imitation de Jésus-Christ. — Cardinal Bona. Principes de la vie chrétienne. — Chemin du ciel. — Tauler. Institutions. — *Louis de* Blois. Le directeur des âmes religieuses. 1 vol.
— OEuvres de l'Abbé Fleury, précédées d'un essai sur sa vie et ses ouvrages, par M. *Aimé* Martin. 1 vol.

II. — *Philosophie.*

— OEuvres philosophiques, morales et politiques de *François* Baçon, Baron de Vérulam. 1 vol.
— OEuvres de *Michel* de Montaigne.—De la servitude volontaire, ou le contr'un, par *Estienne* de La Boetie. Avec notice biographique, par *J. A. C.* Buchon et notice bibliographique par le Dr *J. F.* Payen. 1 vol.
— Choix de moralistes français. — *Pierre* Charron. De la sagesse. — Pascal. Pensées.— LaRochefoucauld. Sentences et maximes. — La Bruyère. Caractères de ce siècle. — Vauvenargues. OEuvres. 1 vol.
— OEuvres philosophiques de Descartes, publiées d'après les textes originaux par M. *Aimé*-Martin. 1 v.

III. — *Littérature.*

— Petits poètes français, depuis Malherbes jusqu'à nos jours, avec des notices biographiques et littéraires sur chacun d'eux par M. *Prosper* Poitevin. 2 vol.
— Théâtre français au moyen-âge publié d'après les

manuscrits de la Bibliothèque du Roi. Par MM. *l..* J. N. Monmerqué et *Francisque* Michel. — xi-xiv siècles. 1 vol.

— Mille et une nuits, contes arabes, traduits en français par Galland. Nouvelle édition, augmentée de plusieurs contes, et accompagnée de notes et d'un Essai historique sur les Mille et une nuits, par **A** Loiseleur-Deslongchamps ; publiée sous la direction de M. *Aimé*-Martin. 1 vol.

iv. — *Histoire*.

— Hérodote: Histoire; Vie d'Homère.— Ctesias: Histoire de Perse; Histoire de l'Inde. — Arrien: Expéditions d'Alexandre.—Suivis de l'Essai sur la chronologie d'Hérodote et du Canon chronologique de Larcher.—Avec une carte des expéditions d'Alexandre. 1 vol.

— OEuvres complètes de Thucydide et de Xénophon. 1 v.

— Ouvrages historiques de Polybe, Hérodien, et Zozime. 1 vol.

— OEuvres complètes de *Flavius* Joseph. 1 vol.

— Histoire de la décadence et de la chûte de l'Empire romain, par *Edouard* Gibbon. 2 vol.

— Histoire d'Italie de l'année 1492 à l'année 1532, par *Francesco* Guicciardini. 1 vol.

— OEuvres complètes de *N*. Macchiavelli. 2 vol.

— OEuvres complètes de *W*. Robertson. 2 vol.

V. — *Géographie et voyages*.

— Lettres édifiantes et curieuses concernant l'Asie, l'Afrique et l'Amérique, avec quelques relations nouvelles des missions, et des notes géographiques et historiques. Publiées par M. *L. Aimé* Martin. 2 vol.

VI. — *Chroniques et mémoires pour l'histoire de France*.

— Chroniques étrangères relatives aux expéditions françaises pendant le xiii siècle. — Anonyme grec. Chronique de la principauté d'Achaie. 1094-1292.— Ramon Muntaner. Chroniques d'Aragon, de Sicile

et de Grèce. 1204-1328. — Bernat d'Esclot. Chronique de Pierre III et expédition française de 1285.
— Anonyme sicilien. Chronique de la conspiration de J. Prochyta. 1279-1282. 1 vol.

— Les chroniques de sire *Jehan* Froissart. 1325-1403.
— Livre des faits du bon Messire *Jean* le Maingre, dit Bouciquaut. 3 vol.

— Œuvres historiques inédites de sire *George* Chastellain. 1407-1469. 1 vol.

— *Mathieu* de Coussy. Chronique de 1444 à 1461. — *Jean* de Troyes. Chronique de Louis XI. 1461-1483. — *Guillaume* Gruel. Chronique du Comte de Richemont — Chronique anonyme de la Pucelle. — Interrogatoires de la Pucelle. — Divers documens sur la Pucelle. — *Pierre* de Fénin. Mémoires de 1407 à 1427. — Journal d'un bourgeois de Paris de 1409 à 1449. Poème anglais sur la bataille d'Azincourt. 1 v.

— Chroniques d'*Enguerrand* de Monstrelet. 1400-1444.

— *Philippe* de Commines. Mémoires sur les règnes de Louis XI et Charles VIII. 1468-1498. — *Guillaume* de Villeneuve. Mémoires sur l'expédition de Naples. 1494-1497. — *Olivier* de la Marche. Mémoires sur la maison de Bourgogne. 1435-1488. — *Georges* Chastelain. Chronique de Jacques de Lalaïn. 1423-1453. — *J.* Bouchet. Chronique de la Trémouille. 1460-1525. 1 vol.

— *Jacques* Du Clercq. Mémoires de 1448 à 1467. — Pièces relatives à la prise de Constantinople en 1453. — *Jean* Lefèvre, seigneur de Saint-Remy. Mémoires, de 1407 à 1435. — Mémoires sur Jacques Cœur (par M. Bonamy) et actes de son procès. 1 vol.

— *B.* de Salignac. Le Siége de Metz par Charles V. 1552. — *G.* de Colligny. Siége de Saint-Quentin. 1557. — La Chastre. Prises de Calais et de Thionville. 1557-1558. — *G.* de Rochechouart. Mémoires. 1497-1565. *Michel* de Castelnau. Mémoires de 1559 à 1570.

— J. de Mergey. 1540-1613.— *François* de la Noue. 1562 à 1570. — *Achille* de Gamon. 1558-1565. — *J.* Philippi. Mémoires de 1540 à 1590.— Turenne, Duc de Bouillon. Mémoires de 1555 à 1586. — *Guillaume* de Saulx-Tavannes. Mémoires de 1560-1596.—Marguerite de Valois. Mémoires de 1561 à 1582.— *J. A.* de Thou. Mémoires de 1553 à 1601. — *J.* Choisnin. Mémoires de 1571 à 1573. — *Matthieu* Merle. Mémoires de 1568 à 1580. 1 vol.

— Commentaires du Maréchal *Blaise* de Montluc. 1521-1576. — Mémoires sur le Maréchal de Vieilleville. 1527-1571. Par *Vincent* Carloix. 1 vol.

— *Le loyal Serviteur*. Chronique de Bayard. 1476-1524. — *Guillaume* de Marillac. Vie du Connétable de Bourbon. 1490-1521. — *Antoine* de Laval. Continuation de Marillac. 1521-1527. — *Jacques* Buonaparte. Sac de Rome en 1527. — *R.* de La Marck, Seigneur de Fleurange. Mémoires du jeune aventureux. 1500-1520. — Louise de Savoie, Duchesse d'Angoulême. Journal. 1459-1522. — *Martin* et *Guillaume* du Bellay. Mémoires. 1513-1545. 1 vol.

— *Pierre* de la Place. Commentaires de l'estat de la religion et république (sous Henri ii, François ii, Charles ix. 1556 à 1561). — Regnier de la Planche. De l'estat de France (sous François ii). — Livre des marchands. 1559-1560. — *Th. Agrippa* d'Aubigné. Mémoires. 1557-1622. — *François* de Rabutin. Commentaires des dernières guerres en la Gaule-Belgique. 1551-1559. 1 vol.

— Palma-Cayet. Chronologie novennaire et chronologie septenaire. 1589-1604. — *Michel* de Marillac. Mémoire sur la ligue. — Villeroy. Mémoires d'estat. 1564-1594. — Duc d'Angoulême. Mémoires sur la mort de Henri iii et les combats d'Arques. 2 vol.

— *Robert* Macquéreau. Chronicque de la maison de Bourgoigne de 1500 à 1527. — *Philippe* Hurault,

Comte DE CHEVERNY, Mémoires de 1528 à 1599. — *Philippe* HURAULT, fils. Mémoires de 1559 à 1601. — J. PAPE, seigneur de SAINT-AUBAN. Mémoires de 1572 à 1587. — Satyre Menippée. 1 vol.

— *Gaspard* DE SAULX-TAVANNES. Mémoires. 1513-1573. — BOYVIN DU VILLARS. Mémoires. 1550-1560. 1 vol.

— Négociations du président JEANNIN de 1607 à 1609 (suivies de ses œuvres mêlées). 1 vol.

— Œuvres complètes de *Pierre* DE BOURDEILLE, Abbé séculier DE BRANTOME, et d'*André*, Vicomte de BOURDEILLE. 2 vol.

281. — Commerce savant et curieux.
Paris. 1699. André Cramoisy. 1 vol. in-12.

282. — Dissertations sur diverses matières de religion et de philologie, contenues en plusieurs lettres écrites par des personnes savantes de ce temps. Recueillies par M. l'Abbé DE TILLADET.
Paris. 1712. Fournier. 2 vol. in-12.

283. — Recueil de pièces d'histoire et de littérature. (Par l'*Abbé Fr.* GRANET et le P. DESMOLETS.)
Paris. 1731-1732. Chaubert, 2 en 1 vol. in-12.

284. — Premier, second et troisième recueil philosophique et littéraire de la Société typographique de Bouillon.
Bouillon. 1769-79. La Société typog. 10 vol. in-12.

<small>La Bibliothèque possède seulement les trois premiers volumes qui contiennent des articles de L. et J. B. CASTILHON, BLONDEL, DE LA MILIÈRE, O. Z. DE HAREN, DE NEUVILLE. J.-B. MÉRIAN, J.-B, ROBINET et TRÉBUCHET.</small>

285. — Archives des missions scientifiques et littéraires, choix de rapports et instructions publié sous les auspices du Ministère de l'Instruction publique.
Paris. 1850-1872. Imp. nat. et imp. 15 vol. in-8.

286. — Leçons françaises de littérature et de morale, ou recueil, en prose et en vers, des plus beaux morceaux

de notre langue dans la littérature des deux derniers siècles. Par M. Noël et M. De la Place. 13ᵉ éd.
Paris. 1824. Le Normant. 2 vol. in-8.
Incomplet.

287. — Auserlesene Stücke aus der deutschen Literatur... Morceaux choisis de littérature allemande, avec des notes, et de courtes notices sur les auteurs. Publiés à l'usage des Collèges par *Joseph* Willm.
Paris. 1830-31. Levrault. 2 vol. in-12.

288. — Robertson' new magazine.
Paris. 1836. Derache. 1 vol. gr. in-8.

289. — The speaker; or, miscellaneous pieces, selected from the best english writers, and disposed under proper heads, with a view to facilitate the improvement of youth, in reading and speaking. To which is prefixed an Essay on elocution. By *William* Enfield. New ed.
London. s. d. Tegg. 1 vol. in-12.

290. — Cours de littérature anglaise; ou choix de morceaux tirés des meilleurs prosateurs contemporains. Par *T.* Robertson.
Paris. 1840. Derache. 1 vol. in-8.

IV Division. — Journaux et Revues.

a. — Journaux politiques et littéraires et principalement politiques.

291. — Mercure galant. — Mercure de France.
Paris. 1672-1820. 1772 vol. Collection incomplète.

Ce journal fondé par Donneau de Visé en 1672 sous le titre de *Mercure galant*, eut pour directeur, en 1710, Dufresny. — De mai 1714 au mois d'octobre 1716 il fut rédigé par Lefevre de Fontenay. L'abbé Buchet le conduisit de janvier 1717 à mai 1721 sous le titre de *Nouveau Mercure galant*. — Dufresny, de la Roque et Fuselier qui lui succèdent, le nomment *le Mercure* en 1721, 22 et 23. — A partir de 1724 jusqu'en 1791 le titre est: *Mercure de France*.—Du 17 décembre à l'an VII on l'appelle *Mercure français*.—En l'an VII le titre de *Mercure de France dédié au Roi* reparait jusqu'en 1820. —A la mort de Dufresny, le 6 octobre 1724, A. De la Roque fut chargé de la direction jusqu'à 31 octobre 1744 qu'il mourut.—L. Fuzelier et *Ch.* de la Bruère continuèrent, le premier jusqu'au 15 septembre 1752, le second jusqu'à 18 septembre 1754. — L. de Boissy fut rédacteur jusqu'à juillet 1758. — L'abbé Raynal.

L. de Boissy, Marmontel, *A.* de la Garde et *Ant.* de la Place prennent la rédaction jusqu'en 1768. Elle passe alors aux mains d'un entrepreneur *J.* Lacombe jusqu'en 1778 qu'elle passe en celles de *Ch. Jos.* Panckoucke.— En 1768 le titre porte *Mercure de France, par une Société de gens de lettres.*—En 1790 on lit *Mercure de France, littéraire et politique,* composé et rédigé, quant à la partie littéraire par MM. Marmontel, La Harpe et Chamfort et par M. Imbert, quant à la partie historique et politique par M. Mallet du Pan.—Le 17 décembre 1791 c'est le *Mercure français politique, historique et littéraire* composé par M. La Harpe quant à la partie littéraire, M. Marmontel pour les contes, M. Framery pour les spectacles; M. Mallet du Pan est chargé de la partie politique et historique. — En septembre 1791 on a le *Mercure français par une Société de patriotes.* — Le *Mercure de France* reparaît en l'an VII jusqu'en 1820.

La collection complète comprend suivant M. Hatin (Histoire, politique et littéraire de la Presse 1. 435).

Mercure galant. 1672-1674.	6 vol.
(Les années 1675 et 1676 n'ont pas été publiées).	
Nouveau Mercure galant. 1677.	10 —
Mercure galant, 1678, Avril 1714.	477 —
Extraordinaires du Mercure. 1678-1685.	32 —
Affaires du temps. 1688-1692.	12 —
Nouveau Mercure galant. Mai 1714. Octobre 1716.	33 —
Nouveau Mercure. 1717 — Mai 1721.	54 —
Le Mercure. Juin 1721-1723.	36 —
Mercure de France, dédié au Roi. 1724-1791.	977 —
Mercure français. 17 décembre 1791 — an VII.	51 —
Mercure de France. An VII. 1820.	81 —
	1772 vol.

292. — Journal historique sur les matières du tems. Contenant aussi quelques nouvelles de littérature et autres remarques curieuses. (Par *Cl.* Jordan).
Verdun et Paris. 1704-1766. 145 vol. in-8.
A partir de 1717 ce journal porte pour titre *Suite de la Clef ou Journal historique sur les matières du temps ;* il est plus connu sous le nom de *Journal de Verdun.* Incomplet.

293. — Table générale, alphabétique et raisonnée du Journal historique de Verdun, sur les matières du tems, depuis 1697 jusques et y compris 1756. (Par *Jean François* Dreux du Radier).
Paris. 1759-60. Ganeau. 9 vol. in-8.

294. — Journal général de France. (Par l'Abbé de Fontenai) (*Louis-Abel* de Bonafons).
Paris. 1789-90. 2 vol. in-4.
Du 1 janvier 1789 au 30 juin 1790.

295. — Gazette nationale ou le Moniteur universel ; commencé le 5 mai 1789. Précédée d'une introduction historique, contenant un abrégé des anciens États-généraux, des Assemblées des Notables, et des principaux événemens qui ont amené la révolution. (Par Thuau-Granville).
   Paris. 1789-1868. 170 vol. in-fol. dont 6 de tables.
   Le format qui était resté le même depuis l'origine, a été agrandi en 1853. — Les 6 volumes de tables contiennent celles des années 1787 à 1852 ; à partir de 1853, elles ont été reliées à la fin des volumes.
   Il faut y joindre les deux volumes suivants :
   —Avant-Moniteur ou tableau sommaire des huit premiers mois de la révolution française, principalement composé des Mémoires de Jean-Sylvain Bailly. Pouvant servir d'introduction au Moniteur jusqu'au 24 novembre 1789, époque où ce journal a commencé.
   Paris. 1805. Levrault, Schœll et Comp. 1 vol. in-fol.
   —Collection du Journal universel publié à Gand pendant le séjour de S. M. Louis XVIII en 1815, précédée d'un avertissement et d'une table des matières, servant d'appendice au Moniteur de l'année 1815.
   Paris. 1815. V° Agasse. 1 vol. in-fol.

296. — Journal officiel de l'Empire français.
   Paris. 1869-72. Wittersheim. 5 vol. gr. 7 pet. in-fol.
   Le 5 septembre 1870, ce journal prit le titre de *Journal officiel de la République française* ; il changea de format le 20 mars 1871.

297. — Journal de l'Empire.
   Paris. 1809-1815. Petit in-fol.
   Du 1 juin 1809 au 7 juillet 1815. Incomplet.
   Ce titre fut imposé en 1805 au *Journal des Débats* dont la propriété fut confisquée sur MM. Bertin.

298. — Journal des débats politiques et littéraires.
   Paris. 1814-1815. Lenormant. 2 vol. petit in-fol.
   Du 1 avril 1814 au 30 août 1815. Incomplet.
   A la chûte de l'Empire, les frères Bertin font reparaître cette feuille, en même temps qu'ils rentrent dans la jouissance de leur propriété.

299. — Journal des débats, politiques et littéraires. (Directeur M. *Armand* Bertin).
   Paris. 1841-1852. 12 vol. gr. in-fol.
   L'année 1842 manque.

300. — Gazette de France.
   Paris. 1814-15. Pillet. Petit in-fol.
   Du 2 avril au 17 décembre 1814.— Quelques numéros de 1815.

301. — Journal général de France.
   Paris. 1814. Mame frères. Petit in-fol.

Du 1 septembre au 31 décembre 1814.

Ce journal royaliste-constitutionnel était sous l'influence immédiate de Royer-Collard; il avait pour rédacteurs principaux Auger, Campenon et Roger.

302. — Le Constitutionnel, journal du commerce, politique et littéraire.
   Paris. 1815-1827. A. Bailleul. Petit in-fol.
   Du 1 novembre 1815 au 31 janvier 1827. Incomplet.

303. — L'Indépendant, chronique nationale, politique et littéraire.
   Paris. 1815. Fain. Petit in-fol.
   Du 15 juillet au 6 août. Incomplet.
   L'Indépendant fondé par Jay, Jullien de Paris et Fain, était inspiré par Fouché, par conséquent bonapartiste.

304. — L'Echo du soir ou l'Ami du Prince.
   Paris. 1815. Fain. Petit in-fol.
   Du 11 au 25 août 1815.
   L'Echo annonce dans le numéro du 11 que les propriétaires de l'Indépendant (qui était supprimé) étant dans l'impossibilité de remplir leurs engagements, il servira leurs abonnés.

305. — Le Courrier, journal politique et littéraire.
   Paris. 1815. Fain. Petit in-fol.
   Du 26 août au 22 octobre 1815.
   Ce journal n'était qu'une transformation de l'*Indépendant*.

306. — Journal du commerce, de politique et de littérature.
   Paris. 1817-19. Plassan et Bailleul. Petit in-fol.
   Du 24 juillet 1817 au 30 avril 1819.— Incomplet.
   La direction annonce le 24 juillet qu'elle servira les abonnements du *Constitutionnel* qui venait d'être supprimé.

307. — La Semaine, encyclopédie de la presse périodique, avec gravures et illustrations. (Rédacteur *Thimothée* Dehay.
   Paris. 1845-1846. Schneider. 4 vol. in-fol.
   Incomplet.

308. — Le Nain-Jaune, ou journal des Arts, des Sciences et de la Littérature. (Par Dirat, Cauchois-Lemaire, Dufey, Babeuf fils, Etienne *de Jouy*, Merle, Harel, Bory de Saint-Vincent et Lefebvre-Duruflé.
   Paris. 1815. — Liasse de quelques numéros.
   — On trouvera dans l'histoire, à l'article Picardie, les journaux du département de la Somme, lesquels auraient pu trouver place ici; nous avons pensé qu'ils intéressaient trop spécialement la Picardie, pour en être détachés. Nous en donnerons seulement la liste, avec la date de la fondation :

Le Glaneur. 1820.
La Sentinelle picarde. 1829.
La Gazette de Picardie. 1831.
Journal de la Somme. 1840.
Le Courrier de la Somme. 1848.
L'Ami de l'Ordre. 1848.
Le Démocrate. 1848.
L'Impartial de la Somme. 1848.
Mémorial d'Amiens et du département de la Somme. 1851.
Journal d'Amiens. (C'est le titre que prit en 1861, le Napoléonien, moniteur de la Somme, fondé en 1857).
Le Progrès de la Somme. 1869.
L'Écho de la Somme. 1870.
La Vérité. 1870.
Le Petit Journal de la Somme. 1870.
La Somme. 1871.
Le Messager d'Amiens. 1871.

b. — Journaux et Revues littéraires et politiques en français.

309. — L'Epilogueur politique, galant et critique. (N° 1 à 20.)
Amsterdam. 1743. J. Ryckhoff le fils. 1 vol. in-12.

310. — Journal général de la Cour et de la Ville, rédigé par M. G*** (GAUTHIER).
Paris. 1790-1792. Hérissant. 3 vol. in-8.
Incomplet.
Ce journal eut pour fondateur BRUNE, alors imprimeur, depuis maréchal de France, qui s'était associé GAUTIER et JOURNIAC DE S. MÉARD.

311. — Le Journal des Rieurs ou le Démocrite français. (Par A. MARTAINVILLE).
Paris. s. d. (1794). Vachot. 1 vol. in-8.

312. — Rapsodies du jour. (Par VILLERS.) N° 1 à 20.
S. n. n. l. n. d. (Paris. 1795). 1 vol. in-8.

313. — La Décade philosophique, littéraire et politique. Par une société de gens de lettres.
Paris. An II (1794)-1807. 54 vol. in-8.
Cette revue prit en l'an XIII le titre de *Revue ou Décade philosophique*. Fondée par GINGUÉNÉ qui en fut le rédacteur principal, elle eut pour collaborateurs ANDRIEUX, BEUCHOT, BOISJOLIN, LE BRETON, LOTTIN, LA CHABEAUSSIÈRE, CRASSOUS, *Amaury* DUVAL, LARENAUDIÈRE, MARINIÉ, MUSSET, AUGER, *H.* et *J. B.* SAY, THÉREMIN et TOSCAN.
Notre collection commence avec l'an VI. 40 vol.

314. — Année française ou Mémorial politique, scientifique et littéraire. — 2ᵉ année 1826.
Paris. 1826. Roret 2 vol. in-8.

315. — Revue française.
>Paris. 1828-1830. Sautelet. 16 vol. in-8.
>Cette revue, fondée par M. Guizot et ses amis, a paru de janvier 1828 jusqu'en septembre 1830. — Les 4 derniers volumes manquent.

316. — Revue française.
>Paris. 1837-1839. P. Dupont. 10 en 5 vol. in-8.
>Cette nouvelle suite de la Revue française a commencé le 15 juin 1837 et fini en juin 1839, elle doit se composer de 12 volumes ; il manque les 2 derniers.

317. — Revue germanique. 3ᵉ série. Année 1837. —Tomes IX, X, XI, XII.
>Paris. 1837. Levrault. 4 en 1 vol. in-8.
>Cette Revue finit avec le XIIᵉ vol. pour se fondre dans la Revue du Nord.

318. — Revue germanique. — Revue moderne.
>Paris. 1858-1869. 55 en 49 vol. in-8.
>Cette revue commencée le 31 janvier 1858 par MM. Ch. DOLLFUS et A. NEFFTZER sous le titre de *Revue germanique*, a pris en février 1861 (tome XIV) celui de *Revue germanique, française et étrangère* ; en 1862 (tome XX) celui de *Revue germanique et française* ; enfin, à partir de 1865 (tome XXXIII) celui de *Revue moderne*. M. Ch. Dollfus, directeur jusqu'à la fin de janvier 1868, fut remplacé par M. le Comte E. DE KÉRATRY.— La Revue finit avec le n° du 25 décembre 1869 pour se fondre dans la *Revue contemporaine*.

319. — Revue européenne. Lettres — Sciences — Arts — Voyages, — Politique.
>Paris. 1859-1861. Panckoucke. 18 vol. in-8.
>Cette revue a durée du 1 février 1859 au 1 décembre 1861. Le directeur M Ed. JANET fut remplacé en 1860 par M. Ed. DENTU.

320. — Revue nationale et étrangère, politique, scientifique et littéraire, publiée par M. CHARPENTIER.
>Paris. 1860-63. Charpentier. 24 vol. in-8.

321. — Bibliothèque universelle et Revue Suisse.
>Lausanne. 1868-1872. 15 vol. in-8.
>Ce sont les tomes XXXI à XLV de la nouvelle période de cette publication qui a commencé en 1796 sous le titre de *Bibliothèque britannique*, fut continuée en 1816 sous celui de *Bibliothèque universelle de Genève*, et prit en 1848 son titre actuel.

322. — Revue contemporaine.
>Paris. 1852-1870. 111. vol. in-8.
>Cette revue fondée par M. le Comte DE BELLEVAL (1) en 1852 eut pour directeur, à partir du mois d'août 1854, M. Alph. DE CALONNE. De 1856 à

---

(1) DE BELLEVAL. *(Louis-Charles)* est né à Abbeville, le 6 mars 1814.

1857 elle prit pour titre *Revue contemporaine et Atheneum français*. Elle a cessé avec le n° du 15 août 1870, sans aucun avertissement.

La première série d'avril 1852 à 1857 forme 35 vol., la seconde série de 1858 au 15 août 1870 en forme 76.

323. — **Revue britannique, choix d'articles extraits des meilleurs écrits périodiques de la Grande-Bretagne. Paris. 1825-1872. 279 vol. in-8.**

Le directeur fut d'abord M. SAULNIER, qui fut remplacé en 1840 par M. *Amédée* PICHOT.

Cette collection est divisée ainsi qu'il suit : Première série 1825 à juin 1830, 30 vol. — Nouvelle série, juillet 1830 à 1832, 12 vol. — Troisième série, 1833 à 1835, 18 vol. — Quatrième série, 1836-1840, 30 vol. — Cinquième série, 1841-1845, 30 vol. — Sixième série, 1846-1850, 30 vol. — Septième série, 1851-1855, 30 vol. — Huitième série, 1856-1860, 30 vol. — Nouvelle série décennale 1861-1872, 69 vol.

324. — **Revue des Deux-Mondes. (Directeur M. *C.* BULOZ). Paris. 1829-1872. 202 vol. in-8.**

Notre collection ne commence qu'avec le 1 juillet 1837.

Fondée en 1829 par MM. DE SÉGUR-DUPEYRON et MAUROY, la Revue des Deux-Mondes cessa au bout de l'année et donna 2 vol.

En 1831 elle reparut sous la direction de M. *C.* BULOZ, c'est de cette époque que date réellement son existence. La première période va de 1831 à 1855. Elle comprend : Première série. 1831-1832, 8 vol.; deuxième série, 1833, 4 vol.; Troisième série, 1834, 4 vol.; quatrième série, 1835-1842, 32 vol ; — Nouvelle série, 1843-1848, 24 vol. — Nouvelle période : première série, 1849-1852, 16 vol.; deuxième série, 1853-1855, 12 vol.; en tout 100 vol.

La seconde période commencée en 1856 a donné, 1872 compris, 102 v.

325. — **Le Correspondant. Recueil périodique. Religion. — Philosophie. — Politique. — Sciences. — Littérature. — Beaux-Arts. Paris. 1860-1872. Douniol. 89 vol. in-8.**

Notre collection part du tome 49 (1860), 13 de la nouvelle série. La première série va de 1843 au 25 septembre 1855, et forme 30 vol.; la deuxième en a donné 53 vol. Mensuelle d'abord, cette revue est devenue bimensuelle à partir du 10 avril 1868.

326. — **Etudes religieuses, philosophiques, historiques et littéraires par des Pères de la Compagnie de Jésus. Paris. 1862-1872. Douniol et Albanel. 25 vol. in-8.**

Ce titre est celui de la 5° série.— La 1 série (1857-1858) et la 2° (1859-1861) avaient pour titre : *Etudes de théologie, de littérature et d'histoire par les Pères* Ch. DANIEL *et* Jean GAGARIN, *avec la collaboration de plusieurs autres Pères de la Compagnie de Jésus.* 5 vol. — La 3° série (1862-1867) qui se compose de 13 vol. et la 4° (1868-1871) de 6 vol., avaient pour titre : *Etudes religieuses, historiques et littéraires, par des Pères de la Compagnie de Jésus.*— La 1 série manque.

c. — . . . . *En langues étrangères.*

327. — The illustrated London news.
London. 1866-1872. G. Leighton. 14 vol. in-fol.
Incomplet.
328. — Germania. Vierteljahrsschrift für deutsche Alterthumskunde. Herausgegeben von *Franz* PFEIFFER.
Stuttgart und Wien. 1856-65. 10 vol. in-8.
329. — Jahrbuch für romanische und englische Literatur unter besonderer Mitwirkung von *Ferdinand* WOLF und *Adolf* EBERT. Herausgegeben von Dr *Ludwig* LEMCKE.
Berlin und Liepzig. 1859-65. 6 vol. in-8.
330. — Elsassisches Samstagsblatt, herausgegeben von *Friedrich* OTTE. 1861-62-63-64-65.
Mülhausen. 1861-65. Risler. 5 vol. in-4.
331. — Die Gartenlaube. Illustrirtes familienblatt. Herausgeber *Ernst* KEIL.
Leipzig. 1872. A. Wiede. 1 vol. in-4. Fig.

d. — *Revues scientifiques et littéraires.*

332. — Mémoires pour l'histoire des Sciences et des beaux-Arts. Recueillis par l'ordre de Son Altesse Sérénissime Monseigneur Prince Souverain de Dombes. (Commencés en 1701 et connus sous le nom de *Journal de Trévoux*).
Trévoux, Lyon et Paris. 1701-1767. 260 v. in-12.
Incomplet.
333. — Journal des Beaux-Arts et des Sciences... Par M. l'Abbé AUBERT et les frères CASTILHON.)
Paris. 1768-1775. Didot le jeune. 33 vol. in-12.
Ce journal est la suite du précédent.
334. — Table méthodique des Mémoires de Trévoux (1701-1775). Précédée d'une notice historique par le Père P. C. SOMMERVOGEL.
Paris. 1864-1865. Durand. 3 vol. in-12.
335. — Le Pour et Contre, ouvrage périodique d'un goût

nouveau, dans lequel on s'explique librement sur tout ce qui peut intéresser la curiosité du public, en matière de Sciences, d'Arts, de Livres, d'Auteurs, etc. sans prendre aucun parti, et sans offenser personne. Par l'Auteur des Mémoires d'un Homme de qualité (l'Abbé Prévost, avec l'Abbé Desfontaines et Le Fèvre de Saint-Marc).
Paris. 1733-1740. 20 vol. in-12.
Il manque les tomes I, II, et XVII à XX.

336. — La feuille nécessaire, contenant divers détails sur les Sciences, les Lettres et les Arts (Par Boudier de Villemert et J. Soret).
Paris. 1759. Lambert. 1 vol. in-8.

337. — L'Avant-Coureur, feuille hebdomadaire, où sont annoncés les objets particuliers des Sciences et des Arts, le cours et les nouveautés des Spectacles, et les Livres nouveaux en tout genre. (Par de Querlon, Jonval, de Villemert, La Combe et La Dixmerie).
Paris. 1760-1769. Lambert. 9 vol. in-8.
Ce journal continue le précédent. — Il manque les années 1770 à 1773.

338. — Le Magasin universel.
Paris. 1833-1840. Lacrampe. 7 vol gr. in-8.

339. — Le Magasin pittoresque, publié sous la direction de M. *Edouard* Charton.
Paris. 1833-1842. Rue Jacob. 10 vol. gr. in-8 et table.

340. — Musée des familles. Lectures du soir. (Rédacteur en chef *S. Henry* Berthoud).
Paris. 1834-1841. Rue St-Georges. 8. vol. gr. in-8.

341. — La Mosaïque, nouveau Magasin pittoresque universel. Livre de tout le monde et de tous les pays.
Paris. 1837. Philippe. 3 vol. in-8.

342. — Le Magasin de librairie. Littérature, histoire, philosophie, voyages, poésie, théâtre, mémoires, etc. publié par Charpentier, éditeur, avec le concours des principaux écrivains.
Paris. 1858-1859. Charpentier. 4 vol. in-8.

343. — Revue française.
Paris. 1862-1866. 15 vol. in-8.

Cette revue mensuelle a commencé de paraître le 1 janvier 1862, elle a cessé le 1 octobre 1866.—M. *Léon* Grenier (1) a succédé comme directeur à M. *Adolphe* Amat, le 1 janvier 1866.

344. — Revue des Provinces. Décentralisation littéraire et scientifiques.
Paris. 1863-1866. Dupray de la Maherie. 11 vol.in-8.
Cette revue commença le 16 octobre 1863 et cessa le 15 janvier 1866. Elle eut pour directeur M. Dupray de la Maherie et, à partir de 1864, M. *Ed.* Fournier.

345. — Revue de l'Instruction publique, de la littérature et des sciences en France et dans les pays étrangers. Recueil hebdomadaire. Années 1852 à 1864.
Paris. 1852-64. Hachette. 12 vol. in-4.
Incomplet.

346. — L'artiste. Journal de la littérature et des beaux-arts.
Paris. 1831-1863. 36 vol. in-4 pl.
Incomplet.
Cette publication fondée en 1831 eut successivement pour directeurs MM. Ricourt, Delaunay, *Edouard* Houssaye, X. Aubriet et *Arsène* Houssaye.
Notre collection comprend : 1re série, tomes XIV-XV.;— 2e série. VII-VIII (1841). — 3 série I-II (1842). — 5e série III-IV-V. VIII à XVI (1849-1856). — 6 série I-II-III (1856-1857). — Nouvelle série, I à XII (1857-1859). — Nouvelle période (1862-1863). 4 vol.

347. — Revue artistique et littéraire. Directeur *Louis* Auvray.
Paris. 1860-1870. 18 vol. in-8.
Il manque les tomes I et II.

348. — Revue des cours littéraires de la France et de l'étranger. Dirigée (pour le premier volume) par M. *Odysse* Barrot, (pour les autres) par MM. *Eugène* Yung et *Emile* Alglave.
Paris. 1863-70. Germer Baillière. 7 vol. in-4.

349. — Revue des cours scientifiques de la France et de l'étranger. Dirigée (pour le premier volume) par M. *Odysse* Barrot, (pour les autres) par MM. *Eugène* Yung, et *Emile* Alglave.
Paris. 1863-70. Germer Baillière. 7 vol. in-4.

350. — Bulletin scientifique, historique et littéraire du département du Nord et des pays voisins (Pas-de-

---

(1) Grenier *(Léon-Frédéric-Eugène)* naquit à Amiens, le 10 novembre 1839.

Calais, Somme, Aisne, Ardennes, Belgique). Publié sous la direction de MM. Gosselet et Desplanque.
Lille. 1869-70. Blocquel-Castiaux. 2 vol. in-8.

351. — L'Abeille picarde. Littérature, philosophie, arts, chronique, nouvelles, variétés.
Amiens. 1858-1859. V⁰ Herment et A. Caron. in-fol.

<small>Le 1 numéro de ce journal parut le 14 juin 1858 et le 35⁰ et dernier, le 7 février 1859; 30 furent imprimés par Madame Herment, les 5 autres par Alfred Caron. Le format grandit à partir du numéro 14 et demeura dès-lors uniforme. — Les signatures de ce journal du lundi sont des pseudonymes sous lesquels s'abritaient des jeunes gens. Nous en révélerons quelques-uns. Gayant (Ch. Hubert) — Absalon (G. Baril) — Alphée Gryon (Samier). Le rédacteur gérant fut pour les 15 premiers numéros Guillaume, pour les autres *Alfred* Briault.</small>

352. — Revue picarde, annales historiques, littéraires et artistiques du Nord de la France. (Publiée par M. *Eugène* Yvert.
Amiens. 1860-62. E. Yvert. 3 vol. in-4.

<small>Cette revue hebdomadaire commencée le 2 janvier 1860, a cessé de paraître le 29 décembre 1862. Elle se compose de 157 numéros.</small>

353. — Revue de la Normandie. Littérature — Sciences — Beaux-Arts — Histoire — Archéologie.
Rouen. 1863. Cagniard. 1 vol. in-8.

<small>Papier chamois. Ni titre, ni table. C'est le tome second de cette revue.</small>

HISTOIRE LITTÉRAIRE.

Introduction. — Généralités.

354. — *Danielis-Georgii* Morhofii Polyhistor, in tres tomos, literarium, philosophicum et practicum divisus, opus posthumum, accuratè revisum, emendatum ex Autoris annotationibus... à *Johanne* Mollero.
Lubecæ. 1708. Boekmannus. 3 vol. in-4. Port.

355. — *Burcardi Gotthelffii* Struvii introductio in notitiam rei litterariæ et usum bibliothecarum. Accessit dissertatio de doctis impostoribus et huic tertiæ editioni accedunt supplementa necessaria et Oratio de meritis Germanorum in historiam.
Ienæ. 1710. Cl. Bailliar. 1 vol. in-8.

Ire SECTION.

HISTOIRE DES SCIENCES, DES LETTRES ET DES ARTS.

Chapitre I. — *Histoire des sciences, des lettres et des arts.*

356. — *Polydori* Vergilii *Urbinatis* de rerum inventoribus libri octo. — Ejusdem in dominicam precem commentariolum.
Basileæ. 1546. Isingrinius. 1 vol. in-8.

357. — Eadem.
Lugduni. 1558. Tornæsius. 1 vol. in-8.

358. — Les mémoires et histoires de l'origine, invention et autheurs des choses. Faicte en latin, et divisée en huict livres, par *Polydore* VERGILE natif d'Urbin : et traduicte par *Françoys* DE BELLE-FOREST.
Paris. 1576. R. Le Mangnier. 1 vol. in-8.

359. — *Johannis* MATTHÆI *Lunensis* libellus de rerum inventoribus ex recognitione *Aug.* JUSTINIANI, Episcopi Nebiensis. — *M.-Antonii* SABELLICI de rerum et artium inventoribus Poëma.
Hamburgi. 1613. Heringius. 1 vol. in-8.

360. — Essais sur l'histoire des Belles-Lettres, des Sciences et des Arts. Par M. JUVENEL DE CARLENCAS.
Lyon. 1740-44. Du Plain. 2 vol. in-12.

361. — L'origine et les progrès des Arts et des Sciences. Par M. NOBLOT.
Paris. 1740. Guérin. 1 vol. in-12.

362. — Origine des premières sociétés, des peuples, des sciences, des arts et des idiomes anciens et modernes. (Par *L.* POINSINET DE SIVRY).
Amsterdam. Paris. 1769. Lacombe. 1 vol. in-8.

363. — De l'origine des loix, des arts et des sciences; et de leurs progrès chez les anciens peuples. (Par *Antoine-Yves* GOGUET.)
Paris. 1758. Desaint et Saillant. 3 vol. in-4.

364. — Même ouvrage. 6ᵉ édit.
Paris. 1820. Lemonnier. 3 vol. in-8.

** — Lettres sur l'origine des sciences et sur celles des peuples de l'Asie. Par M. BAILLY.
Paris. 1777. Debure. 1 vol. in-8.

Voyez · Histoire. N. 663.

365. — Encyclopédie élémentaire de l'antiquité, ou origine, progrès, état de perfection des arts et des sciences chez les anciens, d'après les meilleurs auteurs. — Remarques critiques et littéraires; par *Ch. P.* GIRAULT-DUVIVIER.
Paris. 1830. Janet et Cotelle. 4 vol. in-8.

366. — Nouveau dictionnaire des origines, inventions et découvertes, dans les arts, les sciences, la géographie,

le commerce, l'agriculture, etc., Par M. *Fr.* NOEL et M. (*L.-J.-M.*) CARPENTIER.
Paris. 1827. Janet et Cotelle. 2 vol. in-8.

367. — Même ouvrage. 2ᵉ édit. rev. par les auteurs et par M. PUISSANT fils.
Paris. 1833. Janet et Cotelle. 4 vol. in-8.

368. — Atlas historique et chronologique des littératures anciennes et modernes, des sciences et des beaux-arts, d'après la méthode et sur le plan de l'Atlas de A. Lesage (Comte de Las Cases), et propre à former le complément de cet ouvrage, par *A.* JARRY DE MANCY.
Paris. 1831. J. Renouard. 1 vol. in-fol.

369. — Recueil de rapports sur l'état des lettres et les progrès des sciences en France. Publication faite sous les auspices du Ministère de l'Instruction publique.
Paris. 1867-71. Imprimerie imp. et nat. 23 vol. in-8.
Ce recueil comprend :

** — Rapport sur l'organisation et les progrès de l'Instruction publique, par M. *Charles* JOURDAIN.
** — Rapport sur les progrès des lettres, par MM. SYLVESTRE DE SACY, *Paul* FÉVAL, *Théophile* GAUTIER et *Ed.* THIERRY.
** — La philosophie en France au XIXᵉ siècle, par *Félix* RAVAISSON.
** — Rapport sur les progrès de la géométrie, par M. CHASLES.
** — Rapport sur les progrès de la thermodynamique en France, par M. BERTIN.
** — Rapport sur les progrès de la chaleur, par M. P. DESAINS.
** — De l'électricité, du magnétisme et de la capillarité, par M. QUET.
** — Rapport sur les progrès de l'astronomie, par M. DELAUNAY.
** — Exposé de la situation de la mécanique appliquée, par MM. COMBES. PHILLIPS et COLLIGNON.
** — Rapport sur les progrès de la géologie expérimentale, par *A.* DAUBRÉE.
** — Rapport sur les progrès de la stratigraphie, par M. L. ELIE DE BEAUMONT.
** — Rapport sur les progrès de la minéralogie, par *G.* DELAFOSSE.
** — Paléontologie de la France, par *A.* d'ARCHIAC.
** — Rapport sur les progrès de la botanique physiologique, par M. DUCHARTRE.
** — Rapport sur les progrès de la botanique phytographique, par M. *Adolphe* BRONGNIART.
** — Rapport sur les progrès récents des sciences zoologiques en France, par M. MILNE EDWARDS.
** — Rapport sur les progrès de l'anthropologie, par M. *A.* DE QUATREFAGES.
** — Rapport sur les progrès de la médecine en France, par MM. BÉCLARD et AXENFELD.

** — Rapport sur les progrès et la marche de la physiologie générale en France, par M. *Claude* Bernard.
** — Rapport sur les progrès de l'hygiène, par *A.* Bouchardat.
** — Rapport sur les progrès de l'hygiène militaire, par M. *Michel* Lévy.
** — Rapport sur les progrès de l'hygiène navale, par *A.* Le Roy de *Méricourt.*
** — Rapport sur les progrès de la chirurgie, par MM. Denonvilliers, Nélaton, Velpeau, *Félix* Guyon, *Léon* Labbé.
** — Rapport sur les progrès de la médecine vétérinaire depuis vingt-cinq ans, par *J. H.* Magne.
** — Sciences historiques et philologiques. — Progrès des études classiques et du moyen-âge, philologie celtique, numismatique. J. D. G.
** — Sciences historiques et philologiques. — Progrès des études relatives à l'Egypte et à l'Orient. (Par *J. B.* Guignaut).
** — Rapport sur les études historiques, par MM. Geffroy, Zeller et Thiénot.
** — Exposé des progrès de l'archéologie, par M. *L. F. Alfred* Maury.

Chapitre II. — *Histoire des sciences.*

** — Dictionnaire chronologique et raisonné des découvertes, inventions... en France, dans les sciences, la littérature, les arts, l'agriculture, le commerce et l'industrie, de 1789 à la fin de 1820.
Paris. 1822-1824. Colas. 17 vol. in-8.
                      Voyez : Sciences et arts. N. 2553.
** — Histoire des sciences philosophiques.
                      Voyez : Sciences et arts. N. 5 à 25.
** — Histoire du droit.
                      Voyez : Jurisprudence. N. 44 à 60. — 273 à 281. — 1024 à 1027.
** — Histoire du commerce et de la navigation des anciens. Par M. Huet.
Paris. 1727. Coustelier. 1 vol. in-8.
                      Voyez : Histoire. N. 666.
** — Histoire des mathématiques. Par M. Montucla.
Paris. 1758-1802. Jombert. 4 vol. in-4.
                      Voyez : Sciences et arts. N. 1335.
                      Voyez aussi : N. 1336-1337-1338.
** — Histoire des sciences mathématiques en Italie, depuis la renaissance des lettres jusqu'à la fin du 17e siècle, par *G.* Libri.
Paris. 1838-41. J. Renouard. 4 vol. in-8.
                      Voyez : Sciences et arts. N. 1339.
** — Histoire de l'astronomie, par M. Delambre.
                      Voyez : Sciences et arts. N. 1833-1834-1835-1836.

370. — Histoire de la chimie, par *Ferdinand* Hoefer. 2e éd.
Paris. 1866-69. Didot. 2 vol. in-8.
** — L'année scientifique et industrielle, par *L.* Figuier.
Paris. 1857-1872. Hachette. 15 vol. in-18 et 1 de tab.
                      Voyez : Sciences et arts.

** — Histoire des progrès de l'esprit humain dans les sciences naturelles et dans les arts qui en dépendent. Par M. Savérien.
Paris. 1775. Lacombe. 1 vol. in-8.
Voyez : Sciences et arts. N. 1518.

371. — Histoire des sciences naturelles, depuis leur origine jusqu'à nos jours, chez tous les peuples connus, professée au Collége de France, par *Georges* Cuvier, complétée, rédigée, annotée et publiée par M. Magdeleine de Saint-Agy.
Paris. 1841-45. Fortin, Masson et Comp. 5 vol. in-8.

372. — Histoire des progrès des sciences naturelles, depuis 1789 jusqu'à ce jour, par M. le Baron G. Cuvier.
Paris. 1834-1836. Roret. 5 vol. in-8.

**— Rapport historique sur les progrès des sciences naturelles depuis 1789, et sur leur état actuel, présenté au Gouvernement, le 6 février 1808; rédigé par M. Cuvier.
Paris. 1828. Verdière. 1 vol. in-8.
Voyez : Sciences et arts. N. 2053.

373. — Histoire des sciences naturelles au moyen-âge ou Albert-le-Grand et son époque considérés comme point de départ de l'école expérimentale. Par *F.-A.* Pouchet.
Paris. 1853. Baillière. 1 vol. in-8.

**— Discours sous l'origine et les progrès de l'histoire naturelle en France. Par A.-L. Millin.
Paris. 1792. Creuze. 1 vol. in-4.
Voyez : Sciences et arts. N 2052.

374. — Histoire des sciences de l'organisation et de leurs progrès, comme base de la philosophie ; par M. *H.* de Blainville. Rédigée d'après ses notes et ses leçons faites à la Sorbonne de 1839 à 1841, avec les développements nécessaires et plusieurs additions; par *F. L. M.* Maupied.
Paris. 1845. F. Didot fr. 3 vol. in-8.

— Pour l'histoire de la médecine et des écoles de médecine, consultez le Catalogue : *Médecine.* N. 1 à 36. 359 à 360, 1738 à 1743, 1895 à 1900. 2242 et 2511 à 2531.

**— Histoire de la philosophie hermétique, accompagnée d'un Catalogue raisonné des écrivains de cette science. Avec le véritable Philalèthe... Par M. Lenglet du Fresnoy.
Paris. 1742. Coustelier. 3 vol. in-12.
Voyez : Sciences et arts. N. 1773.

** — Histoire de la magie en France, depuis le commencement de la monarchie jusqu'à nos jours ; par M. *Jules* Garinet.
Paris. 1819. Foulon. 1 vol. in-8.
Voyez : Sciences et arts. N. 2432.

375. — La magie et l'astrologie dans l'antiquité et au moyen âge, ou étude sur les superstitions payennes qui se sont perpétuées jusqu'à nos jours. Par *L. F. Alfred* Maury.
Paris. 1860. Didier. 1 vol. in-8.

376. — Histoire du merveilleux dans les temps modernes, par *Louis* Figuier.
Paris. 1860-1861. Hachette. 4 vol. in-18.

** — Histoire de l'agriculture, depuis les temps les plus reculés jusqu'à la mort de Charlemagne. Par M. *V.* Cancalon.
Limoges. 1857. Ducourtieux. 1 vol. in-8.
Voyez : Sciences et arts. N. 2559.
Voyez aussi : N. 2560 à 2568 et Histoire. N. 3500.

" — Essai sur l'histoire générale de l'art militaire, de son origine, de ses progrès.... Par M. Carrion-Nisas.
Paris. 1824. Delaunay. 2 vol. in-8. Pl.
Voyez : Sciences et arts. N. 2870.
— Pour l'histoire de l'art militaire en France.
Voyez : Histoire. N. 3117 et suiv.

" — Histoire générale de la marine.... Par Torchet de Boismêlé.
Paris. 1744. Prault. 3 vol. in-4.
Voyez : Sciences et arts. N. 2984.

** — Archéologie navale. Par *A.* Jal.
Paris. 1840. A. Bertrand. 2 vol. in-8 Fig.
Ibid. N. 2987.

— Histoire des arts. Voyez : Sciences et arts. N. 3138 à 3150
— Histoire de la peinture. Voyez : Sciences et arts. N. 3193 à 3201.

" — Manuel de l'histoire générale de l'architecture chez tous les peuples. Par *Daniel* Ramée.
Paris. 1843. Paulin. 2 vol. in-8.
Voyez : Sciences et arts. N. 3317.

" — Histoire de la musique et de ses effets, depuis son origine jusqu'à présent. Par Bourdelot, P. et J. Bonnet.
Paris. 1715. Cochart. 1 vol. in-12.
Voyez : Sciences et arts. N. 3452-3453.

" — Histoire de l'harmonie au moyen-âge, par *E.* de Coussemaker.
Paris. 1852. V. Didron. 1 vol. in-4.
Voyez : Sciences et arts. N. 3454.

CHAPITRE III.— *Histoire des lettres.*

a. — *Histoire de la littérature ancienne et moderne,*

377. — Histoire de la littérature ancienne et moderne, par F. SCHLEGEL; traduite de l'allemand, sur la dernière édition, par *William* DUCKETT.
Paris. 1829. Ballimore. 2 vol. in-8.
** — Lycée ou cours de littérature ancienne et moderne, par *J.-F.* LAHARPE.
Voyez : Belles-Lettres. N. 3237.

378. — *Gerardi-Joannis* VOSSII de veterum Poetarum temporibus libri duo, qui sunt de Poetis græcis et latinis.
Amstelædami. 1654. J. Blaeu. 1 vol. in-4.
Voyez aussi : Belles-Lettres. N. 732-3214.

— Histoire du théâtre.
Voyez : Belles-Lettres. 1981-1982. 2030 à 2048. 2166-2167.

379. — Histoire de la comédie. — Période primitive. — Comédie des peuples sauvage. — Théâtre asiatique. — Origines de la comédie grecque. Par M. *Edélestand* DU MÉRIL.
Paris. 1864. Didier. 1 vol. in-8.

380. — Histoire de la comédie ancienne. Par M. *Edélestand* DU MÉRIL.
Paris. 1869. Didier. 1 vol. in-8.
C'est le second volume de l'ouvrage précédent.

381. — Les origines du théâtre moderne ou histoire du génie dramatique depuis le 1er jusqu'au XVIe siècle, précédée d'une introduction contenant des études sur les origines du théâtre antique; par M. *Charles* MAGNIN.
Paris. 1838. Hachette. 1 vol. in-8.
Tome I, seul paru.

382. — Curiosités dramatiques et littéraires, par M. *Hippolyte* LUCAS, avec une notice sur l'auteur (par *Charles* ROBIN).—Littérature anglaise.—Théâtre américain.—Théâtre chinois. — Théâtre de Hrotsvitha.
Paris. 1655. Garnier fr. 1 vol. in-18.

383. — De l'art dramatique et des divisions du théâtre antique chez les Romains. Par DE BOYER DE SAINTE-SUZANNE.
Amiens. 1861. E. Yvert. in-8.

384. — Essai sur les Atellanes, d'après *E.* Schober.
(Strasbourg. 1826.) S. n. n. l. n. d. in-8.
385. — Du théâtre et de ses diverses conditions durant le moyen-âge. Par M. l'Abbé Jouve.
Paris. 1861. Blériot. (Arras. Rousseau). in-8.
** — Traité de l'origine des Romans. Par M. Huet.
Paris. 1711. Mariette. 1 vol. in-12.
Voyez : Belles-Lettres. N. 2316.
Voyez aussi : N. 2317 et 2318.
386. — Histoire du roman et de ses rapports avec l'histoire dans l'antiquité grecque et latine, par *A.* Chassang.
Paris. 1862. Didier. 1 vol. in-8.

b. — *Histoire de la littérature orientale.*

387. — Histoire de la poésie des hébreux par Herder, traduite de l'allemand par Mme de Carlowitz. N^e édit.
Paris. 1855. Didier. 1 vol. in-8.
388. — Histoire de la littérature indienne, cours professé à l'Université de Berlin par *Albert* Weber. Traduit de l'allemand par *Alfred* Sadous.
Paris. 1859. Durand. 1 vol. in-8.
389. — An history of ancient sanskrit literature so far as it illustrates the primitive religion of the Brahmans. By *Max* Müller. Second edition, revised.
London. 1860. Williams and Norgate. 1 vol. in-8.

c. — *Histoire de la littérature grecque.*

390. — Examen critique des plus célèbres écrivains de la Grèce, par Denys *d'Halicarnasse*; traduit en français pour la première fois, avec des notes, et le texte en regard, collationné sur les manuscrits de la bibliothèque du Roi et sur les meilleures éditions; par *E.* Gros.
Paris. 1826-27. Brunot-Labbe. 3 vol. in-8.
391. — Histoire de la littérature grecque profane, depuis son son origine jusqu'à la prise de Constantinople par les Turcs; suivie d'un précis de l'histoire de la trans-

plantation de la littérature grecque en Occident. Seconde édition, entièrement refondue sur un nouveau plan et enrichie de la partie bibliographique. Par M. Schoell.
Paris. 1823-1825. Gide fils. 8 vol. in-8.

392. — Histoire abrégée de la littérature grecque, sacrée et ecclésiastique, par l'auteur de l'Histoire de la littérature grecque profane, de celle de la littérature romaine et du Cours d'histoire des états européens. (M. Schoell.) 2ᵉ édit.
Paris. 1832. Gide. 1 vol. in-8.

393. — Histoire de la littérature grecque. Par *Alexis* Pierron.
Paris. 1857. L. Hachette et Comp. 1 vol. in-18.

394. — Histoire de la littérature grecque jusqu'à Alexandre-Le-Grand, par *Otfried* Müller. traduite, annotée et précédée d'une étude sur Otfried Müller et sur l'école historique de la philologie allemande, par *K.* Hillebrand.
Paris. 1865-1866. Durand. 2 vol. in-8.

** — Cours de littérature grecque. Par M. Planche.
Paris. 1827-28. Gauthier. 7 vol. in-8.
Voyez : Belles-Lettres. N. 3161.

** — Essai sur l'histoire de la critique chez les Grecs. Par M. *E.* Egger.
Paris. 1849. Durand. 1 vol. in-8.
Voyez : Belles-Lettres. N. 3177.

d. — *Histoire de la littérature romaine.*

395. — Considérations sur l'origine et le progrès des Belles-lettres chez les Romains, et les causes de leur décadence. Par M. l'Abbé Le Moine *d'Orgival.*
Paris. 1749. Delaguette. 1 vol. in-12.

396. — Histoire abrégée de la littérature romaine, par *F.* Schoell.
Paris. 1815. Gide fils. 4 vol. in-8.

397. — Histoire de la littérature romaine. Par *Alexis* Pierron.
Paris. 1857. L. Hachette et Comp. 1 vol. in-18.

398 — Les écrivains latins de l'empire, par *J. P.* Charpentier.
Paris. 1859. Hachette. 1 vol. in-18.

** — Etudes de mœurs et de critique sur les poètes latins de la décadence; par M. *D.* Nisard.
> **Paris. 1834. Gosselin. 1 vol. in-8.**
>
> Voyez : Belles-Lettres. N. 3243.

** — Des journaux chez les Romains. Par *J. V.* Leclerc.
> **Paris. 1838. Didot. 1 vol. in-8.**
>
> Voyez : Histoire. N. 4759.

e. — Histoire de la littérature moderne de l'Europe.

399. — Histoire de la littérature de l'Europe, pendant les quinzième, seizième et dix-septième siècles ; traduit de l'anglais de *Henri* Hallam, par *Alph.* Borghers.
> **Paris. 1839-1840. Ladrange. 4 vol. in-8.**

400. — Considérations sur l'état présent de la littérature en Europe. (Par *J. B. R.* Robinet.)
> **Paris. 1762. Fournier. 1 vol. in-12.**

f. — Histoire de la littérature française.

401. — Tableau historique des gens de lettres, ou abrégé chronologique et critique de l'histoire de la littérature françoise, considérée dans ses diverses révolutions, depuis son origine, jusqu'au dix-huitième siècle. Par M. l'Abbé *(Pierre)* de Longchamps.
> **Paris. 1767-1770. Saillant. 6 vol. in-12.**

402. — Discours sur le progrès des lettres en France, par M. Rigoley de Juvigny.
> **Paris. 1772. Saillant et Nyon. 1 vol. in-8.**

403. — Même ouvrage. N° édit.
> **Paris. 1782. De Bure. 1 vol. in-8.**

404. — Histoire littéraire de la France, ouvrage commencé par des Religieux Bénédictins de la Congrégation de Saint-Maur, et continué par des membres de l'Institut (Académie des Inscriptions et Belles-Lettres).
> **Paris. 1733-1869. 25 vol. in-4.**
>
> Cette histoire, commencée par les Bénédictins de la Congrégation de S. Maur (Rivet, Poncet, Colomb, Clemencet, Clément et Taillandier) a été continuée, à partir du 13 vol., par une Commission de l'Académie

des Inscriptions et Belles-Lettres de l'Institut de France. (MM. DE PASTORET, BRIAL, GINGUENÉ, DAUNOU, *Amauri* DUVAL, PETIT-RADEL, EMERIC-DAVID, *F.* LAJARD, *P.* PARIS, *V.* LE CLERC, FAURIEL, LITTRÉ, RENAN et HAURÉAU.

** — Histoire de la littérature française. Par *D.* NISARD.
Paris. 1844-46. F. Didot. 4 vol. in-8.
Voyez : Belles-Lettres. N. 3261.

405. — Histoire de la littérature française depuis ses origines jusqu'à nos jours. Par *J.* DEMOGEOT. 4ᵉ édit.
Paris. 1860. Hachette et Comp. 1 vol. in-18.

406. — Histoire de la littérature française depuis ses origines jusqu'à la révolution. Par *Eugène* GÉRUZEZ. Nᵉ édit.
Paris. 1861. Didier. 2 vol. in-8.

** — Tableau historique des sciences, des belles-lettres, et des arts, dans la province de Picardie, depuis le commencement de la Monarchie, jusqu'en 1752. Par le Père DAIRE.
Paris. 1768. Hérissant. 1 vol. in-12.
Voyez : Histoire. N. 3571.

407. — De l'état des sciences dans l'étendue de la monarchie françoise sous Charlemagne. Par M. l'Abbé LEBŒUF.
Paris. 1734. Guerin. 1 vol. in-12.

408. — Histoire littéraire de la France avant le douzième siècle, par M. *J. J.* AMPÈRE.
Paris. 1839-1840. Hachette. 3 vol. in-8.

409. — Histoire littéraire de la France avant Charlemagne. Par *J. J.* AMPÈRE. 2ᵉ édit.
Paris. 1867. Didier. 2 vol. in-8.

410. — Histoire littéraire de la France sous Charlemagne. Par *J. J.* AMPÈRE. 2ᵉ édit.
Paris. 1868. Didier. 1 vol. in-8.

411. — Histoire de la formation de la langue française, pour servir de complément à l'histoire littéraire de la France. Par *J. J.* AMPÈRE. 2ᵉ édit.
Paris. 1869. Didier. 1 vol. in-8.

412. — Recherches sur les sources antiques de la littérature française, par *Jules* BERGER DE XIVREY.
Paris. 1829. Crapelet. 1 vol. in-8.

413. — De l'état de la poésie françoise dans les XII et XIIIᵉ siècles. Par *B.* DE ROQUEFORT-FLAMÉRICOURT.
Paris. 1815. Fournier. 1 vol. in-8.

414. — Histoire littéraire des Troubadours, contenant leurs

vies, les extraits de leurs pièces, et plusieurs particularités sur les mœurs, les usages, et l'histoire du douzième et du treizieme siècles. (Par *J. B.* DE LA CURNE DE SAINTE-PALAYE. Publiée par l'Abbé MILLOT).
Paris. 1774. Durand. 3 vol. in-12.

415. — Essais historiques sur les Bardes, les Jongleurs, et les Trouvères Normands et Anglo-Normands, suivis de pièces de Malherbe, qu'on ne trouve dans aucune édition de ses œuvres; par M. l'Abbé DE LA RUE.
Caen. 1834. Mancel. 3 vol. in-8.

416. — Leben und Werke der Troubadours. Ein Beitrag zur nahern Kenntniss des Mittelalters von *Friedrich* DIEZ.
Zwickau. 1829. Schumann. 1 vol in-8.

**— Etudes sur les mystères, par *Onés.* LEROY.
Paris. 1837. Hachette. 7 vol. in-8.
Voyez : Belles-Lettres. N. 3267.

**— Cours de littérature française, par M. VILLEMAIN.
Paris. 1828-30. Pichon et Didier. 7 vol. in-8.
Voyez : Belles-Lettres. N. 3260.

417. — Les épopées françaises. Etudes sur les origines et l'histoire de la littérature nationale. Par *Léon* GAUTIER.
Paris. 1865-1868. V. Palmé. 3 vol. in-8.

418. — La chaire française au moyen-âge, spécialement au XIIIe siècle, d'après les manuscrits contemporains. Par *A.* LECOY DE LA MARCHE.
Paris. 1868. Didier. 1 vol. in-8.

419. — Des prédicateurs du XVIIe siècle avant Bossuet. Par *P.* JACQUINET.
Paris. 1863. Didier. 1 vol. in-8.

— Histoire de la prédication. . . . Par *J. R.* JOLY.
Voyez : Théologie. N. 3930.

— Tableau historique et critique de la poésie française et du théâtre français au seizième siècle, par *C. A.* SAINTE-BEUVE.
Paris. 1838. Bocquet. 1 vol. in-8.
Voyez : Belles-Lettres. N. 3268.

420. — La satire en France au moyen-âge. Par *C.* LENIENT.
Paris. 1859. Hachette. 1 vol. in-12.

421. — La satire en France ou la littérature militante au XVIe siècle. Par *C.* LENIENT.
Paris. 1866. Hachette. 1 vol. in-8.

422. — Histoire des livres populaires ou de la littérature du colportage, depuis le xv° siècle jusqu'à l'établissement de la Commission d'examen des livres du colportage (30 novembre 1852), par M. *Charles* NISARD.
Paris. 1854. Amyot. 2 vol. in-8.

423. — Histoire littéraire du règne de Louis XIV. Par M. l'Abbé LAMBERT.
Paris. 1751. Prault fils. 3 vol. in-4.

424. — Rapport historique sur les progrès de l'histoire et de littérature ancienne depuis 1789, et sur leur état actuel, présenté à Sa Majesté l'Empereur et Roi, en son Conseil d'Etat, le 20 février 1808, par la Classe d'Histoire et de Littérature ancienne de l'Institut ; rédigé par M. DACIER.
Paris. 1810. Imprimerie impériale. 1 vol. in-8.

425. — Tableau historique de l'état et des progrès de la littérature française, depuis 1789 ; par M. *J.* de CHÉNIER. Nouvelle édition revue sur les manuscrits.
Paris. 1821. Baudouin. 1 vol. in-18.

Voyez aussi : N. 229.

426. — Histoire politique et littéraire de la presse en France, avec une introduction historique sur les origines du journal, et la bibliographie générale des journaux depuis leur origine. Par *Eugène* HATIN.
Paris. 1859-61. Poulet-Malassis et de Broise. 8 v. in-8.

427. — Le vite delli piu celebri et antichi primi poeti provenzali che fiorirno nel tempo delli Ré di Napoli, et Conti di Provenza, li quali hanno insegnato à tutti il Poetar vulgare. Raccolte dall' opere di diversi excellenti scrittori, ch'in quella lingua le scrissero : in lingua franzese da *Gio*: DI NOSTRA DAMA poste : et hora da *Gio*: GIUDICI in italiana tradotte....
Lione. 1575. A. Marsilii. 1 vol. in-8.

428. — Histoire de la poésie provençale. Cours fait à la Faculté des lettres de Paris, par M. FAURIEL.
Paris. 1846. J. Labitte. 3 vol. in-8.

Consultez aussi : Belles-Lettres. N. 503 à 508.

g. — *Histoire de la littérature italienne.*

429. — Histoire littéraire d'Italie, par *P. L.* Ginguéné, continuée par *F.* Salfi, son collaborateur, (à partir du tome dixième).
    Paris. 1811 et 1835. Michaud. 14 vol. in-8.
430. — Histoire littéraire d'Italie, par *P. L.* Ginguené. 2ᵉ éd. rev. et corr. sur les manuscrits de l'auteur, et augm. d'une notice historique par M. Daunou.
    Paris. 1824. Michaud. 9 vol. in-8. Port.
431. — Résumé de l'histoire de la littérature italienne, par *F.* Salfi. 2ᵉ édit.
    Paris. 1826. Janet. 2 vol. in-16.
432. — Histoire de la littérature italienne. Par *F.-T.* Perrens.
    Paris. 1867. Delagrave. 1 vol. in-8.
    * — Diarium italicum. Autore *R. P. D. B.* de Montfaucon.
    Parisiis. 1702. Anisson. 1 vol. in-4.
    Voyez : Histoire. N. 1266.
    ** — Iter Italicum litterarium à D. J. Mabillon et D. *M.* Germain.
    Voyez : Théologie. N. 1243.
433. — Della eloquenza italiana ragionamento di *Giusto* Fontanini, steso in una lettera all'Illust. Sig Marchese Giangiuseppe Orsi. Aggiuntovi un Catalogo delle opere più eccellenti, che intorno alle principali arti, e facoltà sono state scritte in lingua italiana.
    Roma. 1706. Gonzaga. 1 vol. in-4.
434. — Osservazioni sopra varii punti d'istoria letteraria, esposte in alcune lettere da *Eusebio* Eraniste dirette al. M. R. P. Francesco Antonio Zaccaria.
    Venezia. 1756. Sim. Occhi. 2 vol. in-8.

h. — *Histoire de la littérature espagnole.*

435. — Histoire de la littérature espagnole depuis ses origines les plus reculées jusqu'à nos jours, par *Eugène* Baret.
    Paris. 1863. Dezobry, Tandou et C. 1 vol. in-8.
436. — Histoire de la littérature espagnole de *G.* Ticknor. — Première période, depuis les origines jusqu'à Charles

Quint. — Deuxième période. Depuis l'avènement de la maison d'Autriche jusqu'à l'avénement de la maison de Bourbon. — Traduite de l'anglais en français pour la première fois, avec les notes et additions des commentateurs espagnols D. *Pascal* DE GAYANGOS et D. *Henri* DE VEDIA. Par *J. G.* MAGNABAL.
Paris. 1864. Durand. 1870. Hachette. 2 vol. in-8.

i — *Histoire de la littérature anglaise.*

437. — Histoire abrégée de la littérature anglaise, depuis son origine jusqu'à nos jours; par *Charles* COQUEREL.
Paris. 1828. Janet. 1 vol. in-16.

** — Essai sur la littérature anglaise. Par *M. le Vicomte* DE CHATEAUBRIAND.
Paris 1836. Gosselin. 2 vol. in-8.
Voyez : Belles-Lettres. N 3255.

438. — Histoire de la littérature anglaise. Par *H.* TAINE.
Paris. 1863-1864. Hachette. 4 vol. in-8.

k. — *Histoire de la littérature allemande.*

439. — **M.** *Mich.* LILIENTHALII de historia literaria certæ cujusdam gentis scribenda consultatio.
Lipsiæ et Rostochii. 1710. Russwormius. 1 vol. in-8.

440. — Encyclopadie der deutschen Nationalliteratur oder biographisch-kritisches Lexicon der deutschen Dichter und Prosaisten seit den frühesten Zeiten ; nebst Proben aus ihren Werken. Bearbeitet und herausgegeben von Dr. *O. L. B.* WOLFF.
Leipzig. 1835-1847. Wigand. 8 vol. in-4.

441. — Histoire de la littérature allemande. D'après la cinquième édition de HEINSIUS. Par MM. HENRY et APFFEL. Avec une préface de M. MATTER.
Paris. 1839. Brookhaus et Avenarius. 1 vol. in-8.

442. — Geschichte der deutschen Literatur, von *Henrich* LAUBE.
Stuttgart. 1839-1840. Hallberger. 4 en 2 vol. in-8.

443. — Histoire de la littérature allemande. Par *G. A.* Heinrich.
Paris. 1870. Franck. 2 vol. in-8.

444. — Die deutsche Nationalliteratur seit dem Anfange des achtzehnten Iahrhunderts, besonders seit Lessing, bis auf die Gegenwart, historisch und asthetisch-kritisch dargestellt von Dr. *Joseph* Hillebrand.
Hamburg und Gotha. 1850-51. Perthes. 3 vol. in-8.

l. — Histoire de la littérature belge et hollandaise.

445. — Mémoires pour servir à l'histoire littéraire des dix-sept provinces des Pays-Bas, de la Principauté de Liége et de quelques contrées voisines.(Par *Jean-Noël* Paquot).
Louvain. 1765. Imprimerie académique. 3 vol. in-fol.

446. — Rapport à M. le Ministre de l'Instruction publique et des cultes de France sur l'histoire et l'état des lettres en Belgique et dans les Pays-Bas, par M. *Louis* de Baecker. — 1re partie. — Langue néerlandaise.
Paris. 1862. Aubry. in-8.

Chapitre iv. — *Mélanges d'histoire littéraire.*

** — Les comparaisons des grands hommes de l'antiquité qui ont excellé dans les belles-lettres. Par le P. R. Rapin.
Paris. 1684. Muguet. 1 vol. in-4.
Voyez : Belles-Lettres. N. 3236.

** — Parallèles des anciens et des modernes en ce qui regarde les arts, les sciences et l'éloquence. Par M. Perrault.
Paris. 1690. Coignard. 2 vol. in-12.
Voyez : Belles-Lettres. N. 3234.

447. — Les éloges des hommes savans, tirez de l'Histoire de M.de Thou,avec des additions contenant l'abbrégé de leur vie, le jugement et le catalogue de leurs ouvrages, par *Antoine* Teissier. 4e édit.
Leyde. 1715. Th. Haak. 4 vol. in-8.

448. — Mémoires pour servir à l'histoire des hommes illustres dans la République des Lettres. Avec un Cata-

logue raisonné de leurs ouvrages. Par le R. P. (*Jean-Pierre*) Nicéron.
Paris. 1727-1745. Briasson. 43 vol. in-12.

449. — Essais sur les honneurs et sur les monumens accordés aux illustres Sçavans, pendant la suite des siècles. Où l'on donne une légère idée de l'origine et du progrès des Sciences et des Beaux-Arts. Par M. Titon du Tillet.
Paris. 1734. Coignard. 1 vol. in-12.

450. — Anecdotes littéraires, ou histoire de ce qui est arrivé de plus singulier, et de plus intéressant aux Écrivains françois, depuis le renouvellement des Lettres sous François I. jusqu'à nos jours. (Par l'Abbé Raynal).
Paris. 1750. Durand. 2 vol. in-12.

451. — Les grands hommes vengés, ou examen des jugemens portés par M. de V. (Voltaire) et par quelques autres Philosophes, sur plusieurs Hommes célèbres, par ordre alphabétique; avec un grand nombre de Remarques critiques et de Jugemens littéraires. Par M. Bergier.
Paris. 1769. Humblot. 2 en 1 vol. in-12.

* — Voyage littéraire de deux religieux bénédictins de la congrégation de Saint-Maur. (D. E. Martène et D. H. Durand).
Paris. 1717. Debure. 2 vol. in-4.
Voyez : Histoire. N. 2360-236.

** — Lettres de *Gui* Patin.
Paris. 1846. Baillière. 3 vol. in-8.
Voyez : Belles-Lettres. 2994 à 2997.

452. — Correspondance inédite de Mabillon et de Montfaucon avec l'Italie, contenant un grand nombre de faits sur l'Histoire religieuse et littéraire du 17ᵉ siècle; suivie des lettres inédites du P. Quesnel à Magliabechi, bibliothécaire du grand-duc de Toscane Come III, et au cardinal Noris, accompagnée de notices, d'éclaircissements et d'une table analytique; par M. Valery.
Paris. 1846. J. Labitte. 3 vol. in-8.

** — Correspondance littéraire, philosophique et critique. Par le Baron de GRIMM et par DIDEROT.

Voyez : Belles-Lettres. N. 3024, 3025 et 3026.
Voyez aussi les N. 3260 à 3336.

453. — Mémoires secrets pour servir à l'histoire de la République des lettres en France, depuis MDCCLXII jusqu'à nos jours ; ou Journal d'un Observateur,... Par feu M. DE BACHAUMONT (et PIDANSAT DE MAIROBERT.)
Londres. 1777-89. Adamson. 36 vol. in-12.

— Le siècle des beaux-arts et de la gloire, ou la mémoire de Louis XIV justifiée des reproches odieux de ses détracteurs. Par M. OSSUDE.
Paris. 1838. Vaton. 1 vol. in-8.

Voyez : Histoire. N. 2811.

** — Notices sur la vie et les écrits des Femmes-Poètes du siècle de Clotilde de Surville. Par MM. DE ROUJOUX et *Ch.* NODIER.

Voyez : Belles-Lettres. Œuvres de Clotilde de Surville.

454. — Les ennemis de Racine au XVIIe siècle. Par *F.* DELTOUR. 2e édit.
Paris. 1865. Ducrocq. 1 vol. in-8.

455. — *Arsène* HOUSSAYE. Histoire du 41e fauteuil de l'Académie française. N^e édit.
Paris. 1864. Hachette. 1 vol. in-18.

CHAPITRE V. — *Questions diverses d'histoire littéraire.*

456. — Nova de Symbolo Athanasiano disquisitio.
Parisiis. 1693. Ant. Dezallier. 1 vol. in-8.

457. — *Summa* Sancti Thomæ vindicata, et eidem Angelico Doctori asserta, contra præposteram Joannis Launoii dubitationem. — Item contra Launoianas circa Simoniam Observationes Animadversio. Authore R. P. Fr. *Natali* ALEXANDRE.
Parisiis. 1675. Cramoisy. 1 vol. in-8.

458. — Sancti Thomæ *Summa* suo autori vindicata, sive de V. F. Vincentii Bellovacensis scriptis dissertatio. Auctore P. *Jacobo* ECHARD.
Parisiis. 1708. Delespine. 1 vol. in-8.

459. — Dissertationes historicæ et criticæ quibus Officium Venerabilis Sacramenti Sancto Thomæ vindicatur contra RR. PP. Henschenii et Papebrochii conjec-

turas : Deinde Titulus Præceptoris S. Thomæ, ex Elogio Alexandri Halensis expungitur, contra popularem opinionem. Accedit Panegyricus Angelico Doctori dictus. Subcisivis operis F. *Natalis* ALEXANDRI.
Parisiis. 1680. Dezallier. 1 vol. in-8.

460. — Vindiciæ Areopagiticæ *Martini* DELRIO contra Josephum Scaligerum Julii F.
Antuerpiæ. 1607. Off. Plantiniana. 1 vol. in-8.

461. — Questions d'histoire littéraire, au sujet du *Doctrinale metricum* d'Alexandre de Villedieu, de ses glossateurs et, particulièrement, de Nicolas Francisci. Par M. *François* MORAND. (Extrait de la Revue des Sociétés savantes. III° série. Tome II. Année 1863).
Paris. 1863. P. Dupont. in-8.

** — *Heriberti* ROS-WEYDI Vindiciæ Kempenses, pro libello Thomæ à Kempis de Imitatione Christi, adversus Constantinum Caietanum abbatem S. Baronti.
Antuerpiæ. 1621. P. et J. Belleri. 1 vol. in-8.
Voyez : Hist. des Relig. N. 995.

** — *Francisci* VALGRAVII animadversiones apologeticæ ad titulum et textum quatuor librorum de Imitatione Christi.
Parisiis. 1638. Huré. in-12.
Voyez : Théologie. N. 5027.

** — Thomas à Kempis vindicatus. Per *P. Joannem* FRONTONEM.
Parisiis. 1649. S. et G. Cramoisy. in-8.
Voyez : Théologie. N. 5033.

462. — Joannes Gersen Librorum de Imitatione Christi, contra *Thomam à Kempis vindicatum Joan. Frontæi Can. Reg.* author assertus, à D. *Roberto* QUATREMAIRES.
Parisiis. 1649. Billaine. 1 vol. in-8.

463. — Argumentum chronologicum contra Kempensem, quo Thomam à Kempis non fuisse, nec esse potuisse authorem librorum de Imitatione Christi : adversus Jo. Frontonis (*Thomam à Kempis vindicatum :*) demonstratur. Per *Franciscum* VALGRAVIUM.
Parisiis. 1650. Billaine. 1 vol. in-12.

A la suite :

. — Dissertatio continens judicium de auctore Librorum de Imitatione Christi. *Auctore, Jo.* DE LAUNOY. 2ª ed.
Parisiis. 1650. Billaine. in-12.

. — *Antonii* Massæ informationes atque allegationes pro Dominis Abbatibus ex Congregatione Cassinensi. In causâ præcedentiæ in sacra œcumenica Synodo Tridentina, adversus Venerabiles DD. Canonicos Regulares Lateranenses.
Parisiis. 1650. Billaine. in-12.

464. — Refutatio eorum, quæ contra Thomæ Kempensis vindicias scripsere D. Robertus Quatremaire et D. De Launoy. In qua Thomæ K. asseruntur libb. 4 de Imitatione Christi ; et sustinetur evictio fraudis, qua nonnulli usi hoc operis cuidam ignoto Joanni Gesseni concessere. (Authore *Joan.* Frontæo).
Parisiis. 1650. S. et G. Cramoisy. 1 vol. in-8.

465. · Causæ Kempensis conjectio pro Curia Romana. *A. Gab.* Naudæo actore, et sodales quosdam Benedictinos quinque falsitatum arcessente, scripta.
Parisiis. 1651. S. et G. Cramoisy. 1 vol. in-8.

A la suite :

. — Copie de deux lettres escrites par M. *Philippe* Chiflet, à un de ses amis, touchant le véritable Autheur des Livres de l'Imitation de Jésus-Christ. Avec un Advis sur le Factum des Bénédictins.
S. n. n. l. n. d. in-8.

466. — Apologie pour Thomas à Kempis, où sont contenues sommairement les principales raisons qui le maintiennent dans la possession en laquelle il est depuis deux cens ans d'Autheur des IV Livres de l'*Imitation* de Jésus-Christ. Par un Chanoine-Régulier de l'Ordre de St-Augustin. 2ᵉ édit.
Paris. 1651. Cl. Cramoisy. 1 vol. in-8.

467. — Vindiciæ Kempenses adversus R. F. Franciscum Delfau Monachum ac Presbyterum Congr. S. Mauri. Auctore R.P. (Testelette) Canon. Regul. Cong. Gall.
Parisiis. 1677. S. Mabre-Cramoisy. 1 vol. in-8.

468. — La contestation touchant l'Autheur de l'Imitation de Jésus-Christ rendue manifeste par l'opposition de toutes les preuves proposées par les Bénédictins et

les Chanoines Réguliers. Divisée en trois parties. Avec les Preuves justificatives du droit de Thomas à Kempis. (Par le P. *G.* DE BOISSY).
Paris. 1652. Seb. Cramoisy. 1 vol. in-4.

469. — *Joannis* LAUNOII dissertatio de Auctore Librorum de Imitatione Christi. Editio quarta, et quà simul respondetur iis, quæ Joannes Fronto Can. Reg. in Refutatione adversariorum Thomæ Kempensis adduxit.
Lutetiæ-Paris. 1663. E. Martinus. 1 vol. in-8.

A la suite :

— Remarques sommaires sur un livre intitulé , *La Contestation touchant l'Auteur de l'Imitation de Jésus-Christ*.... Par *Jean* DE LAUNOY. 2e éd.
Paris. 1663. E. Martin. in-8.

** — Argumenta quibus demonstratur non Thomam Kempensem, sed Johannen Gersen libri controversi (De Imitatione Christi) esse auctorem, à Fr. *Francisco* DELFAU.
Lutetiæ Par. 1674. L. Billaine. in-8.

Voyez : Théologie. N. 5029.

470. — Animadversiones in Vindicias Kempenses à R. P. (Testelette) Canon. Regul. Cong. Gall. adversus R. P. Fr. Delfau, Monach. ac Presbyt. Cong. S. Mauri novissimè editas. (Auctore *J.* MABILLON).
Parisiis. 1677. Billaine. 1 vol. in-8.

471. — Thomæ à Kempis viographia, proque ipsius Libris IV de Imitatione Christi apologia. Ubi
  Natales, studium, vita, mors, scripta, per orbem,
    Famaque, librorum versio, lisque patent.
Iterato studio et labore *Henrici* BREWER.
Aquisgrani. 1683. H. Clemens. 1 vol. in-8.

— Histoire de la contestation sur l'Auteur du Livre de l'Imitation de Jésus-Christ. Par Dom *Vincent* THUILLIER.

Voyez : N. 192.

— Dissertation sur l'Auteur de l'Imitation de Jésus-Christ. Par l'Abbé *Joseph* VALART.

Voyez : Théologie. N. 5038 et 5039.

472. — Dissertation sur le véritable auteur du Livre de l'Imitation de Jésus-Christ, pour servir de réponse à celle de M. l'Abbé Valart. Par un Chanoine Régulier de Sainte-Geneviève (le P. *A.-G.* DE GÉRY).
Paris. 1758. Cavelier. 1 vol. in-12..

473. — Nouvelles considérations historiques et critiques sur l'Auteur et le Livre de l'Imitation de J.-C., ou précis et résumé des faits et des motifs qui ont déterminé la restitution de ce livre à Jean Gerson, Chancelier de l'Église de Paris. Par *J.B.M.* Gence.(1)
Paris. 1832. Treuttel et Wurtz. 1 vol. in-8.

474. — Lettre au R.P. Dom Pitra sur l'Auteur de l'Imitation de Jésus-Christ. Par *Louis* de Baecker.
Amiens. 1858. Caron et Lambert. in-8.

475. — Réponse de la France au défi de la Belgique relativement à l'Auteur de l'Imitation de Jésus-Christ. Par M. J. Mangeart.
Paris. 1861. Ledoyen. in-8.

476. — Olivier Basselin et les Compagnons du Vau-de-Vire. — Une erreur historique et littéraire. — Mémoire inédit lu à la Sorbonne, le 4 avril 1866, par M. *Julien* Travers, suivi de l'incident Martin-Travers. — Extrait des journaux.
Caen. 1867. Le Blanc-Hardel. in-8.

477. — Vindiciæ Sinicæ novæ. N°. 1.—J. P. Abel-Rémusat, premier professeur de langue et de littérature chinoises et de tartare mandchou au Collége de France, défendu contre les imputations mensongères de M. Stanislas Julien, son élève et son successeur dans sa chaire de chinois audit Collége, etc. Par *G.* Pauthier.
Paris. 1872. P. Leroux. in-8.

IIe SECTION.

HISTOIRE DES ÉCOLES ET DES SOCIÉTÉS SAVANTES.

I. — *Histoire des écoles.* — *Généralités.*

— R. P. *Andreæ* Mendo de jure academico quæstiones theologicæ, morales, juridicæ, historicæ, et politicæ de Academiis, Magistratibus, Collegiis, Professoribus, Candidatis et Scholasticis.
Lugduni. 1668. Boissat. in-fol.

Voyez : Théologie. N. 3618.

---

(1) Gence *(Jean-Baptiste-Modeste)* né à Amiens le 17 juin 1755, mourut à Paris le 17 avril 1840.

478. — Tractatus politicus de academicis omnium Facultatum Professoribus, Academia et Studiosis, moralium aliorumque dogmatum adparatu utili refertissimus. Autore M. *Jo. Michaele* SCHWIMMER.
Jenæ. 1672. Bielken. 1 vol in-4.

a. — *Histoire des Universités, des Facultés et des Ecoles en France.*

479. — Histoire de l'éducation en France, depuis le cinquième siècle jusqu'à nos jours, par *A. F.* THÉRY.
Paris. 1858 Dezoby et Magdeleine 2 vol. in-8.

480. — *Johannis* LAUNOII de scholis celebrioribus seu à Carolo Magno, seu post eundem Carolum per Occidentem instauratis liber.
Lutetiæ. 1672. Ed. Martinus. 1 vol. in-8.

481. — Historia Universitatis Parisiensis ipsius fundationem, nationes, facultates, magistratus, decreta, censuras et judicia in negotiis fidei, privilegia, comitia, legationes, reformationes, item antiquissimas Gallorum Academias... à Carolo M. ad nostra tempora (ad an. 1600) ordine chronologico complectens. Authore *Cæsare-Egassio* BULÆO.
Parisiis. 1665-1673. Noel et de Bresche. 6 vol. in-fol.

482. — Histoire de l'Université de Paris, depuis son origine jusqu'en l'année 1600. Par M. CRÉVIER.
Paris. 1761. Desaint et Saillant. 7 vol. in-12.

483. — Histoire de l'Université de Paris, par M. *Eugène* DUBARLE. N° éd.
Paris. 1844. Didot frères. 2 vol. in-8.

484. — Histoire de l'Université de Paris au xvii° et au xviii° siècle. Par *Charles* JOURDAIN.
Paris. 1862-1866. L. Hachette. 1 vol. in-fol.

485. — Index chronologicus chartarum pertinentium ad historiam Universitatis Parisiensis, ab ejus originibus ad finem decimi sexti sæculi, adjectis insuper

pluribus instrumentis quæ nondum in lucem edita erant. Studio et cura *Car.* Jourdain.

Parisiis. 1862. Hachette. 1 vol. in-fol.

** — *Joannis* Launoii de varia Aristotelis in Academia Parisiensi fortuna liber.

Lutetiæ Paris. 1662. E. Martinus. 1 vol. in-8.

Voyez : Sciences et arts. N. 63.

486. — Prooemium reformandæ Parisiensis Academiæ, ad Regem. (Auctore *Petro* Ramo).

S. l. n. n. 1562. 1 vol. in-8.

A la suite :

. — Præmunitio, in præsentem temporum calamitatem. Autore *Marino* Everardo, Parisiensi Theologo ac Scholæ Dormanæ (quæ vulgo Bellovaca dicitur) moderatore designato.

Parisiis. 1563. M. Julianus. in-8.

. — Ad Illustrissimos Cardinales, Rever. Episcopos, Religiosos Abbates, circonspectos diœcesum Legatos, ad Poyssiacum coadunatos. — Consilium.

Parisiis. 1561. Cl. Fremy. in-8.

487. — Advertissements sur la réformation de l'Université de Paris, au Roy. (Par *Pierre* de la Ramée).

S. n. 1562. A. Wechel. 1 vol. in-8.

(C'est la pièce précédente en français).

488. — Réformation de l'Université de Paris. (Par *Renaud* de Beaune, Arch. du Bourges.

Paris. 1601. Mettayer et l'Huillier. 1 vol. in-8.

. — Libellus supplex ad Augustissimum Senatum, pro Academià Parisiensi.

Paris. 1601. Mettayer. in-8.

. — Gratiarum actio ad Augustissimum Senatum, pro instauratà Parisiensi Academià.

Parisiis. 1601. Mettayer et l'Huillier. in-8.

. — Arrest de la Cour pour l'exécution de la réformation de l'Université.

Paris. 1601. Mettayer et l'Huillier. in-8.

. — Règles que les Enfans grammairiens estudiants au Collége Royal de Navarre, doivent garder.

S. n. n. l. n. d. in-8.

489. — *Cæsaris-Egassii* BULÆI de Patronis IV Nationum Universitatis.
Parisiis. 1662. Thiboust. 1 vol. in-8.

490. — Remarques sur la dignité, rang, préséance, autorité, et juridiction du Recteur de l'Université de Paris. Par M. *César Egasse* DU BOULAY.
Paris. 1668. P. De Bresche. 1 vol. in-4.

. — Factum ou remarques sur l'élection des Officiers de l'Université. Par M. *César Egasse* DU BOULAY.
Paris. 1668. P. De Bresche. in-4.

491. — Mémoires, pour l'Université de Paris, et les Graduez par Elle nommés. Contre les Estats de Flandre, l'Université de Douay, les Eschevins de la même Ville, et les pourveus par les Ordinaires. Contenant la deffense du droit de nomination de la dite Université de Paris. Sur les Collateurs du Comté de Flandre, de la Flandre Gallicane, et du Diocèse de Tournay; et en particulier sur les Bénéfices dépendans des Églises Collégiales de S. Pierre de la ville de Lille, de S. Amé de la ville de Douay, et de l'Abbaye de S. Sauveur d'Anchin... Par M. *François* CUVELIER.
Paris. J. B. de La Caille. 1 vol. in-4.

492. — Statuta honorandæ Nationis Gallicanæ recognita et reformata, Senatus auctoritate confirmata, die 9 Augusti 1662. De novo edita, M. Lud. Franc. Thiboust. Procuratore, M. Jacobo Germain, Censore, M. Lud. Caillat, Quæstore.
Parisiis. 1757. V. Quillau. 1 vol. in-8.

493. — Histoire du syndicat d'Edmond Richer. Par *Edmond* RICHER lui-même.
Avignon. 1753. Alex. Girard. 1 vol. in-8.

494. — Statutorum sacræ Facultatis Theologiæ Parisiensis origo prisca. Interprete *Joanne* FILESACO.
Parisiis. 1620. Dion. Langlois. 1 vol. in-8.

495. — De Academia Parisiensi. — Qualis primo fuit in In-

sula et Episcoporum Scholis liber. Autore *Claudio* HEMERÆO.

Lutetiæ. 1637. Seb. Cramoisy. 1 vol. in-4.

496. — *Joannis* LAUNOII Regii Navarræ Gymnasii Parisiensis historia.

Parisiis. 1677. Martin. 1 vol. in-4.

497. — Recueil de pièces pour servir à l'histoire de l'Université et des Facultés de Paris.

1 vol. in-4 contenant :

— Nomina et ordo Magistrorum sacræ Facultatis Theologiæ Parisiensis.

Parisiis. 1694. G. et L. Josse.

— Statuta sacræ Facultatis Theologiæ Parisiensis, unà cum conclusionibus ad ea spectantibus.

Parisiis. 1715. V. A. Lambin.

— Notæ ad censuram editam nomine Facultatis Theologiæ in opus quod inscribitur *Historia Universitatis Parisiensis*. Scribebat C. E. BULÆUS.

S. n. n. l. 1667.

— Factum et pièces pour servir en la cause d'entre M. Y. F. Chastelain. Contre M. Pierre Frizon, Grand-Maistre du Collége de Navarre.(GAUMIN. Conseiller-Rapporteur).

— Factum pour les Prieur séculier, Procureur, Receveur et Boursiers théologiens du Collége du Cardinal le Moine appellans intimez etc.Contre M. Ph. Pourcel,soy-disant grand Maistre et prétendant droict à la Principauté dudit Collége. 1637. (J. SCARRON, Rapporteur).

— Protestation faite contre maistre Gaston Chamillard, Bachelier en Théologie de la première licence, Prieur du Collége de Sorbonne. 1650.

— Procès-verbal de ce qui s'est passé en Sorbonne,le mercredi 9 Novembre 1650. (Titre donné au Prieur).

— Pièces tirées des registres de l'Université de Paris, pour justifier l'esgalité des distributions qui se font des derniers d'icelle Université, aux trois Doyens des Facultez de Théologie, Droict canon et Médecine, et quatre Procureurs des Nations de France, Picardie, Normandie et Allemagne. 1617.

— Mémoire sur l'affaire de Sorbonne, pour les Sieurs Charton, Senieur de Sorbonne, et Consors. Contre le Sieur Ravechet, Syndic de la Faculté de Théologie de Paris, et Consors. Avec les pièces servant de preuves au mémoire. Par M. FESSART.

Paris. 1716. Langlois.

— Mémoires pour les Doyen et Docteurs de la Faculté de Théologie de Paris, intimez et défendeurs. Contre les Sieurs Charton et Consors, appelans et demandeurs. Pour servir de Response au Mémoire publié sous les noms desdits Charton et Consors.

Paris. 1716. Delespine.

— Mémoire pour les Doyen et Bacheliers en Théologie de la Faculté de Paris de la présente licence : contre les Prieur, Docteurs et Bacheliers de la Maison et Société de Sorbonne. Dans lequel, en examinant les

prétendus droits du Prieur de Sorbonne, parmi les Bacheliers ses confrères, on donne une idée juste et véritable de la Faculté de Théologie de Paris, et du Collége de Sorbonne en particulier. (Par M. PUCELLE).
Paris. 1721. Langlois.
— Mémoires apologétiques pour les Universitez de France. Contre les entreprises de la Faculté de Décret de l'Université de Paris.
— Moyens et raisons des demandes de l'Université de Paris en la cause meuë pardevant Nosseigneurs du Parlement touchant l'estat présent de la Faculté de Droit canon. 1637.
— Discours sommaire pour l'Université de Paris sur le différend des Doyens, Docteurs, et Suppots des trois Facultés supérieures, sçavoir de Théologie, Droict canon. et Médecine. Contre les injustes prétentions de la Faculté des Arts inférieure, et des quatre Procureurs des Nations de France, Picardie, Normandie, et Allemagne qui la composent.
— Response au libelle intitulé *Discours sommaire*. . . .
— Réponse pour M. Pierre-Egasse du Boulay, ancien Professeur de l'Université de Paris. Contre la plainte de M. Claude Nouet et M. Pierre Robert, advocats, à cause du Factum fait par ledit du Boulay, pour justifier la mémoire de son frère.
— Factum pour les Hybernois, appelants du Décret de M. le Recteur du 4 Mars 1651. Pour servir de réponse aux mémoires apologétiques faits par les Recteur, Doyen, Procureurs et Suppots de l'Université. (M. PUCELLE).
— Advertissement pour faire voir que le droit de nommer aux charges de Bedeaux dans la Nation de Picardie, appartient au Procureur de cette Nation.
— Deffense des Nations de France, de Picardie, de Normandie, et d'Allemagne faussement accusées d'innovations, troubles, entreprises, désordres et confusions par plusieurs requestes, dont la première du 9 Janvier 1653. . . .
— Mémoire touchant le différent meu entre les trois Facultez, et les quatre Nations de l'Université de Paris. 1653.
— Remarques sur le mémoire dernier, touchant le différend entre les quatre Facultez de l'Université de Paris, du 13 Janvier 1653.
— Extrait des registres du Parlement. (Arrêt qui ordonne aux Facultez de Théologie, de Droit canon, et de Médecine d'assister aux processions de l'Université. 1651.)
— Procez-verbal, de Maistre P. Lalemant, Recteur de l'Université de Paris, de ce qui s'est passé en la dernière procession du 22 Juin 1651.
— Rector, Decani, Procuratores, studiorum Universitas apud Regiam Navarram scribendo affluerunt 15 Novemb. 1651.
— Factum pour les Régens de la Nation de France. Contre M. Estienne du Mesny, prétendant en qualité de Philosophe émérite devenu Docteur en Théologie, devoir participer au Revenu des Messageries.
— Mémoires et extraits de quelques pièces qui peuvent servir d'instruction touchant l'élection du Principal de Montaigu.
— Extrait des registres de l'Université de Paris, contenant ce qui s'y est passé lors que M. le Procureur général du Roy y a esté par ordre de Sa Majesté, le 8 du mois d'Octobre 1688.
Paris. 1688. Muguet.

— A.S.A.R.M. le Duc d'Orléans, Régent. Pour le remercier de l'établissement de l'Instruction gratuite dans l'Université de Paris le 22 May 1719.

— Ad fidelissimum regiorum sigillorum Custodem. Cùm ei Cereus offerretur die 1 Februarii anno Domini 1719.

— Eidem. . . ob assertam Universitati gratuitò docendi facultatem.

— Mandatum Rectoris (C. COFFIN). 12 Maii 1719.

— Feriæ Ludoviceæ. 27 Mai 1719.

— Extraits des registres des conclusions capitulaires de l'Église de Paris, par lesquelles il paroist que le droit des Écoles de grammaire dans la ville et banlieue de Paris, appartient à MM. du Chapitre et au Chantre de ladite Eglise ; et que MM. les Curés de Paris ny autres n'ont aucun pouvoir d'enseigner ni de faire enseigner les enfans de l'un et de l'autre sexe, pauvres ni riches, hors les Colléges de l'Université, sans leur permission. Pour servir de Factum général contre lesdits sieurs Curez et autres tenans écoles dans la ville de Paris et banlieue sans ladite permission. (FRAGUIER, Rapporteur)

— Factum pour Messire Claude Joly, Chantre et Chanoine de l'Église de Paris, collateur, juge et directeur des petites Écoles de la ville, Université, Fauxbourgs et Banlieue de Paris, et les Maîtres en charge de la communauté desdites écoles, défendeurs. Contre les Recteur, Doyens et Suppots de l'Université de Paris.

— Actes concernans le pouvoir et la direction de l'Université de Paris, sur les Escrivains des livres, et les Imprimeurs qui leurs ont succédé ; comme aussi sur les Libraires, Relieurs, et Enlumineurs. 1652.

— Moyens d'opposition fournis par les soy-disans Syndic et Adjoints des Libraires, opposans à la vérification des Lettres patentes obtenues par l'Université, pour la confirmation de ses priviléges. 1619.

— Lettres obtenues par aucuns des Imprimeurs et Libraires de Paris en l'année 1619.

— Répliques de l'Université aux responses faites par les soy-disants Syndic et Adjoints des Imprimeurs, Libraires et Relieurs, aux moyens qu'elle a présentés à la Cour sur des Lettres patentes du mois de Décembre 1619.

— Débats entre les Jesuites et l'Université.

Voyez : Histoire des religions. N. 1336 à 1346.

— Traité historique des écoles épiscopales et ecclésiastiques. Par M. *Claude* JOLY.

Voyez : Jurisprudence. N. 1374.

Statuts et règlemens des petites écoles de grammaire de la Ville, cité, Université, Fauxbourgs et Banlieue de Paris. . .

Voyez : Histoire. N. 3397.

— Edit, Lettres-patentes et Arrêt du Parlement, concernant les Colléges qui ne dépendent pas des Universités et portant règlement définitif pour le Collége de la ville d'Amiens.

Amiens. 1768. Veuve Godart. 1 vol. in-8.

Voyez : Histoire. N. 3772.

— Réglement du pensionnat établi dans le Collége de la ville d'Eu, le 1 Octobre 1779. . .

Voyez : Histoire. N. 3527.

** — Statuta Facultatis Medecinæ Parisiensis.
>Voyez : Médecine. N. 15. 2514. 2515.

** — Histoire des membres de l'Académie royale de médecine, ou recueil de éloges lus dans les séances publiques par *E.* Pariset.
>Voyez : Belles-Lettres. N. 993.

** — Pour l'histoire des Sociétés médicales.
>Voyez : Médecine. N, 15 à 26, 271 à 299, 2514 à 2525 et 2770 à 2772.

** — Annuaire de l'Instruction publique pour l'an XII.
>Voyez : Sciences et arts. N. 907.

498. — Histoire de l'école polytechnique, par *A.* Fourcy.
Paris. 1828. Belin. 1 vol. in-8.

499. — Distribution des prix, faite aux élèves du Prytanée français, par le Comte de Neufchatel, Ministre de l'Intérieur, le 6 Fruct. an VI.
Paris. An VI. 1 vol. in-8.

500. — Distribution des prix, faite aux élèves du Prytanée, Collége de St.-Cyr, par le Ministre de l'Intérieur (Chaptal), accompagné du Citoyen Fourcroy, Conseiller d'Etat, chargé de la direction et surveillance de l'Instruction publique ; le 2 fruct. an XI....
Paris. An XI. Gillé. 1 vol. in-8.

501. — L'École, par *Jules* Simon. 3ᵉ édit.
Paris. 1865. A. Lacroix et Comp. 1 vol. in-8.

502. — Ministère de l'Instruction publique et des cultes. — Instruction primaire. — Concours ouverts entre les instituteurs publics par arrêté du 12 Déc. 1860.
Paris. 1861. Imprimerie impériale. 1 vol. in-8.

503. — Académie départementale de la Somme. Instructions, règlement, loi et décrets relatifs aux Écoles primaires communales.
Amiens. 1851. Caron et Lambert. in-8.

504. — Académie départementale de la Somme. Règlement intérieur pour les écoles primaires communales de la Somme, délibéré par le Conseil académique dans la séance du 11 août 1852, et approuvé par le Conseil impérial de l'Instruction publique le 16 février 1853. —Instructions pour la construction, l'entretien et l'ameublement des écoles primaires communales. 1851.
Amiens. 1853. Caron et Lambert. in-8.

505. — Règlements et instructions sur les salles d'asile.
Amiens. 1859. Caron et Lambert. in-8.
506. — Association amicale des anciens Barbistes. — Rapports. — Comptes. — Fêtes et liste des membres de l'association. Tome VI. Annuaires de 1861 à 1865.
Paris. 1865. Remquet. 1 vol. in-8.
507. — Association de bienfaisance des anciens Élèves du Lycée d'Amiens. Listes générales des anciens Élèves internes et externes du Lycée d'Amiens, depuis la création du Lycée en 1803 jusqu'à ce jour.
Paris. 1868. Renou et Maulde. 1 vol. in-8.

b. — Histoire des Universités et des Écoles étrangères.

508. — Horti Musarum amœnissimi. Id est Acta academica anni superioris MDCCLII sive in totius ferè Germaniæ exterisque celeberrimis quibusdam studiorum Universitatibus atque Academiis, dicto anno, typis exscriptarum dissertationum, programmatum, aliorumque opusculorum designatio, secundum seriem alphabeticam ipsarum Academiarum disposita, præmissis publicè in singulis Academiis docentium nominibus, additisque indicibus necessariis. Ex collectione *Ernesti-Friderici* ZOBELII.
Francofurti et Lipsiæ. 1753. Kraussius. 1 vol. in-4.
509. — Fasti academici Studii generalis Lovaniensis, in quibus origo et institutio Academiæ. Item series Rectorum, Cancellariorum, Conservatorum, Doctorum in qualibet Facultate, Fundatorum et Benefactorum ejusdem Universitatis. Edente *Valerio* ANDREA.
Lovanii. 1635. Oliverius. 1 vol. in-4.
510. — *Nicolai* VERNULÆI Academia Lovaniensis. Ejus origo, incrementum, forma, magistratus, facultates, privilegia, scholæ, collegia, viri illustres, res gestæ. Recognita et aucta per *Christianum* à LANGENDONCK.
Lovanii. 1667. Sassenus. 1 vol. in-4.

511. — Historia et antiquitates Universitatis Oxoniensis. Autore *Antonio* Wood.
   Oxonii. 1674. E. theatro Sheldoniano. 1 vol. in-fol.
512. — Le livre du Recteur. Catalogue des étudiants de l'Académie de Genève de 1559 à 1859. (Publié par *Ch.* Le Fort, *G.* Revilliod, *Ed.* Fick.
   Genève. 1860. G. Fick. 1 vol. in-8.
513. — Distribucion de los premios concedidos por el Rey nuestro Señor à los Discipulos de las nobles Artes, hecha por la Real Academia de S. Fernando en la Junta general de 12 de Julio 1769.
   Madrid. 1769. V. E. Sanchez. 1 vol. in-4.
514. — Distribucion . . . . en la Junta publica de 5 de Julio de 1772.
   Madrid. 1772. J. Ibarra. 1 vol. in-4.
515. — L'Instruction publique aux États-Unis.— Écoles publiques, Collèges, Universités, Écoles spéciales. — Rapport adressé au Ministre de l'Instruction publique par M. *C.* Hippeau.
   Paris. 1870. Didier. 1 vol. gr. in-8.

II. — *Histoire et travaux des Sociétés savantes.*

a. — *Académies et Sociétés françaises.*

516. — Histoire de l'Académie françoise, depuis son établissement jusqu'à 1652. Par M. Pellisson. Avec des remarques et des additions. 2ᵉ édit. (Depuis 1652 jusqu'à 1700, par M. l'Abbé d'Olivet.
   Paris. 1730. Coignard. 2 vol. in-12.
517. — Histoire de l'Académie françoise, par MM. Pellisson et d'Olivet. 3ᵉ édit.
   Paris. 1743. Coignard. 2 vol. in-12.
" — Histoire des membres de l'Académie françoise morts depuis 1700 jusqu'en 1771. . . . . . par M. d'Alembert.
   Amsterdam. Paris. 1787. 1 vol. in-12.
            Voyez : Belles-Lettres. N. 992
" — Recueil des harangues prononcées par MM. de l'Académie françoise

dans leurs réceptions et en d'autres occasions depuis l'établissement de l'Académie jusqu'à présent. 2ᵉ édit.
Paris. 1714. Coignard. 3 vol. in-12.
Voyez : Belles-Lettres. N. 995.

** — Pièces d'éloquence qui ont remporté le prix de l'Académie françoise depuis 1671 jusqu'en 1748.
Paris. 1750. 3 vol. in-12.
Voyez : Belles-Lettres. N. 997-998.

518. — Regiæ Scientiarum Academiæ historia. 2ᵃ ed. Authore *Joanne-Baptista* DUHAMEL.
Parisiis 1701, Delespine. 1 vol. in-4.

519. — Les Académies d'autrefois. — L'ancienne Académie des sciences. Par *L. F. Alfred* MAURY.
Paris. 1864. Didier. 1 vol. in-8.

520. — Histoire de l'Académie Royale des Sciences. Depuis son établissement en 1666 jusqu'à 1699.
Paris. 1732-1733. La Comp. des lib. 11 v. en 14. in-4.

521. — Histoire de l'Académie Royale des Sciences.(Années 1699-1790). Avec les Mémoires de Mathématique et de Physique, pour la même année.
Paris. 1702-1797. 94. vol. in-4.

Les années 1718 et 1772 ont 2 vol.

Les volumes ont été imprimés de 1699 à 1716 par la Compagnie des libraires, de 1707 à 1787 par l'Imprimerie royale, de 1789 à 1790 par Du Pont.

On y a joint les ouvrages suivants qui, donnés comme suite des Mémoires de l'Académie dont ils portent la vignette à la première page, en sont cependant tout-à-fait indépendants, ainsi qu'on le voit dans l'Avertissement placé par LALANDE en tête du volume de 1790 et dans la notice qui précède la Table de COTTE.

522. — Elémens de la géométrie de l'infini. Suite des Mémoires de l'Académie Royale des Sciences. (Par M. B. DE FONTENELLE).
Paris. 1727. Imprimerie royale. 1 vol. in-4. Fig.

523. — Traité physique et historique de l'aurore boréale. Par M. DE MAIRAN. Suite des Mém.... 1731.
Paris. 1733. Imprimerie royale. 1 vol. in-4. Fig.

524. — La Méridienne de l'Observatoire royal de Paris, vérifiée dans toute l'étendue du Royaume par de nouvelles observations. Pour en déduire la vraye grandeur des degrés de la terre, tant en longitude qu'en

latitude, et pour y assujettir toutes les Opérations géométriques faites par *Ordre du Roi*, pour lever une Carte générale de la France. Par M. Cassini de Thury. Avec des Observations d'Histoire naturelle faites dans les Provinces traversées par la Méridienne, par M. Le Monnier. Suite des Mém. . . année 1740.
Paris. 1744. L. et J. Guérin. 1 vol. in-4.

525. — Mémoires donnés à l'Académie Royale des Sciences, non imprimés dans leur temps. Par M. Fontaine.
Paris. 1764 Imprimerie royale. 1 vol. in-4. Fig.

526. — Traité de météorologie. Par le P. Cotte.
Paris. 1774. Imprimerie royale. 1 vol. in-4. Fig.

527. — Mémoires de mathématique et de physique, présentés à l'Académie Royale des Sciences par divers Savans, et lus dans ses Assemblées.
Paris. 1750-1786. Imprimerie royale. 11 vol. in-4.

528. — Recueil des pièces qui ont remporté les prix de l'Académie Royale des Sciences, depuis leur fondations en MDCCXX (jusqu'en 1772).
Paris. 1751-1777. Imprimerie royale. 9 vol. in-4.

529. — Machines et inventions approuvées par l'Académie Royale des Sciences, depuis son établissement jusqu'à présent (de 1666 à 1754) ; avec leur description. Dessinées et publiées du consentement de l'Académie, par M. Gallon.
Paris. 1735-1757. Martin et Boudet. 7 vol. in-4. Fig.

530. — Table alphabétique des matières contenues dans l'Histoire et les Mémoires de l'Académie Royale des Sciences, publiée par son ordre, et dressée par MM. Godin, Demours et Cotte.
Paris. 1734-1809. 10 vol. in-4.

Les tomes I à IV, tables de 1666 à 1730, ont été rédigés par M. Godin ; les tomes V à IX, tables de 1731 à 1780, par M. Demours ; le tome X, tables de 1781 à 1790, par M. Cotte.

** — Eloges des Académiciens de l'Académie des sciences morts depuis 1666 jusqu'en 1699. — Depuis 1771 jusqu'à 1790. Par Condorcet.
Voyez : Œuvres. N. 221. Tome II et III.

** — Eloges historiques des Académiciens morts depuis le renouvellement l'Académie des sciences avec l'histoire de ce renouvellement. Par Fontenelle.
Voyez : Œuvres de Fontenelle. Belles-Lettres. N. 3081. Tome III.

531. — Les Académies d'autrefois. L'ancienne Académie des inscriptions et belles-lettres. Par *L. F. Alfred* Maury.
Paris. 1864. Didier. 1 vol. in-8.

532. — Histoire de l'Académie Royale des Inscriptions et Belles-Lettres, depuis son établissement, (jusques et y compris l'année mdccxxv. (Par *Ch.* de Boze, P. Tallemant et l'Abbé Goujet).
La Haye. Amsterdam. 1718-1731. 3 vol. in-12.

533. — Histoire de l'Académie Royale des Inscriptions et Belles-Lettres depuis son établissement, avec les Eloges des Académiciens morts depuis son renouvellement. (Par *Ch.* de Boze, P. Tallemant et l'Abbé Goujet).
Paris. 1740. Guerin. 3 vol. in-12.

534. — Histoire de l'Académie Royale des Inscriptions et Belles-Lettres depuis son établissement jusqu'à présent. Avec les Mémoires de littérature tirez des registres de cette Académie depuis son Renouvellement (jusques et y compris l'année mdccxciii.)
Paris. 1717-1808. Imp. roy. et imp. 50 vol. in-4
Ce titre est celui des tomes I et XVIII; les autres portent :
Mémoires de littérature tirés des registres de l'Académie Royale des Inscriptions et Belles-Lettres.
— Les tomes XI, XXII, XXXIII et XLIV sont des tables. La première a été rédigée par. . . , la deuxième et la troisième par *Th.-Fr.*de Grace, la quatrième par *Ph.-Dan.* Duboy-Laverne.

535. — Tableau général, raisonné et méthodique des ouvrages contenus dans le recueil des Mémoires de l'Académie royale des Inscriptions et Belles-Lettres, depuis sa naissance jusques et y compris l'année 1788, servant de supplément aux tables de ce recueil. Par M. D. (de L'Averdy).
Paris. 1791. P. Didot. 1 vol. in-4.

536. — Mémoires de littérature tirés des registres de l'Académie Royale des Inscriptions et Belles-Lettres depuis son renouvellement jusques et y compris l'année mdccxxv.
La Haye. Amsterdam. 1719-31. 9 vol. in-12.

537. — Mémoires de l'Institut national des Sciences et des Arts. — (An VI à 1815). — Sciences mathématiques et physiques.
Paris. An VI-1818. Baudouin. 14 vol. in-4.
A partir du tome VII (1806) le titre est :
Mémoires de la Classe des sciences mathématiques et physiques de l'Institut national de France.

538. — Mémoires présentés à l'Institut des Sciences, Lettres et Arts, par divers savans, et lus dans ses assemblées. — Sciences mathématiques et physiques.
Paris. 1805-1811. Baudouin. 2 vol. in-4.

539. — Mémoires de l'Institut national des Sciences et des Arts pour l'an IV (jusqu'à l'an XI). — Littérature et Beaux-Arts.
Paris. An VI-XII. Baudouin. 5 vol. in-4.

540. — Mémoires de l'Institut national des Sciences et des Arts pour l'an IV (jusqu'à l'an XII.) — Sciences morales et politiques.
Paris. An VI-XII. Baudouin. 5 vol. in-4.

541. — Mémoires de l'Académie des Sciences de l'Institut de France.
Paris. 1818-66. F. Didot fr. 35 vol. in-4.

542. — Mémoires présentés par divers savants à l'Académie des sciences de l'Institut de France, et imprimés par son ordre. — Sciences mathématiques et physiques.
Paris. 1827-1865. Impr. roy. et imp 19 vol. in-4.

543. — Comptes-rendus hebdomadaires des séances de l'Académie des sciences, publiés conformément à une décision de l'Académie en date du 13 juillet 1835, par MM. les Secrétaires-perpétuels.
Paris. 1835-72. Bachelier et Gauthier. 75 vol. in-4.

544. — Tables générales des comptes-rendus des séances de l'Académie des sciences.
Paris. 1853. Mallet. 1870. Gauthier. 2 vol. in-4.
Tome I : Tables des tomes I à XXXI. — 3 Août 1835 à 30 Décembre 1850. — Tome II : Tables des tomes XXXII à LXI — 6 Janvier 1851 à 3 Décembre 1865.

545. — Supplément aux Comptes-rendus hebdomadaires des séances de l'Académie des sciences.
Paris. 1856-61. Mallet-Bachelier. 2 vol. in-4.

546. — Analyse des travaux de l'Académie royale des sciences, pendant les années 1814, 1815, 1816, 1817, 1818, 1819, 1820, 1821. Par M. le Chevalier Delambre. — Partie mathématique.
Paris. 1814-21. 8 cahiers en 1 vol. in-4.

547. — Mémoires de l'Institut de France, Académie des inscriptions et belles-lettres.
Paris. 1815-1865. Impr. roy. et imp. 25 vol. in-4.
Les 4 premiers volumes ont pour titre :
Histoire et Mémoires de l'Institut royal de France, classe d'histoire et de littérature ancienne ;
Le cinquième :
Histoire et Mémoires de l'Institut royal de France, Académie des Inscriptions et Belles-Lettres.

548. — Mémoires présentés par divers savants à l'Académie des inscriptions et belles-lettres de l'Institut de France. — Première série. Sujets divers d'érudition.
Paris. 1843-69. Imp. roy. et imp. 8 vol. In-4.
Deuxième série. Antiquités de la France.
Paris. 1843-65. Imp. roy. et imp. 5 vol. in-4.

549. — Académie des inscriptions et belles-lettres. Comptes-rendus des séances, précédés d'une notice historique sur cette compagnie. Par M. *Ernest* Desjardins. (Années 1857-1864).
Paris. 1858-1864. Durand. 8 vol. in-8.

550. - Académie des Inscriptions et Belles-Lettres. Comptes rendus des séances. Nouvelle série. (1865-1868).
Paris. 1865-68. Durand et Pedone. 4 vol. in-8.

551. — Institut de France. — Académie des inscriptions et belles-lettres. — Rapports faits au nom de la Commission des antiquités de la France.(1849-1869).
Paris. 1843-1869. F. Didot fr. 1 vol. in-4.
Il manque 1852, 1854 et 1861.
Ces rapports ont été faits en 1849-50-51-52 par M. Lenormant. — En 1853-54-55, par M. Berger de Xivrey ; en 1856-57, par M. *Adr*. de Longpérier ; en 1858, par M. *P.* Paris : en 1859, par M. *L.* Renier;

en 1860-61-62-63, par M. *Alf.* Maury; en 1864, par M. *Léop.* Delisle; en 1865, par M. Hauréau; en 1866, par M. Egger; en 1867-69, par M. de Lasteyrie; en 1868, par M. *J.* Desnoyers.

552. — Recueil de discours, rapports et pièces diverses lues dans les séances publiques et particulières de l'Académie française. 1803-1859.
Paris. 1847-1860. F. Didot frères. 8 vol. in-4.

553. — Mémoires de l'Académie des sciences morales et politiques de l'Institut de France.
Paris 1837-1865. F. Didot fr. 12 vol. in-4.

554. — Mémoires de l'Académie des sciences morales et politiques de l'Institut de France. Savants étrangers.
Paris. 1841-47. F. Didot fr. 2 vol. in-4.

555. — Séances et travaux de l'Académie des sciences morales et politiques. — Compte-rendu par MM. *Ch.* Vergé et Loiseau, sous la direction de M. Mignet, Secrétaire-perpétuel.
Paris. 1842-70. Durand et Pedone. 94 vol. in-8.
M. Loiseau a été collaborateur de M. Vergé pour les 14 premiers volumes, M. Vergé est resté seul ensuite chargé de cette tâche.

556 — Table générale et méthodique des mémoires contenus dans les recueils de l'Académie des inscriptions et belles-lettres et de l'Académie des sciences morales et politiques. Par M. *Eugène* de Rozière et M. *Eugène* Chatel.
Paris. 1856. A. Durand. 1 vol. in-4.

557. — Mémoires de la Société d'émulation d'Abbeville. 1833-1868.
Abbeville. 1833-69. Boulanger et Paillart. 12 v. in-8.

558. — Collection des rapports analytiques des travaux de l'Académie d'Amiens. 1er volume. (Séances de l'an XIII et de 1806, 1807, 1808, 1811).
Amiens. An XIII. 1811. Caron-Berquier. 1 vol. in-4.
Ce recueil a paru en 5 livraisons.

559. — Mémoires de l'Académie des Sciences, Agriculture, Commerce, Belles-Lettres et Arts du département de la Somme.
Amiens 1835-1872. 19 vol. in-8.
Ces mémoires se divisent en deux séries. La 1re de 1835 à 1857 contient 10 volumes qui n'ont point été numérotés; la 2e série, de 1858 à 1872, en contient 9.

> Le titre que nous avons donné est celui des 11 premiers volumes les 6 suivants, II à VII de la 2e série, portent :

Mémoires de l'Académie des sciences, belles-lettres, arts, agriculture et commerce du dép. de la Somme;

> Les 2 autres :

Mémoires de l'Académie des sciences, belles-lettres et arts d'Amiens.

> Les 11 premiers ont été imprimés par Duval et Herment; les autres, par M. Yvert.

560. — Mémoires de l'Académie d'Arras. 1822-1853.
Arras. 1823-53. Topino et Degeorge. 18 vol. in-8.
> Collection incomplète.
>
> Les tomes I à XIII (1818 à 1833) portent pour titre :

Mémoires de la Société royale d'Arras, pour l'encouragement des sciences, des lettres et des arts.

> Les tomes XIV à XXIII (1834-1846) :

Mémoires de l'Académie d'Arras, Société royale des sciences, des lettres et des arts.

> Les suivants, à partir du tome XXIV (1849) :

Mémoires de l'Académie d'Arras.

561. — Recueil des actes de l'Académie des sciences, belles-lettres et arts de Bordeaux. — 1846-1853.
Bordeaux. 1847-54. Lawalle. 8 vol. in-8.

562. — Procès-verbal de la séance publique de la Société d'agriculture, du commerce et des arts, de Boulogne-sur-Mer, tenue le 19 Septembre 1832. — Travaux de Novembre 1830 à Septembre 1832.

. — Procès-verbal de la séance publique... tenue le 24 Septembre 1834. — Travaux d'Octobre 1832 à Septembre 1834.

. — Mémoires de la Société d'agriculture, du commerce, des sciences et des arts, de Boulogne-sur-Mer. — 2ᵉ série. 1ᵉʳ volume. — Travaux du 25 Septembre 1834 au 12 Décembre 1836.
Boulogne-sur-Mer. 1832-35-37. Le Roy. 3 vol. in-8.

563. — Mémoires de l'Académie des sciences, arts et belles-lettres de Caen.
Caen. 1849-51-52-67. Hardel. 4 vol. in-8.

564. — Bulletin de l'Instruction publique et des Sociétés savantes de l'Académie de Caen. 3ᵉ année.
Caen. 1842-43. Hardel. 2 vol. in-8.

565. — Mémoires de la Société nationale académique de Cherbourg.
Cherbourg. 1852. Mouchel. 1 vol. in-8.

566. — Société havraise d'études diverses. Résumé analytique des travaux de la troisième année. Par M. *J.-B.* MILLET-SAINT-PIERRE, Secrétaire.
Havre. 1836. J. Morlent. 1 vol. in-8.

567. — Recueil des travaux de la Société d'amateurs des sciences, de l'agriculture et des arts de Lille.—Années 1819-1828.
Lille. 1823-1829. Danel. 5 vol. in-8.

568. — Mémoires de la Société royale des sciences, de l'agriculture et des arts de Lille. Année 1846.
Lille. 1847. Danel. 1 vol. in-8. Fig.

569. — Précis analytique des travaux de l'Académie royale des sciences, belles-lettres et arts de Rouen, pendant l'année 1836. . . pendant l'année 1840.
Rouen. 1837-1841. Nicétas Périaux. 2 vol. in-8.

570. — Société académique des sciences, arts, belles-lettres. et agriculture de Saint-Quentin (Aisne).— 3ᵉ série. Tome IV. — Travaux de 1862 à 1863.
Saint-Quentin. 1863. J. Moureau. 1 vol. in-8.

571. — De Academia Suessionensi, cum epistolis ad familiares, *Juliani* HERICURTIS, Suessionensis Academici.
Montalbani. 1688. S. Dubois. 1 vol. in-8.

572. — Recueil de l'Académie des jeux floraux. 1834 à 1846.
Toulouse. 1834-46. J. M. Douladoure. 12 vol. in-8.
L'année 1835 manque.

573. - Revue des Sociétés savantes de la France et de l'étranger, publiée sous les auspices du Ministère de l'Instruction publique.
Paris. 1848. V. Masson. in-8.
Cette Revue n'eut que deux livraisons. Janvier et Février 1848. Elle se divisait en deux parties ; la première, contenant la Revue proprement dite ou analyse des travaux des sociétés, eut 96 pages ; la seconde, contenant l'Annuaire des Sociétés scientifiques et littéraires, eut 32 pages.

574. — Bulletin des Sociétés savantes, missions scientifiques et littéraires.— Comité de la langue, de l'histoire et des arts de la France.
Paris. 1854-55. P. Dupont. 2 vol. in-8.

575. — Revue des Sociétés savantes publiée sous les auspices du Ministre de l'Instruction publique et des Cultes.
Paris. 1856-71. 30 vol. in-8.

> Cette Revue a pris, à partir de 1859, le titre de *Revue des Sociétés savantes des départements*.
> Elle est divisée en séries :
> La 1re, de 1856 à 1858 comprend 5 vol. — La 2e, de 1859 à 1862 8 vol. — La 3e, de 1863 à 1864, 4 vol. — La 4e, de 1866 à 1869, 10 vol. — La 5 commencée en 1870 comprend 3 vol.
> Les séries 1, 2 et 3 ont été publiées par P. Dupont, les autres par l'Imprimerie impériale.

576. — Revue des Sociétés savantes publiée sous les auspices du Ministre de l'Instruction publique. — Sciences mathématiques, physiques et naturelles.
Paris. 1862-1869. 10 vol. in-8.

> La première série de 1862 à 1864 se compose de 6 volumes imprimés par P. Dupont; la seconde, de 1867 à 1869, de 4 volumes, par l'Imprimerie impériale.

577. — Mémoires lus à la Sorbonne dans les séances extraordinaires du Comité impérial des travaux historiques et des Sociétés savantes (en 1861-1863-1864-1865-1866-1867 et 1868). — Archéologie.
Paris. 1863-69. Imprimerie impériale. 7 vol. in-8.

578. — Mémoires lus à la Sorbonne dans les séances extraordinaires du Comité impérial des travaux historiques et des Sociétés savantes (en 1861-1863-1864-1865-1866-1867 et 1868). — Histoire, philologie et sciences morales.
Paris. 1863-1869. Imprimerie impériale. 7 vol. in-8.

579. — Ministère de l'Instruction publique et des Cultes. — Distribution des récompenses accordées aux Sociétés savantes. (1661-1863-1865-1868).
Paris. 1861-1868. Imprimerie impériale. 4 bro. in-8.

> Ces brochures sont des extraits de la Revue des Sociétés savantes.

580. — Discours de clôture des travaux du Congrès de

— 119 —

l'Institut historique, prononcé le 11 Octobre 1840 par le Baron TAYLOR.
Paris. 1840. Firmin Didot frères. 1 vol. in-8.

581. — Congrès méridional. — Première session. (Tenue à Toulouse du 15 au 23 mai 1834).
Toulouse. 1834. Martegoute. 1 vol. in-8.

582. — Congrès scientifique de France.
1833-1867. 11 vol. in-8.
Cette collection incomplète contient :

1 session.	Caen. 1833.	1 vol.
2 —	Poitiers. 1834.	1 vol.
6 —	Clermont-Ferrand. 1838.	1 v.
7 —	Le Mans. 1839.	2 vol.
14 —	Marseille. 1846.	2 vol.
15 —	Tours. 1847.	2 vol.
19 —	Toulouse. 1852.	2 vol.
20 —	Arras. 1853.	2 vol.
21 —	Dijon. 1854.	5 vol.
22 —	Le Puy. 1855.	2 vol.
23 —	La Rochelle. 1856.	1 vol.
24 —	Grenoble. 1857.	2 vol.
25 —	Auxerre. 1858.	2 vol.
26 —	Limoges. 1859.	2 vol.
27 —	Cherbourg. 1860.	2 vol.
28 —	Bordeaux. 1861.	5 vol.
29 —	St.-Etienne. 1862.	2 vol.
30 —	Chambéry. 1863.	1 vol.
31 —	Troyes. 1864.	1 vol.
32 —	Rouen. 1865.	1 vol.
33 —	Aix en Provence. 1866.	2 v.
34 —	Amiens. 1867.	1 vol.
36 —	Chartres. 1869.	1 vol.

583. — Annuaire de l'Institut des provinces et des Congrès scientifiques.
Caen. 1857-1867. Hardel. 5 vol. in-8.
Collection incomplète contenant seulement les tomes IX, XII, XIII XVII et XIX.

584. — Assises scientifiques et Congrès archéologique d'Apt en 1862 Actes de ces réunions, recueillis, mis en ordre et publiés par le Docteur P. M. ROUX.
Marseille. 1864. Roux. 1 vol. in-8.

b. — *Académies et Sociétés étrangères.*

585. — Acta philosophica regia, anni MDCLXIX aliquam exhibantia notitiam præsentium incœptorum, studiorum et laborum eorum, qui Eruditi salutantur, in plerisque præcipuis Mundi partibus. Ab *Henrico* OLDENBURGIO anglicè conscripta, in latinum versa à *Johanne* STERPINO.
Amstelodami. 1671. H. et T. Boom. 1 vol. in-12. Fig.

586. — Table des mémoires imprimés dans les Transactions philosophiques de la Société royale de Londres. Depuis 1665 jusques en 1735. Rangée par ordre chronologique, par ordre de matières et par noms d'Auteurs. Par M. *(Fr.)* DE BRÉMOND.
Paris. 1739. Piget. 1 vol. in-4.

587. — Transactions philosophiques de la Société royale de Londres, traduites par M. DEMOURS. — Années MDCCXXVII à MDCCXL).
Paris. 1757-1759. Briasson. 3 vol. in-4.

588. — Abrégé des transactions philosophiques de la Société royale de Londres, ouvrage traduit de l'anglois, et rédigé par M. *(Jacques)* GIBELIN.

    1 partie. Histoire naturelle. Par GIBELIN. 2 vol.
           Botanique. Par GIBELIN. 2 vol.
    4 — Physique expérimentale. Par M. RÉGNIER. 2 vol.
    5 — Chimie. Par M. PINEL. 1 vol.
    6 — Anatomie et physique animale. Par M. PINEL. 1 vol.
    7 — Médecine et chirurgie. Par M. PINEL. 1 vol.
    8 — Matière médicale et pharmacie. Par MM. WILMET et BOSQUILLON. 2 vol.
   10 — Mélanges, observations, voyages. Par M. MILLIN DE GRANDMAISON. 1 vol.
   11 et 12 partie. Antiquités et beaux-arts. Par M. MILLIN DE GRANDMAISON. 2 vol.

Paris. 1787-1791. Baillon. 14 vol. in-8. Fig.

** — Essais et observations physiques et littéraires de la Société d'Edimbourg. Traduit de l'anglois, par M. P. DEMOURS.
Paris. 1759. Bauche. 1 vol. in-12.
                        Voyez : Sciences et arts. N 2398.

589. — Mémoires de l'Académie impériale et royale des sciences et belles-lettres de Bruxelles.
Bruxelles. 1780-1788. Imp. académ. 5 vol. in-4.

590. — Annuaire de l'Académie royale des sciences, des lettres et des beaux-arts de Belgique. 1849.
Bruxelles. 1849. Hayez. 1 vol. in-18.
" — Mémoires de l'Académie royale de Prusse. Par M. PAUL.
Avignon. 1768. Niel. 1 vol. in-4.
Voyez : Sciences et arts. N. 2399.

591. — Mémoires de la Société royale des antiquaires du Nord. 1845-1849.
Copenhague. 1852-1853. Berling. 1 vol. in-8.

592. — Antiquarisk Tidsskrift, udgivet af det Kongelige nordiske Oldskrift-Selskab. 1843-1851.
Kjobenhavn. 1845-52. Berling. 3 vol. in-8. Pl.

593. — Address delivered on the contennial anniversary of the birth of Alexander von Humboldt, under the auspices of the Boston Society of natural history, by *Louis* AGASSIZ. — With an account of the evening reception.
Boston. 1869. Society of natural history. in-8.

c. — Mélanges.

594. — L'Institut, journal universel des Sciences et des Sociétés savantes en France et à l'étranger. — 1re section. Sciences mathématiques, physiques et naturelles. — IIe section. Sciences historiques, archéologiques et philosophiques. — Rédacteur M. *Eugène* ARNOULT.
Paris. 1832-1872. 42 vol. in-4.
Cette collection est incomplète : elle commence seulement en 1815.
La 1 section de 1815 à 1872 forme 28 volumes, tom. XIII à XL. — La 2 section de 1815 à 1872 forme 14 volumes, tom. X à XXXVII. — On a relié ensemble 2 années.

595 — Du but d'utilité que peuvent se proposer dans leurs travaux les sociétés académiques, par M. *Charles* DES MOULINS.
Caen. . . . . Hardel. in-8.

596. — Congrès des Délégués des Sociétés savantes des départements. — Rapport sur les travaux et les publi-

cations académiques des provinces pendant l'année 1861, d'après les renseignements communiqués au Congrès, pendant la session d'avril 1862 ; par M. CHALLE.

Caen. 1863. Hardel. 1 vol. in-8.

597. — Du mouvement des études littéraires et scientifiques en province. (Histoire des Congrès). Par A. DU CHATELLIER).

Paris. 1865. Dumoulin. in-8.

598. — Lettre au directeur de la Revue de l'Art chrétien sur le mouvement archéologique et artistique du diocèse de Montpellier. Par M. l'Abbé *Léon* VINAS.

Paris. 1858. A. Pringuet. in-8.

599. — De la décentralisation intellectuelle. Par M. l'Abbé FAYET.

Caen. 1871. Le Blanc Hardel. in-8.

600. — Académie des sciences. — Les académiciens libres inéligibles aux siéges de membres titulaires.— Opinion de M. le Cte JAUBERT. Séance du 15 avril 1867.

Paris. 1867. Chaix. in-4.

BIBLIOGRAPHIE.

Ire SECTION.

DE L'ÉCRITURE.

a — Histoire de l'écriture.

** — Origine du langage et de l'écriture. Par COURT DE GEBELIN. (Monde primitif. Tome III).
Voyez : Belles-Lettres. N. 28.

** — Consultez, dans l'histoire, les articles *Paléographie et Diplomatique*.

b. — Des Manuscrits.

** — De veteribus hæreticis ecclesiasticorum codicum corruptoribus. Auctore *Bartholomæo* GERMON.
Parisiis. 1713. Le Comte et Montalant. 1 vol. in-8.
Voyez : Histoire. N. 4865.

** — *Scipionis* MARANTÆ expostulatio in Barth. Germonium pro antiquis diplomatibus et codicibus manuscriptis.
Messanæ. 1738. Tarinus. 1 vol. in-8.
Voyez : Histoire. N. 4867.

c. — Catalogues de manuscrits.

601. — *Philippi* LABBEI nova bibliotheca MSS. librorum, sive specimen antiquarum lectionum latinarum et græcarum in quatuor partes tributarum, cum coronide duplici, poetica et libraria, ac supplementis decem.
Parisiis. 1553. Henault. 1 vol. in-4.

602. — Novæ bibliothecæ manuscript. librorum tomi duo. Operâ et studio *Philippi* LABBE.
Parisiis. 1657. Cramoisy. 2 vol. in-fol.

603. — Bibliotheca bibliothecarum Manuscriptorum nova; ubi, quæ innumeris penè Manuscriptorum bibliothecis continentur, ad quodvis literaturæ genus spectantia et notatu digna, describuntur et indicantur. Auctore R. P. D. *Bernardo* DE MONTFAUCON.
Parisiis. 1739. Briasson. 2 vol. in-fol.

604. — Catalogi librorum manuscriptorum, qui in bibliothecis Galliæ, Helvetiæ, Belgii, Britanniæ M., Hispaniæ, Lusitaniæ asservantur, nunc primùm editi à D. *Gustavo* HAENEL.
Lipsiæ. 1830. Hinrichs. 1 vol. in-4.

605. — Notices et extraits des manuscrits de la Bibliothèque nationale et autres bibliothèques, publiés par l'Institut de France, faisant suite aux notices et extraits lus au Comité établi dans l'Académie des inscriptions et belles-lettres.
Paris. 1787-1868. Imp. roy. nat. imp. 22 vol. in-4.

Les 3 premiers volumes avaient pour titre :

Notices et extraits des manuscrits de la Bibliothèque du Roi, lus au Comité établi par Sa Majesté dans l'Académie royale des inscriptions et belles-lettres.

Le XVe volume contient la table. La partie occidentale, seule publiée, a été rédigée par M. *E. P. M.* LONGUEVILLE.

** — Traité de matériaux manuscrits de divers genres d'histoire, par A. A. MONTEIL.
Paris. 1836. Duverger. 1 vol. in-8.

Voyez : Histoire. N. 2362.

** — Catalogue général des cartulaires des archives départementales, publié par la Commission des archives départementales et communales.
Paris. 1847. Imprimerie royale. 1 vol. in-4.

Voyez : Histoire. N. 2335.

** — Tableau général numérique par fonds des archives départementales et communales antérieures à 1790, publié par la Commission des archives.
Paris. 1848. Imprimerie nat. 1 vol. in-4.

Voyez : Histoire. N. 2336.

606. — Catalogue général des manuscrits des bibliothèques

publiques des départements publiés sous les auspices du Ministre de l'Instruction publique.
Paris. 1847-1861. Imprimerie nationale. 3 vol. in-4.

Tome 1 : Catalogue des manuscrits de la Bibliothèque du Séminaire d'Autun, par M. LIBRI. — De la Bibliothèque de Laon. par M. F. RAVAISSON. — De la Bibliothèque de la ville de Montpellier, par M. LIBRI. — De l'Ecole de médecine de Montpellier. par MM. LIBRI. BLANC et KUHNHOLTZ. — De la Bibliothèque d'Albi, par MM. LIBRI et RAVAISSON. — Notices par MM. HASE, REINAUD. J. V. LE CLERC, Ed. DULAURIER. — Tables, par M. TARANNE.

Tome II : Manuscrits de la Bibliothèque de Troyes, par M. HERMAND. — Tables, par M. TARANNE.

Tome III : Manuscrits des Bibliothèques de Saint-Omer, Epinal, Saint-Mihiel, Saint-Dié, Schlestadt, par MM. MICHELANT, TARANNE et H. COCHERIS.

" — Notice sur les manuscrits de quelques bibliothèques de province par M. LIBRI.

Voyez : Journal des Savants. 1841 et 1842.

607. — Bibliothèque protypographique, ou librairies des fils du roi Jean, Charles V, Jean de Bérri, Philippe de Bourgogne et les siens. (Par *J.* BARROIS).
Paris. 1830. Crapelet. 1 vol. in-4.

608. — Inventaire ou catalogue des livres de l'ancienne bibliothèque du Louvre, fait en l'année 1373, par *Gilles* MALLET. Précédé de la dissertation de BOIVIN *le Jeune* sur la même bibliothèque, sous les rois Charles V, Charles VI et Charles VII. Avec des notices historiques et critiques. (Par *Jos.* VAN PRAET).
Paris. 1836. De Bure fr. 1 vol. in-8.

609. — Catalogus codicum manuscriptorum Bibliothecæ regiæ. (Auctore *Aniceto* MELOT).
Parisiis. 1739-44. Typogr. regia. 4 vol. in-fol.

610. — Bibliothèque impériale. Département des manuscrits. Catalogue des manuscrits français. Tome premier. Ancien fonds. (Par M. MICHELANT).
Paris. 1868. J. Didot fr. 1 vol. in-4.

611. — Les manuscrits françois de la Bibliothèque du Roi, leur histoire et celle des textes allemands, anglois, hollandois, italiens, espagnols de la même collection. Par M. *Paulin* PARIS.
Paris. 1836-48. Techener. 7 vol. in-8.

612. — Catálogo razonado de los manuscritos españoles existentes en la biblioteca real de Paris, seguido de un suplemento que contiene los de las otras tres bibliotecas publicas (del Arsenal, de Santa Genoveva, y Mazarina). Por *Eugenio* DE OCHOA.
Paris. 1844. Imprenta real. 1 vol. in-4.

613. — Bibliotheca Coisliniana, olim Segueriana; sive manuscriptorum omnium græcorum, quæ in ea continentur, accurata descriptio, ubi operum singulorum notitia datur, ætas cujusque manuscripti indicatur, vetustiorum specimina exhibentur, aliaque multa annotantur, quæ ad *Palæographiam græcam* pertinent. Accedunt Anecdota benè multa ex eadem bibliothecà desumta, cum interpretatione latinà, studio et opera D. *Bernardi* DE MONTFAUCON.
Parisiis. 1715. Guerin. 1 vol. in-fol.

614. — Catalogue descriptif et raisonné des manuscrits de la bibliothèque communale de la ville d'Amiens. Par *J.* GARNIER.
Amiens. 1843. Duval et Herment. 1 vol. in-8.

615. — Catalogue des manuscrits de la bibliothèque d'Angers. Par M. *Albert* LEMARCHAND.
Angers. 1863. Cosnier et Lachèse. 1 vol. in-8.

616. — Catalogue des manuscrits de la bibliothèque de la ville d'Arras. (Par M. CARON).
Arras. 1860. Courtin. 1 vol. in-8.

617. — Catalogue descriptif et raisonné des manuscrits de la bibliothèque de Cambrai, par *A.* LE GLAY.
Cambrai. 1831. Hurez. 1 vol. in-8. Fig.

618. — Catalogue descriptif et raisonné des manuscrits de la bibliothèque de Carpentras, par *C. G. A.* LAMBERT.
Carpentras. 1862. Rolland. 3 vol. in-8.

619. — Catalogue des manuscrits de la bibliothèque de la ville de Chartres.
Chartres. 1840. Garnier. 1 vol. in-8.

620. — Catalogue descriptif et raisonné des manuscrits de la bibliothèque de Douai, par *H. R.* DUTHILLOEUL, suivi d'une notice sur les manuscrits de cette bibliothèque,

relatifs à la législation et à la jurisprudence, par M. le Conseiller TAILLIAR.
Douay. 1846. Ceret-Carpentier. 1 vol. in-8.

621. — Catalogue descriptif des manuscrits de la Bibliothèque de Lille, par M. LE GLAY.
Lille. 1848. Vanackère. 1 vol. in-8.

622. — Notice sur un Evangéliaire manuscrit de la bibliothèque de Lille, par *Ch.* DE LINAS.
Paris. 1857. Pringuet. in-8.

623. — Manuscrits de la bibliothèque de Lyon, ou notices sur leur ancienneté, leurs auteurs, les objets qu'on y a traités, le caractère de leur écriture, l'indication de ceux à qui ils appartinrent, etc., précédées 1° d'une histoire des anciennes bibliothèques de Lyon, et en particulier de celle de la ville ; 2°. d'un Essai historique sur les Manuscrits en général, leurs ornemens, leur cherté, ceux qui sont à remarquer dans les principales bibliothèques de l'Europe, avec une bibliographie spéciale des catalogues qui les ont décrits. Par *Ant. Fr.* DELANDIDE.
Lyon. 1812. Mistral. 3 vol. in-8.

624. — Bibliothèque de la ville de Metz. — Catalogue des manuscrits relatifs à l'histoire de Metz et de la Lorraine, rédigé par M. CLERCX.
Metz. 1856. F. Blanc. 1 vol. in-8.

625. — Manuscrits de la bibliothèque d'Orléans, ou notices sur leur ancienneté, leurs auteurs, les objets qu'on y a traités, le caractère de leur écriture, l'indication de ceux à qui ils ont appartenu, etc. Précédées de notes historiques sur les anciennes bibliothèques d'Orléans, et en particulier sur celle de la ville; par A. SEPTIER.
Orléans. 1820. Rouzeau. 1 vol. in-8.

626. — Notice des manuscrits de la bibliothèque de l'Église métropolitaine de Rouen, primatiale de Normandie. (Par M. l'Abbé SAAS).
Rouen. 1746. 1 vol. in-12.

627. — Catalogue des manuscrits de la bibliothèque de Saint-Omer, concernant l'histoire de France, par *H.* Piers.
Lille. 1840. V° Libert-Petitot. in-8.

628. — Catalogue descriptif et raisonné des manuscrits de la bibliothèque de Valenciennes, par *J.* Mangeart.
Paris. 1860. Techener. 1 vol. in-8.

629. — Bibliotheca Belgica manuscripta, sive elenchus universalis codicum MSS. in celebrioribus Belgii Cœnobiis, Ecclesiis, Urbium ac privatorum hominum bibliothecis adhuc latentium. Collegit illum,et edidit *Antonius* Sanderus.
Insulis. 1641-44. Le Clercq. 1 vol. in-4.

630. -- Catalogue des manuscrits de la Bibliothèque royale des Ducs de Bourgogne, publié par ordre du Ministre de l'Intérieur (de Belgique. Par M. Marchal).
Bruxelles. 1842. Vandooren. 3 vol. in-4. Fig.

631. — Répertoire onomastique des manuscrits formant la deuxième section de la Bibliothèque royale de Belgique (ancienne Bibliothèque de Bourgogne), publié par ordre du Conseil d'administration de l'établissement. Première partie. (Ouvrages dont les auteurs sont connus.)
Bruxelles. 1857. Hayez. in-4.

632. — Catalogue méthodique et raisonné des manuscrits de la bibliothèque de la Ville et de l'Université de Gand, par le Baron *Jules* de Saint-Genois.
Gand. 1849. Annoot-Braeckman. 1 vol. in-8.

633. — Catalogus codicum manuscriptorum bibliothecæ academicæ Gissensis. Auctore J. *Valentino* Adrian.
Francofurti ad Mœn. 1840. D Sauerlaender.1 v.in-4

634. — Catalogus codicum manuscriptorum bibliothecæ regiæ Monacensis.
Monachii. 1866-71. Libraria Palmiana. 5 vol in-8.
Nous avons reçu :
Tomi primi pars secunda :

. — Die arabischen Handschriften der K. Hof. und. Staatsbibliothek in Muenchen beschrieben von *Joseph* Aumer.
München. 1866 Palm. 1 vol. in-8.

Tomi I pars III :
- — Die persischen Handschriften der K. Hof-und Staatsbibliothek in Muenchen beschrieben von *Joseph* AUMER.
  München. 1866. Palm. 1 vol. in-8.
  Tomi III pars I et II :
- — Catalogus codicum latinorum bibliothecæ regiæ Monacensis. Secundum *Andreæ* SCHMELLERI indices composuerunt *Carolus* HALM, *Georgius* LAUBMANN, *Gulielmus* MEYER.
  Monachii. 1868-71. Palm. 2 vol. in-8.
  Tomi V et VI :
- — Die deutschen Handschriften der K. Hof-und Staatsbibliothek zu Muenchen nach *J. A.* SCHMELLERS kürzeren Verzeichniss.
  München. 1866. Palm. 2 vol. in-8.

635. — Bibliotheca orientalis Clementino-Vaticana, in qua manuscriptos codices syriacos, arabicos, persicos, turcicos, hebraicos, samaritanos, armenicos, æthiopicos, græcos, ægyptiacos, ibericos et malabaricos, jussu et munificentia Clementis XI, Pont. Max. ex Oriente conquisitos, comparatos, avectos, et Bibliothecæ Vaticanæ addictos,(unà cum iis quos Sanctiss. Pater Innocentius XIII, et quos Sacra Congregatio de Fide Propaganda in eandem bibliothecam inferri jussit; unà cum iis, qui ex monte Atho... nuper allati sunt), recensuit, digessit, excerpsit, et genuina scripta à spuriis secrevit, addita singulorum Auctorum vita, *Joseph-Simonius* ASSEMANUS.
Romæ. 1719-1728. Cong. de Prop. fide. 4 vol. in-fol.

** — On trouve le catalogue des manuscrits des bibliothèques d'Abbeville, d'Angers, de Clermont-Ferrand, de Vesoul, etc., dans le catalogue général des bibliothèques de ces villes. — Voir plus loin.

** — Consultez aussi : Bibliothèque de l'Ecole de Chartes.

Voyez : Histoire.

d. — *Autographes.*

636. — Catalogues d'autographes mis en vente par les libraires J. Charavay, A. Laverdet et G. Charavay.
Paris. 1846-66. 1 vol. in-8.

637. — Catalogue d'une importante collection de documents manuscrits et originaux sur toutes les provinces de France. (Vendue en mai 1862).
Paris. 1862. Charavay. 1 vol. in-8.

638. — Catalogue d'une belle collection de lettres autographes tirée du cabinet de M. L*** (rédigé par M. Charon). (Vendue en avril 1844).
Paris. 1844. Charon. 1 vol. in-8.

639. — Catalogue de lettres autographes composant la collection de feu M. Brissot-Thivars. (Vendues en avril 1854).
Paris. 1854. A. Aubry. in-8.

IIe SECTION.

IMPRIMERIE ET LA LIBRAIRIE.

a. — *Histoire de l'imprimerie et de la librairie.*

640. — Brevis excursus de loco, tempore, et Authore inventionis typographiæ. Ad clarissimum virum Gabrielem Naudæum, Parisiensem.
Parisiis. 1644. Ant. Vitré. 1 vol. in-4.

641. — *Jacobi* Mentelii de vera typographiæ origine paraenesis.
Parisiis. 1650. Rob. Ballard. 1 vol. in-4.

642. — Histoire de l'origine et des premiers progrès de l'imprimerie. (Par *Prosper* Marchand).
La Haye. 1740. V^e Le Vier et Paupie. 1 vol. in-4.

** — Essai historique et critique sur l'invention de l'imprimerie. Par M. *Charles* Paeile.
Lille. 1859. Lefebvre-Ducrocq. in-8.

Voyez : Catalogue de la Bibliothèque de Lille. Théologie.

** — Histoire de l'invention de l'imprimerie par les monuments.
Paris. 1850. Duverger. 1 vol. in-4.
Voyez : Sciences et arts. N. 3127.

643. — Des progrès de l'imprimerie en France et en Italie au XVIe siècle, et de son influence sur la littérature; avec les Lettres-patentes de François Ier, en date du 17 Janvier 1538, qui instituent le premier imprimeur royal pour le grec, par *G. A.* CRAPELET.
Paris. 1836. Crapelet. 1 vol. in-8.

** — Etudes pratiques et littéraires sur la typographie, par *G.A.* CRAPELET
Paris. 1837. Crapelet. 1 vol. in-8.
Voyez : Sciences et arts. N. 3126.

644. — L'origine de l'imprimerie de Paris. Dissertation historique et critique, divisée en quatre parties. Par le Sieur *André* CHEVILLIER.
Paris. 1694. De Laulne. 1 vol. in-4.

** — Précis historique de l'Imprimerie nationale et de ses types. Par *F. A* DUPRAT.
Paris. 1848. B. Duprat. 1 vol. in-8.
Voyez : Sciences et arts. N. 3128.

** — Exposition universelle de 1855. Quelques détails sur les produits de l'Imprimerie impériale de France, par M. D'ESCODECA DE BOISSE.
Paris. 1855. Imprimerie impériale. 1 vol. in-8.
Voyez : Sciences et arts. N. 3129.

645. — Recherches historiques sur l'imprimerie et la librairie à Amiens, avec une description de livres divers imprimés dans cette ville. Par *Ferdinand* POUY.
Amiens. 1861. Lemer aîné. 1 vol in-8.

646. — Recherches historiques et bibliographiques sur l'imprimerie et la librairie et sur les arts et industries qui s'y rattachent dans le département de la Somme, avec divers fac-simile, par *Ferdinand* POUY.
Paris. 1863-64. Duprat. (Amiens.) 2 en 1 vol. in-8.

647. — Recherches sur les livres imprimés à Arras depuis l'origine de l'imprimerie dans cette ville jusqu'à nos jours, par MM. D'HÉRICOURT (1) et CARON.
Arras. 1851-1853. Vᵉ Degeorge. 2 en 1 vol. in-8.

---

(1) D'HÉRICOURT (*Marie-Achmet*, comte de SERVINS), né à Hébécourt, commune de Vers-Hébécourt (Somme), le 19 Août 1819, est mort à Souchez (Pas-de-Calais). le 21 Janvier 1871.

" — Annales typographiques de Bourges. Par *Nic.* Catherinot.
> Voyez : Histoire. N. 3236.

648. — Annales de l'imprimerie des Alde, ou histoire des trois Manuce et de leurs éditions ; par *Ant. Aug.* Renouard. 2ᵉ édit.
Paris. 1825. A. A. Renouard. 3 vol. in-8. Port.

649. — Annales de l'imprimerie des Estienne, ou histoire de la famille des Estienne et de ses éditions, par *Ant. Aug.* Renouard.
Paris. 1837-1838. Renouard. 2 vol. in-8.

" — Notice sur les heures gothiques imprimées à Paris à la fin du XV siècle et au commencement du XVI. Par *J. Ch.* Brunet.
> Voyez : Manuel du libraire. IV.

" — Notice de la collection des auteurs latins, français et italiens imprimés en petits formats par les Elsevier. Par *J. Ch.* Brunet.
> Voyez : Manuel du libraire. V.

650. — De la librairie française. Son passé. — Son présent. — Son avenir, avec des notices biographiques sur les libraires-éditeurs les plus distingués depuis 1789 ; par *Edmond* Werdet.
Paris. 1860. E. Dentu. 1 vol. in-18.

651. — Physionomies parisiennes. Le journal et le journaliste. Par *Edmond* Texier. Dessins par Bertall.
Paris. 1868. A. Le Chevalier. 1 vol. in-16.

h. — Annales de la librairie.

652. — Repertorium bibliographicum, in quo libri omnes ab arte typographica inventa usque ad annum MD typis expressi, ordine alphabetico, vel simpliciter enumerantur, vel adcuratius recensentur. Opera *Ludovici* Hain.
Stuttgartiæ. 1826-1838. Cotta. 4 vol. in-8.

653. — R. P. *Ludovici* Jacob Bibliographia Gallica universalis, hoc est, catalogus omnium librorum per universum Galliæ Regnum annis 1643-1644-1645-1646-1651 1652-1653 excusorum.
Parisiis. 1646-54. Rolet, Leduc et Cramoisy. 1 v. in-4.

Dans le même volume :

. — R. P. *Ludovici* Jacob Bibliographia Parisina, hoc est, catalogus omnium librorum Parisiis annis 1643-1644-1645-1647-1648-1649-1650 exclusivè excusorum.
Parisiis. 1645-51. Leduc et Cramoisy. in-4.

. — Catalogus librorum qui à P. *Dionysio* Petavio scripti fuerunt, et in lucem editi. Ab anno ætatis vigesimo primo usque ad septuagesimum quo mortuus est.

. — Catalogus librorum omnium quos hactenus in lucem emisit, aut sub prælo habet *Philippus* Labbe, Bituricus, Societ. Jesu, ab Amico collectus, atque editus.
Lutetiæ. 1656. Off. Cramosiana. in-4.

. — Bibliographia Cramosiana : sive catalogus librorum. quos *Sebastianus* Cramoisy, ab anno 1654 ubi desiit Bibliographia Gallica universalis, usque ad hunc annum 1659 excudit.
Parisiis. 1659. in-4.

654. — La France scavante, id est, Gallia erudita, critica et experimentalis novissima. Seu, manuductio ad faciliorem inventionem et cognitionem non tàm Scriptorum Operumque, quàm Experimentorum, Observatonum, aliarumque rerum notatu dignarum cujusvis facultatis, artis et scientiæ, quarum summaria in Ephemeridibus Eruditorum hujus celeberrimi Regni ab ann. 1665 quo cœperunt, usque ad ann. 1687 recensentur.... Opera et studio *Cornelii à* Beughem.
Amstelodami. 1683. Wolfgang. 1 vol. in-12.

655. — Bibliographie parisienne, ou catalogue d'ouvrages de Sciences, de Littérature, et de tout ce qui concerne les Beaux-Arts, tels que la Musique, la Gravure, etc. imprimés ou vendus à Paris. Avec les Jugements qui en ont été portés dans les écrits périodiques, ensemble l'énoncé des Édits, Arrêts et Déclarations du Roi, etc. Par une Société de Gens de Lettres. (Par Hurtaut et d'Hermilly). Année 1770.
Paris. 1770. Desnos. 2 vol. in-8.

656. — Bibliographie de l'Empire français, ou journal de

l'Imprimerie et de la Librairie. (Du 1 Nov. 1811 au 25 Déc. 1812. Publié par BEUCHOT et PILLET.)
Paris. 1811-12. Bossange. 1 vol. in-8.
<small>Ce journal fut créé par décret du 14 Oct. 1811.</small>

657. — Bibliographie de la France, ou journal général de l'Imprimerie et de la Librairie.(Rédigé par BEUCHOT et PILLET).
Paris. 1820-1856. Pillet aîné. 37 vol. in-8.
<small>A partir de 1825 le titre fut :</small>

Bibliographie de la France, ou journal général de l'Imprimerie et de la Librairie, et des cartes géographiques, gravures, lithographies et œuvres de musique.
<small>De 1848 à 1856 M. Pillet fut le seul rédacteur.</small>
<small>Il nous manque les volumes de 1813 à 1820.</small>

658. — Journal général de l'Imprimerie et de la Librairie. — 2ᵉ série.
Paris. 1857-1872. Pillet aîné. 48 vol. in-8.
<small>Le second titre porte :</small>

Bibliographie de la France, journal général de l'Imprimerie et de la Librairie. Publié sur les documents fournis par le Ministère de l'Intérieur.
<small>Ce journal se divise en 3 parties : 1º Bibliographie, Livres, Compositions musicales, Gravures ; 2º Chronique : 3º Feuilleton commercial.</small>
<small>Cette dernière partie est un courrier de la librairie, un journal d'annonces.</small>
<small>Ces 3 parties forment chacune, à la fin de l'année, un volume avec titres et tables particulières.</small>

c. — Livres imprimés sur vélin.

659. — Catalogue des livres imprimés sur vélin de la Bibliothèque du Roi. (Par *Jos. Bas. Bern.* VAN PRAET).
Paris. 1822-1828. De Bure frères. 6 en 5 vol. in-8.

660. — Catalogue des livres imprimés sur vélin, qui se trouvent dans les bibliothèques tant publiques que particulières, pour servir de suite au Catalogue des livres imprimés sur vélin de la Bibliothèque du Roi. (Par *Jos. Bas. Bern.* VAN PRAET).
Paris. 1824-28. De Bure. 4 vol, in-8.

IIIᵉ SECTION.

Bibliographie critique.

Chapitre I. — *Traités généraux.*

661. — Bibliotheca universalis, sive catalogus omnium scriptorum locupletissimus, in tribus linguis, latina, græca et hebraica extantium et non extantium, veterum et recentiorum in hunc usque diem, doctorum et indoctorum, publicatorum et in bibliothecis latentium... . Authore *Conrado* Gesnero.
Tiguri. 1545-1548. Froschoverus. 2 vol. in-fol.
Le second volume a pour titre :
Pandectarum sive partitionum universalium *Conradi* Gesneri libri XXI.

662. — Epitome Bibliothecæ Conradi Gesneri, conscripta primùm à *Conrado* Lycosthene, nunc denuò recognita et plus quàm bis mille Authorum accessione locupletata : per *Josiam* Simlerum.
Tiguri. 1555. Froschoverus. 1 vol. in-fol.

663. — Bibliotheca instituta et collecta primum à *Conrado* Gesnero : deinde in Epitomen redacta, et novorum librorum accessione locupletata, tertiò recognita, et in duplum post priores editiones aucta, per *Josiam* Simlerum : jam verò postremò aliquot mille, cùm priorum, tùm novorum authorum opusculis, ex instructissima Viennensi Austriæ imperatoria Bibliotheca amplificata, per *Johannem Jacobum* Frisium.
Tiguri. 1583. Froschoverus. 1 vol. in-fol.

664. — *Antonii* Possevini Bibliotheca selecta de ratione studiorum, ad disciplinas, et ad salutem omnium gentium procurandam. Recognita novissimè ab eodem, et aucta, et in duos tomos distributa.
Venetiis. 1603. Salicatius. 2 en 1 vol. in-fol.

665. — Idem opus.
Coloniæ Agripp. 1607. Gymnicus. 2 en 1 vol. in-fol.

666. — Unius seculi, ejusque virorum literarorum monumentis tum florentissimi, tum fertilissimi : ab Anno Domini 1500 ad 1602 Nundinarum autumnalium inclusivè, Elenchus consummatissimus librorum, hebræi, græci, latini, germani, aliorumque Europæ idiomatum: typorum æternitati consecratorum. Quo quicquid in rebus divinis, et humanis à magni nominis Theologis, Jureconsultis, Medicis, Philosophis, Historicis, etc. literis demandatum est, commodissima methodo deprehendere licet. Desumptus partim ex singularum Nundinarum catalogis, partim ex instructissimis ubique locorum Bibliothecis, atque in tomos duos partitus... Auctore *Joanne* CLESSIO.
Francofurti. 1602. Saurius. 2 en 1 vol. in-4.

667. — *Joannis* MOLANI Bibliotheca materiarum quæ, à quibus Auctoribus, cum antiquis, tum recentioribus sint pertractatæ. Docentibus, Concionantibus, ac Scriptoribus pernecessaria. Accedunt catalogi duo : I. Catholicorum S. Scripturæ interpretum ; Biblicorum librorum ordine. II. Scholasticorum Theologorum in Divi Thomæ Aquinatis Summam.
Coloniæ Agripp. 1618. Kinchius. 1 vol. in-4.
<small>Ces deux catalogues forment 2 ouvrages spéciaux avec pagination et titres particuliers :</small>

. — Catalogus catholicorum S. Scripturæ interpretum, serie librorum biblicorum, studio *Andreæ* SCHOTTI.
Coloniæ Agrippinæ. 1618. Kinchius. in-4.

. — Catalogus scholasticorum Theologorum seu interpretum Summæ Divi Thomæ Aquinatis. Ex libro VI Introductionis ad sacram Theologiam *Lud.*CARBONIS.
Coloniæ Agripp. 1618. Kinchius. in-4.

668. — Catalogus auctorum qui librorum catalogos, indices, bibliothecas, virorum litteratorum elogia, vitas, aut orationes funebres, scriptis consignarunt: ab *Antonio* TEISSERO adornatus. Cum *Philippi* LABBEI Bibliotheca nummaria in duas partes tributa : I. De Antiquis

numismatibus. II. De monetis, ponderibus et mensuris. Et Mantissa antiquariæ suppellectilis.
Genevæ. 1686. S. De Tournes. 1 vol. in-4.
A la suite :
. — Catalogi auctuarium... sive catalogi pars altera.
Genevæ. 1705. G. De Tournes. in-4.

669. — Bibliotheca classica, sive catalogus officinalis. In quo singuli singularum facultatum ac professionum libri, qui in quavis ferè linguâ extant, quique intra hominum propemodum memoriam in publicum prodierunt, secundum artes et disciplinas, earumque titulos et locos communes, Autorumque cognomina singulis classibus et rubricis subnexa, ordine alphabetico recensentur : additisque ubivis loco, tempore ac forma impressionis, justa serie disponuntur... Usque ad annum MDCXXIV inclusivè... Omnia et singula colligente ac disponente M. *Georgio* DRAUDIO.
Francofurti ad Mœnum. 1625. B. Ostern. 2 vol. in-4.
A la suite :
Bibliotheca exotica sive catalogus officinalis librorum peregrinis linguis usualibus Scriptorum, videlicet gallica, italica, hispanica, belgica, anglica, danica, bohemica, ungarica, etc. omnium quotquot in officinis Bibliopolarum indagari potuerunt, et in Nundinis Francofurtensibus prostant, ac venales habentur.

La Bibliothèque universail, contenant le catalogue de tous les livres, qui ont esté imprimés ce siècle passé, aux langues françoise, italienne, espaignole, et autres, qui sont aujourd'huy plus communes, despuis l'An. 1500 jusques à l'an present MDCXXIV. distribuée en certain ordre selon les matières y contenues, et les surnoms des Autheurs.
Frankfourt. 1625. B. Ostern. in-4.

670. — Bibliotheca bibliothecarum curis secundis auctior. Accedit Bibliotheca nummaria in duas partes tributa. Cum Mantissa antiquariæ suppellectilis. Curâ et studio R. P. *Philippi* LABBE. 2ª ed.
Rothomagi. 1672. Maurry. 1 vol. in-8.

671. — Eadem. Editio III auctior.. Additus *Joannis* SELDENI liber de nummis.
Rothomagi. 1678. Maurry. 1 vol. in-8.

672. — Bibliothèque choisie de M. COLOMIÈS.
La Rochelle. 1682. P. Savouret. 1 vol. in-12.

673. — Nouvelle bibliothèque choisie, où l'on fait connoître les bons livres en divers genres de litérature, et l'usage qu'on en doit faire. (Par *Pierre* BARAT).
Amsterdam. 1714. Mortier. 2 vol. in-12.

674. — Jugemens des Sçavans sur les principaux ouvrages des Auteurs. (Par *Adrien* BAILLET).
Paris. 1685-86. Dezallier. 9 vol. in-12.

675. — Jugemens des Savans sur les principaux ouvrages des Auteurs. Par *Adrien* BAILLET. Revus, corrigés, et augmentés par M. DE LA MONNOYE.
Paris. 1722. Moette. 7 vol. in-4. Port.

676. — Anti-Baillet ou critique du livre de M. Baillet intitulé Jugemens des Savans. Par M. MÉNAGE. Avec les Observations de M. DE LA MONNOYE et les Réflexions sur les Jugemens des Savans (par le P. BOSCHET).
Paris. 1730. Moette. in-4.
_{On le considère comme le VIIIe volume de l'ouvrage précédent.}

677. — Réflexions sur les Jugemens des Sçavans, envoyées à l'Auteur par un Académicien. (Par le P. BOSCHET).
La Haye. 1671. Arnout-Leers. 1 vol. in-12.

678. — Jugemens des Savans sur les auteurs qui ont traité de la Rhétorique, avec un précis de la doctrine de ces auteurs. Par M. GIBERT.
Paris. 1713-19. Estienne. 3 vol. in-12.

679. — Bibliothèque curieuse, historique et critique, ou catalogue raisonné de livres difficiles à trouver, par *David* CLÉMENT.
Gottingen. 1750-1752. G. Schmid. 3 vol. in-4.

680. — Conseils pour former une bibliothèque peu nombreuse, mais choisie. (Par *J. H. S.* FORMEY). Nouvelle édition corrigée et augmentée. Suivie de l'Introduc-

tion générale à l'étude des Sciences et Belles-Lettres par M. (*A. A.* Bruzen) De La Martinière.
Berlin. 1756. Haude et Spener. 1 vol. in-8.

681. — Bibliothèque d'un homme de goût, ou avis sur le choix des meilleurs livres écrits en notre langue sur tous les genres de Sciences et de Littérature; avec les Jugemens que les Critiques les plus impartiaux ont porté sur les bons ouvrages, qui ont paru depuis le renouvellement des Lettres jusqu'en 1772. Par L. M. D. V. Bibliothécaire de Mgr le Duc de *** (l'Abbé *Esp. Jos.* Chaudon).
Avignon. 1772. Bléry. 2 vol. in-12.

682. — Nouvelle bibliothèque d'un homme de goût, ou tableau de la littérature ancienne et moderne, étrangère et nationale, dans lequel on expose le sujet, et l'on fait connoître l'esprit de tous les livres qui ont paru dans tous les siècles, sur tous les genres, et dans toutes les langues, avec un jugement court, clair et impartial, tiré des journalistes les plus connus, et des critiques les plus estimés de notre temps. (Par l'Abbé *Joseph* De La Porte.
Paris. 1777. 4 vol. in-12.

683. — Bibliographie instructive, ou notice de quelques livres rares, singuliers et difficiles à trouver, avec des notes historiques, pour connoître et distinguer les différentes éditions et leur valeur dans le commerce; disposée par *François* de Los-Rios.
Avignon. 1777. Séguin. 1 vol. in-8. Port.

684. — Analectabiblion, ou extraits critiques de divers livres rares, oubliés ou peu connus, tirés du cabinet du Marquis D. R***. (*Scipion* Du Roure).
Paris. 1836. Techener. 1 vol. in-8. Tome 1.

685. — La chasse aux livres en province. Par M. *Auguste* Decaïeu. (1)
Paris. 1872. Alcan-Lévy. in-8.

---

(1) Decaïeu (*Louis-Auguste*), est né à Amiens, le 19 janvier 1831.

Chapitre II. — *Traités spéciaux.*

A. — *Bibliographes nationaux.*

a. — *Écrivains grecs.*

686. — ΦΩΤΙΟΥ μυριόβιβλον ἤ Βιβλιοθήκη. — Photii Myriobiblon sive bibliotheca librorum quos Photius Patriarcha Constantinopolitanus legit et censuit. Græcè edidit *David* Hoeschelius et notis illustravit. Latinè verò reddidit et scholiis auxit *Andreas* Schottus.
Genevæ, 1612. P. Stephanus. 1 vol. in-fol.

687. — Idem opus. Ultima editio.
Rothomagi. 1653. Berthelin. 1 vol. in-fol.

688. — *J. Alberti* Fabricii Bibliotheca græca, sive notitia Scriptorum veterum græcorum, quorumcunque monumenta integra, aut fragmenta edita exstant : tum plerorumque è MSS. ac deperditis.
Hamburgi. 1708-1715. Liebezeit. 7 vol. in-4. Port.

b. — *Écrivains italiens.*

689. — Athenaeum Augustum, in quo Perusinorum scripta publicè exponuntur, studio *Augustini* Oldoini, Soc. Jesu, erectum.
Perusiæ. 1678. Ciani. 1 vol. in-4.

690. — Athenaeum ligusticum seu syllabus Scriptorum Ligurum nec non Sarzanensium, ac Cyrnensium Reipublicæ Genuensis subditorum, ab *Augustino* Oldoino collectus.
Perusiæ. 1680. Ciani. 1 vol. in-4.
** — Voyez aussi le n° 433.

c. — *Écrivains espagnols.*

691. — Hispaniæ bibliotheca seu de Academiis ac Bibliothecis. Item Elogia et Nomenclator clarorum Hispaniæ Scriptorum, qui latinè disciplinas omnes illustrarunt

Philologiæ, Philosophiæ, Medicinæ, Jurisprudentiæ. ac Theologiæ, tomis III distincta.(Autore *A.S.* Peregrino. (*Andræa* Schotto).
Francofurti. 1608. Cl. Marnius. 1 vol. in-4.

d. — *Ecrivains anglais.*

692. — *Joannis* Pitsei relationum historicarum de rebus Anglicis tomus primus. (De Academiis ac de illustribus Angliæ Scriptoribus. Edidit *G.* Bishopus.)
Parisiis. 1619. S. Cramoisy. 1 vol. in-4.

e. — *Ecrivains belges.*

693. — Elogia illustrium Belgii Scriptorum, qui vel Ecclesiam Dei propugnarunt, vel disciplinas illustrarunt. Centuria decadibus distincta. Ex bibliotheca *Auberti* Miræi.
Antuerpiæ. 1602. Bellerus. 1 vol. in-8.
A la suite:
— Origines equestrium sive militarium ordinum libri duo. *Aubertus* Miræus scrutando publicabat. Editio altera, auctior et correctior.
Coloniæ Agripp. 1638. Kinchius. in-8.

694. — Elogia Belgica, sive illustrium Belgii Scriptorum, qui nostrâ patrumque memoriâ, vel Ecclesiam Dei propugnarunt, vel disciplinas illustrarunt, vitæ breviter commemoratæ. Studio *Auberti* Miræi.
Antuerpiæ. 1609. D. Martinius. 1 vol. in-4.
— Elenchus historicorum Belgii, nondum typis editorum. *Aubertus* Miræus eruendo publicabat.
Antuerpiæ. 1606. Hier. Verdussen. in-8.
Voyez : Hist. des Rel. N. 1072.

695. — *Valerii* Andreæ Bibliotheca Belgica : de Belgis vita scriptisque claris. — Præmissa topographica Belgii totius seu Germaniæ Inferioris descriptione.
Lovanii. 1643. J. Zegers. 1 vol. in-4.

696. — Bibliotheca Belgica, sive virorum in Belgio vitâ scriptisque illustrium catalogus, librorumque no-

menclatura, continens Scriptores à clariss. viris Valerio Andrea, Auberto Mirœo, Francisco Sweertio, aliisque, recensitos, usque ad annum MDCLXXX. Tomi duo. Curâ et studio *Joan.-Fran.* Foppens.
Bruxellis. 1739. P. Foppens. 2 vol. in-4. Port.

f. — Ecrivains français.

697. — Premier volume de la bibliothèque du Sieur DE LA CROIX DU MAINE. Qui est un catalogue général de toutes sortes d'Autheurs, qui ont escrit en françois depuis cinq cents ans et plus, jusques à ce jourd'hui: avec un Discours des vies des plus illustres et renommez entre les trois mille qui sont compris en cet œuvre, ensemble un récit de leurs compositions, tant imprimées qu'autrement.
Paris. 1584. Abel l'Angelier. 1 vol. in-fol.

698. — La Bibliothèque françoise, de M. *C.* SOREL. 2ᵉ édit.
Paris. 1667. La Comp. des libraires. 1 vol. in-12.

699. — Les bibliothèques françoises de LA CROIX DU MAINE et de DU VERDIER, Sieur de VAUPRIVAS; nouvelle édition, dédiée au Roi, revue, corrigée et augmentée d'un Discours sur le progrès des Lettres en France, et des Remarques historiques, critiques et littéraires de M. DE LA MONNOYE et de M. le Président BOUHIER; de M. FALCONET. Par M. RIGOLEY DE JUVIGNY.
Paris. 1772-73. Saillant et Nyon. 6 vol. in-4.

700. — La France littéraire, ou dictionnaire des Auteurs françois vivans; corrigé et augmenté par M. FORMEY.
Berlin. 1757. Haude et Spener. 1 vol. in-8.

701. — La France littéraire, contenant les noms et les ouvrages des Gens de Lettres, des Sçavans et des Artistes célèbres françois, qui vivent actuellement; augmentée du Catalogue des Académies établies tant à Paris, que dans les différentes villes du Royaume, et d'un autre Catalogue alphabétique des titres de chaque

ouvrage, suivi du nom de son Auteur. Pour l'année MDCCLVIII. (Par DUPORT-DUTERTRE).
Paris. 1758. Duchesne. 1 vol. in-12.

702. — Supplément à la France littéraire de l'année 1758, pour les années 1759 et 1760.
Paris. 1760. Duchesne. 1 vol. in-12.

703. — Second supplément à la France littéraire de l'année 1758, pour les années 1760 et 1761.
Paris. 1762. Duchesne. 1 vol. in-12.

704. — Troisième supplément à la France littéraire de 1758, pour les années 1762 et 1763.
Paris. 1764. Duchesne. 1 vol. in-12.

705. — Supplément à la France littéraire (de J. d'Hébrail), contenant : 1º Les changemens arrivés dans les Académies. 2º Les Auteurs morts, et ceux qui ont donné des ouvrages nouveaux depuis 1768. 3º Le Catalogue alphabétique de ces mêmes ouvrages. (Tome III). (Par l'Abbé Jos. DE LA PORTE).
Paris. 1778. Vᵉ Duchesne. 1 vol. in-8.

706. — La France littéraire contenant les auteurs français de 1771 à 1796. Par *J. S.* ERSCH.
Hambourg. 1797-98. Hoffmann. 3 vol. in-8.

707. — Supplément à la France littéraire de 1771-96, contenant outre les additions et corrections, les nouveaux articles jusqu'en 1800. Avec une table générale des matières. Par *J. S.* ERSCH.
Hambourg. 1802. Hoffmann. 1 vol. in-8.

708. — Second supplément à la France littéraire depuis 1771, contenant outre les corrections et additions au corps de l'ouvrage et au premier supplément les nouveaux articles jusqu'en 1805. Avec une table générale des matières. Par *J. S.* ERSCH.
Hambourg. 1806. Hoffmann. 1 vol. in-8.

709. — La France littéraire, ou dictionnaire bibliographique des savants, historiens et gens de lettres de la France, ainsi que des littérateurs étrangers qui ont écrit en

français, plus particulièrement pendant les xviii° et xix° siècle. Par *J. M.* QUERARD.

Paris. 1827-1864. Didot. 12 vol. in-8.

<small>Les 10 premiers volumes ont été publiés de 1827 à 1839; les 2 autres, qui l'ont été de 1854 à 1864,et contiennent les corrections, les additions, et les auteurs pseudonymes anonymes dévoilés.</small>

710. — R. A. P. *Ludovici* JACOB de claris Scriptoribus Cabilonensibus libri III. In 1. Agitur de iis, qui vel ortu vel aliquà dignitate floruerunt. In II. Qui in Diœcesi et Præfectura Cabilonensi nati sunt. In III. Qui in eadem Diœcesi mortui sunt.

Parisiis. 1652. S. et G. Cramoisy. 1 vol. in-4.

711. — Bibliothèque générale des auteurs de France. Livre premier, contenant la Bibliothèque Chartraine; ou le Traité des auteurs et des hommes illustres de l'ancien Diocèse de Chartres : qui ont laissé quelques monumens à la postérité, ou qui ont excellé dans les Beaux-Arts. Avec le Catalogue de leurs ouvrages, le dénombrement des différentes éditions qui en ont été faites, et un jugement sur plusieurs des mêmes ouvrages. Par le R. P. Dom *Jean* LIRON.

Paris. 1718. Garnier. 1 vol. in-4.

712. — Bibliothèque historique et critique du Poitou, contenant les vies des Savans de cette Province, depuis le troisième siècle jusqu'à présent ; une notice de leurs ouvrages, avec des observations pour en juger; la suite historique et chronologique des Comtes héréditaires, et celle des Évêques de Poitiers depuis Saint-Nectaire. Par M. DREUX DU RADIER.

Paris. 1754. Ganeau. 5 vol. in-12.

713. — Manuel du bibliographe Normand, ou dictionnaire bibliographique et historique contenant : 1° l'indication des ouvrages relatifs à la Normandie, depuis l'origine de l'Imprimerie jusqu'à nos jours ; 2° des notes biographiques, critiques et littéraires sur les écrivains normands, sur les auteurs de publications se rattachant à la Normandie, et sur diverses notabilités de cette province ; 3° des recherches sur

l'histoire de l'Imprimerie en Normandie; par *Edouard* Frère.
Rouen. 1858-1860. Le Brument. 2 vol. in-8.

B. — *Bibliographie des ordres religieux et de quelques sectes.*

714. — Anastasis Augustiniana in qua Scriptores Ordinis Eremitarum S. Augustini qui abhinc sæculis aliquot vixerunt,unà cum neotericis, in seriem digesti sunt. Operâ et studio R. P. *Thomæ* Gratiani.
Antuerpiæ. 1613. Verdussius. 1 vol. in-8.

715. — Bibliothèque générale des Écrivains de l'Ordre de Saint Benoit, Patriarche des Moines d'Occident : contenant une notice exacte des ouvrages de tout genre, composés par les Religieux des diverses branches, filiations, réformes et congrégations de cet Ordre, sous quelque dénomination qu'elles soient connues, avec les dates du temps où ces ouvrages ont paru ; et les éclaicissements nécessaires pour en faire connoître les Auteurs ; par un Religieux Bénédictin de la Congrégation de St-Vannes. (Dom *Jean* François).
Bouillon. 1777-1778. La Société typog. 4 vol. in-4.

716. — Bibliothèque historique et critique des Auteurs de la Congrégation de St-Maur. Où l'on fait voir quel a été leur caractère particulier, ce qu'ils ont fait de plus remarquable: et où l'on donne un Catalogue exact de leurs ouvrages, et une idée générale de ce qu'ils contiennent. Par D. *Filipe* Le Cerf de la Viéville.
La Haye, 1726. P. Gosse. 1 vol. in-12.

717. — Histoire littéraire de la Congrégation de Saint-Maur, Ordre de S.-Benoit, où l'on trouve la vie et les travaux des Auteurs qu'elle a produits, depuis son origine en 1618, jusqu'à présent.... (Par Dom *Réné Prosper* Tassin.)
Bruxelles. Paris. 1770. Humblot. 1 vol. in-4.

** — Bibliotheca Cluniacensis, in qua SS. Patrum Abb. Clun. vitæ, miracula, scripta. . . collegerunt D. *Martinus* Marrier et *And.* Quercetanus.
Lutetiæ Paris. 1614. R. Fouet. 1 vol. in-fol.
Voyez : Hist. des Religions. N. 1052.

** — Bibliotheca Patrum Cistercensium. . . Studio *B.* Tissier.
Bonofonte. 1666-69. Renesson 8 vol, in-fol.
Voyez : Théologie. N. 1985.

719. — Histoire littéraire de S. Bernard, Abbé de Clairvaux, et de Pierre le Vénérable, Abbé de Cluni. Qui peut servir de supplément au douzième siècle de l'Histoire littéraire de la France. (Par Dom *Charles* Clémencet).
Paris. 1773. Vᵉ Desaint. 1 vol in-4

718. — Bibliotheca Scriptorum utriusque Congregationis et sexus Carmelitarum excalceatorum, collecta et digesta per P. Martialem a S. Joanne-Baptista (*Joannem* Lacombe).
Burdigalæ. 1730. P. Sejournè. 1 vol. in-4

720. — Bibliotheca Carmelitana, notis criticis et dissertationibus illustrata : curâ et labore unius è Carmelitis Provinciæ Turoniæ collecta (Cosmæ a S. Stephano. (*Cosmæ* de Villiers).
Aurelianis. 1752. Couret de Villeneuve. 2 vol. in-f.

721. — Scriptores Ordinis Prædicatorum recensiti, notisque historicis et criticis illustrati, opus quo singulorum vita, præclarèque gesta referuntur, chronologia insuper, seu tempus quo quisque floruit certo statuitur: fabulæ exploduntur; scripta genuina, dubia, supposititia expenduntur, recentiorum de iis judicium aut probatur, aut emendatur : codices manuscripti variæque è typis editiones, et ubi habeantur, indicantur . . . Præmittitur in Prolegomenis Notitia Ordinis qualis fuit ab initio ad an. MD... Inchoavit R. P. F. *Jacobus* Quetif, absolvit R. P. F. *Jacobus* Echard.
Lutetiæ. 1719. Ballard et Simart 2 vol. in-fol.

722. — Athenæ orthodoxorum Sodalitii Franciscani, qui, vel selectâ eruditione, vel floridiore eloquentiâ, vel editis

scriptis, SS. Dei sponsæ Romanæ operam navârunt. Operâ R. P. F. *Henrici* WILLOT.
Leodii. 1598. Arnoldus à Courswaremia. 1 vol. in-8.

723. — Scriptores Ordinis Minorum, quibus accessit syllabus illorum, qui ex eodem Ordine pro fide Christi fortiter occubuerunt. Priores atramento, posteriores sanguine Christianam religionem asseruerunt. Recensuit *Fr. Lucas* WADDINGUS.
Romæ. 1650. Al. Tani. 1 vol. in-fol.

724. — Catalogus Scriptorum religionis Societatis Jesu : Auctore P. *Petro* RIBADENEIRA. Secunda editio.
Antuerpiæ. 1613. Off. Plantiniana.. 1 vol. in-8.
A la suite :
Apologeticus *Jacobi* GRETSERI adversus librum qui Introductio in artem Jesuiticam inscribitur, nuper à Gabriele Lermæo editum.
Ingolstadii. 1600. A. Sartorius. in 8.

725. — Bibliotheca Scriptorum Societatis Jesu, post excusum anno MDCVIII Catalogum R. P. Petri Ribadeneiræ ; nunc hoc novo apparatu librorum ad annum reparatæ salutis MDCXLII editorum concinnata, et illustrium virorum elogiis adornata, à *Philippo* ALEGAMBE. Accedit Catalogus Religiosorum Societatis Jesu, qui hactenus pro Catholicâ Fide et pietate in variis mundi plagis interempti sunt.
Antuerpiæ. 1643. J Meursius. 1 vol. in-fol.

** — Bibliothèque Jésuitique ou catalogue des ouvrages composez nouvellement par les Jésuites à l'usage de l'Église, ou par quelques personnes pieuses, à l'usage de la Société. Avec de courtes notes sur les endroits difficiles.
S. n. n. l. 1716. in-12.
Voyez : Histoire des Religions. N. 1346.

726. — Bibliothèque des écrivains de la Compagnie de Jésus, ou notices bibliographiques : 1° de tous les ouvrages publiés par les membres de la Compagnie de Jésus, depuis la fondation de l'Ordre jusqu'à nos jours ; 2° des apologies, des controverses religieuses, des critiques littéraires et scientifiques suscitées à leur

sujet. Par *Augustin* et *Alois* DE BACKER, de la même compagnie.

Liége. 1853-61. Grandmont-Donders. 7 vol. in-8.

** — Bibliotheca Anti-trinitariorum, sive Catalogus Scriptorum, et succincta narratio de vitâ eorum Auctorum qui . . . . vulgò receptum dogma de tribus in unico Deo per omnia æqualibus personis vel impugnarunt, vel decuerunt solum Patrem D. N. J. Christi esse illum verum seu altissimum Deum. Opus *Christ. Chr.* SANDII.

Freistadii. 1684. Aconius. 1 vol. in-8.

Voyez : Théologie. N. 7734.

727. — Bibliothèque janséniste, ou catalogue alphabétique des principaux livres Jansénistes, ou suspects de Jansénisme, qui ont paru depuis la naissance de cette hérésie, avec des Notes critiques sur les véritables Auteurs de ces livres, sur les erreurs qui y sont contenues et sur les condamnations qui en ont été faites par le Saint Siége, ou par l'Eglise Gallicane, ou par les Évêques diocésains. (Par le P. *Dominique* DE COLONIA). 2ᵉ édit.

S. l. n. n. 1731. 1 vol. in-12.

728. — Bibliothèque janséniste, ou catalogue alphabétique, des livres Jansénistes, Quesnellistes, Baïanistes, ou suspects de ces erreurs ; avec un Traité dans lequel les Cent et une Propositions de Quesnel sont qualifiées en détail. Avec des Notes critiques... (Par le P. *Dom.* DE COLONIA). 4ᵉ édit.

Bruxelles. 1746. T'Sertetevens. 2 vol. in-12.

729. — Dictionnaire des livres Jansénistes, ou qui favorisent le Jansénisme. (Par le P. *Dom.* DE COLONIA). Nouvelle édition, augmentée (par le P. *Louis* PATOUILLET.)

Anvers. 1755. Vordussen. 4 vol. in-12.

730. — Réponse à la Bibliothèque janséniste, avec des Remarques sur la Réfutation des Critiques de M. Bayle, et des Eclaircissemens sur les Lettres de M. de Saléon à M. Bossuet. (Par OSMONT DU SELLIER ou l'Abbé *Nic.* LE GROS).

Nanci. 1740. Nicolai. 1 vol. in-12.

731. — Lettres au R. P. P.*** (Patouillet), Jésuite, pour servir d'Introduction, de Commentaire et d'Apologie

à son Dictionnaire des livres jansénistes, ou qui favorisent le Jansénisme,imprimé à Anvers en 1752. (Par l'Abbé Rulié.)
Anvers. 1755. 1 vol. in-12.

732. — Décret de la Congrégation de l'Indice,contre la Bibliothèque Janséniste, avec la Lettre d'un Docteur de Sorbonne (le P. Lazeri) à un de ses amis en Flandres, au sujet de ce Décret, et la Lettre d'un Théologien Romain (le P. Ricchini) à un Théologien de Louvain, sur la juste condamnation de la *Bibliothèque Janséniste* (lat. franç.)
Avignon. 1750. Girard. 1 vol. in-12.

C. — Bibliographie professionnelle.

a. — Ouvrages de Théologie.

733. — Dictionnaire historique des Auteurs ecclésiastiques : renfermant la vie des Pères et des Docteurs de l'Église; des meilleurs Interprètes de l'Écriture-Sainte, juifs et chrétiens; des Théologiens scholastiques, moraux, mystiques, polémiques, hétèrodoxes même qui ont écrit sur des matières non controversées; des Canonistes et des Commentateurs des Décrétales et du Corps du Droit canonique ; des Historiens, Bibliographes, Biographes et Agiographes ecclésiastiques; des Orateurs sacrés ; des Liturgistes, et généralement de tous les Auteurs qui ont écrit sur des matières ecclésiastiques. Avec le Catalogue de leurs principaux ouvrages. . . . Le tout suivi d'une table chronologique pour l'histoire de l'Église. (Par Dom. L. Chaudon).
Lyon. 1767. Vᵉ Bessiat. 4 vol. in-12.

734. — *M. Martini* Lipenii Bibliotheca realis theologica omnium materiarum, rerum et titulorum,in universo

sacrosanctæ theologiæ studio occurrentium, ordine alphabetico disposita....
Francofurti ad Mœnum. 1685. Fridericus. 2 v.in-fol.

735. — Bibliotheca sacra seu syllabus omnium fermè Sacræ Scripturæ editionum ac versionum secundum seriem linguarum quibus vulgatæ sunt, notis historicis et criticis illustratus... Partes duæ. Labore et industriâ *Jacobi* Le Long.
Parisiis. 1709. Pralard. 2 vol. in-8.

736. — D. *Thomæ* Ittigii de bibliothecis et catenis Patrum, variisque veterum Scriptorum ecclesiasticorum collectionibus... tractatus variis observationibus et animadversionibus refertus.
Lipsiæ. 1707. Lankisius. 1 vol. in-8.

** — S. Hieronymi de Scriptoribus ecclesiasticis.
Voyez : S. Hieronymi opera. Théologie. N. 2235.

** — Isidori *Hispalensis* de Scriptoribus ecclesiasticis liber.
Vide Isidori opera. Théologie. N. 2383.

737. — Bibliotheca sancta à F. Sixto *Senensi*, Ord. Præd. ex præcipuis catholicæ ecclesiæ autoribus collecta, et in octo libros digesta.
Lugduni. 1575. Penot. 2 en 1 vol. in-fol.

738. — Eadem. 2ª edit.
Francofurti. 1575. Bassæus. 1 vol. in-fol.

739. — Elenchus Scriptorum in Sacram Scripturam tàm græcorum, quàm latinorum, etc. In quo exhibentur eorum gens, patria, professio, religio, librorum, tituli, volumina, editiones variæ. Quo tempore claruerint vel obierint. Elogia item aliquot virorum clarissimorum. Quibus omnibus præmissa sunt S. Biblia, partesque Bibliorum, variis linguis, variis vicibus edita. Operâ et industriâ *Guil.* Crowæi.
Londini. 1672. Mosen Pitts. 1 vol. in-8.

740. — Liber de Scriptoribus ecclesiasticis Disertissimi viri Reverendique in Christo patris domini *Johannis* de Trittenhem abbatis Spanhemensis.
Basileæ. 1494. 1 vol. in-fol.

741. — De Scriptoribus ecclesiasticis disertissimi viri *Johan-*

nis DE TRITTENHEM... De Scriptoribus ecclesiasticis collectanea : additis nonnullorum ex recentioribus vitis et nominibus : qui scriptis suis hac nostra tempestate clariores evaserunt.
Parrhisius. 1512. B. Rembolt et J. Parvus. 1 v. in-4.

742. — Dn. *Johannis* TRITTHEMII abbatis Spanheimensis de Scriptoribus ecclesiasticis, sive per scripta illustribus in Ecclesia viris, cum Appendicibus duabus eorum qui vel à Tritthemio animadversi non fuere, vel seculo interim nostro scriptis suis quàm maximè claruerunt, aut clarent adhuc, liber unus : à mendis innumeris quibus hucusque scatuit, sedulò purgatus, multisque passim Additiunculis... illustratus et auctus. Appendicum istarum prior, nata est nuper in Galliis : posterior nunc recens additur, authore *Balthazaro* WERLINO.
Coloniæ. 1546. Quentel. 1 vol. in-4.

A la suite :

— Elenchus Theologorum in tota Sacra Biblia.
Coloniæ. 1558. M. Cholinus. in-4.

— D. PACIANI... Parænesis ad Pœnitentiam.—Altera ejusdem de Baptismo. — Ejusdem Epistolæ duæ ad Sympronianum Novatianum.—Accessit his tractatus ejusdem Sancti adversus Novatianos.
Parisiis. 1538. C. Guillarda. in-4.

743. — *Anton.* POSSEVINI apparatus sacer ad Scriptores Veteris et Novi Testamenti. Eorum interpretes, Synodos et Patres latinos ac græcos. Horum versiones. Theologos scholasticos, quique contra hereticos egerunt. Chronographos et Historiographos ecclesiasticos. Eos qui casus conscientiæ explicarunt. Alios qui Canonicum jus sunt interpretati. Poetas sacros. Libros pios, quocunque idiomate conscriptos.
Coloniæ Agripp. 1608. Gymnicus. 2 en 1 vol. in-fol.

744. — Bibliotheca ecclesiastica sive nomenclatores VII veteres.—S. Hieronymus Presbyter et Doctor Ecclesiæ.— Gennadius Massiliensis. — S. Ildefonsus Toletanus.

— Sigebertus Gemblacensis. — S. Isidorus Hispalensis. — Honorius Augustodunensis. — Henricus Gandavensis. *Aubertus* Miræus Auctariis ac Scholiis illustrabat.

Antuerpiæ. 1639. Mesius. 1 vol. in-fol.

A la suite :

. — Bibliotheca ecclesiastica sive de Scriptoribus ecclesiastis, qui ab anno Christi 1494 quo Joannes Trithemius desinit, ad usque tempora nostra floruerunt. Pars altera. *Auberti* Miræi opus posthumum *Aubertus* Van den Eede publicabat.

Antuerpiæ. 1649. Mesius. in-fol.

745. — *Roberti* Bellarmini de Scriptoribus ecclesiasticis liber unus. Adjunctis indicibus undecim, et brevi Chronologia ab Orbe condito usque ad annum MDCXII.

Lutetiæ Par. 1644. S. et G. Cramoisy. 1 vol. in-8.

746. — De Scriptoribus ecclesiasticis liber unus. Cum adjunctis indicibus undecim et brevi Chronologia ab Orbe condito usque ad annum MDCXIII. Auctore *Roberto* Cardinale Bellarmino.

Lugduni. 1663. Boissat. 1 vol. in-8.

La chronologie a pour titre :

Chronologia brevis ab Orde condito, usque ad annum Domini MDCLIV. *Roberto* Bellarmino auctore. Nunc demum continuata usque ad annum MDCLIV.

Lugduni. 1662. Boissat et Remeus. in-8.

747. — Idem opus.

A la suite :

. — Brevis chronologia. . . . (Ut suprà).

. — Insignis libri de Scriptoribus ecclesiasticis Eminent. Card. Bellarmini continuatio, ab anno 1500, in quo desinit, ad annum 1600 quo incipit sequentis sæculi exordium. Auctore *Andrea* du Saussay.

Coloniæ. 1684. Wohlfartius. 1 vol. in-4.

748. — De Scriptoribus ecclesiasticis liber unus. Cum adjunctis indicibus undecim, et brevi Chronologia ab Orbe condito usque ad annum MDCXII. Auctore *Roberto* Bellarmino. Editio novissima prioribus emendatior

et plurimis Scriptoribus, juxta exemplar ab ipso Auctore quondam recognitum, auctior, ac ampliatione Chronologiæ usque ad annum MDCCXVIII.
Bruxellis. 1719. J. Leonard. 1 vol. in-12.

<small>La chronologie a pour titre :</small>

. — Chronologia brevis ab Orbe condito, usque ad annum Domini MDCXII *Rob.* BELLARMINO auctore, cum ampliatione usque ad annum 1712.
Bruxellis. 1719. J. Leonard. in-12.

749. — Supplementum de Scriptoribus vel Scriptis ecclesiasticis à Bellarmino omissis, ad annum 1460, vel ad artem typographicam inventam. Collectore F. *Casimiro* OUDIN.
Parisiis. 1686. Dezallier. 1 vol. in-8.

750. — *Philippi* LABBE de Scriptoribus ecclesiasticis, quos attigit Eminentiss. S. R. E. Card. Rob. Bellarminus, philologica et historica dissertatio...
Parisiis. 1660. Seb. Cramoisy. 2 vol. in-8.

751. — Chartophylax ecclesiasticus, quo propè MD. Scriptores ecclesiastici, tam minores quam majores, tum catholici, tum hæretici, eorumque patria, ordo, secta, munera, ætas, obitus; editiones operum præstantiores, opuscula, quin et ipsa fragmenta breviter indicantur. — Scriptores dubii à certis, supposititii à genuinis, non-extantes à superstitibus distinguuntur. A. Chr. nato ad annum usque MDXVII. — Accedunt Scriptores gentiles Christianæ Religionis oppugnatores; et brevis cujusvis sæculi conspectus... Studio et labore *Guilielmi* CAVE. — Addita nunc sunt Paralipomena ad hunc Chartophylacem *Pauli* COLOMESII.
Lipsiæ. 1687. Guntherus. 1 vol. in-8.

752. — *Guilielmi* CAVE Scriptorum ecclesiasticorum historia literaria, à Christo nato, usque ad sæculum XIV facili methodo digesta, et nunc auctior facta, quà de vita illorum ac rebus gestis... agitur. — Accedunt Scriptores gentiles Christianæ Religionis oppugnatores;

et cujusvis sæculi Breviarium. — Additur ad finem cujusque sæculi Conciliorum omnium tum generalium, tum particularium historica Notitia. — Inseruntur suis locis veterum aliquot opuscula et fragmenta, tùm græca tùm latina hactenus inedita. — Præmissa denique prolegomena, quibus plurima ad Antiquitatis ecclesiasticæ studium spectantia traduntur. Accedunt ab aliis manibus duæ appendices, in unam congestæ, ab ineunte sæculo XIV ad annum usque XDXVII ab ipso Autore correctæ et auctæ. Et ad calcem operis Dissertationes tres, I. De Scriptoribus ecclesiasticis incertæ ætatis. II. De libris et officiis ecclesiasticis Græcorum. III. De Eusebii Cæsariensis Arianismo, adversus Joan. Clericum. Ed. nov.
Genevæ. 1705. Chouet. 1 vol. in-fol.

753. — Scriptorum ecclesiasticorum historia literaria, à Christo nato usque ad sæculum XIV facili methodo digesta... Autore *Guilielmo* CAVE. Edit. noviss.
Oxonii. 1740. E Theatro Sheldoniano. 2 vol. in-fol.

754. — Nouvelle bibliothèque des auteurs ecclésiastiques, contenant l'histoire de leur vie, le catalogue, la critique, et la chronologie de leurs ouvrages, le sommaire de ce qu'ils contiennent, un jugement sur leur stile, et sur leur doctrine, et le dénombrement des différentes éditions de leurs œuvres. Par M. L. *Ellies* DU PIN. 3ᵉ édit. rev., corr. et augm: dans laquelle on a ajouté l'Histoire des Papes et des Patriarches, des Persécutions et des Hérésies : avec une Table chronologique.
Paris. 1698-1727. Pralard. 54 vol. in-8. Port.

On y joint :

. — Dissertation préliminaire ou prolégomènes sur la Bible. Tomes I, II, III.

. — Traité de la puissance ecclésiastique et temporelle. Tome LII.

, — Traité de la doctrine chrétienne et orthodoxe. T. LIII.

. — Dissertations historiques, chronologiques, géographiques et critiques sur la Bible. Tome LIV.

755. — Bibliothèque des auteurs ecclésiastiques du dix-huitième siècle. Pour servir de continuation à celle de M. Du Pin. Par M. l'Abbé GOUJET.
Paris. 1736. Pralard et Quillau. 3 vol. in-8.
<small>Ces 3 volumes forment les LV, LVI et LVII des œuvres de Du Pin.</small>

756. — Dissertation critique sur la Nouvelle Bibliothèque des Auteurs ecclésiastiques où l'on établit en même tems la vérité de quelques principes qu'on a avancés dans l'Histoire critique du Vieux Testament. Par *Jean* REUCHLIN.
Francfort. 1688. Arnaud. 1 vol. in-12.
<small>A la suite :</small>

. — Apologie pour l'Auteur de l'Histoire critique du Vieux Testament, contre les faussetés d'un Libelle publié par Michel Le Vassor.
Rotterdam. 1689. R. Leers. in-12.

757. — Remarques sur la Bibliothèque des Auteurs ecclésiastiques de M. Du Pin. Par *** (Dom *Mathieu* PETITDIDIER.
Paris. 1691-1696. Hortemels. 3 vol. in-8.

758. — Critique de la Bibliothèque des Auteurs Ecclesiastiques et des Prolégomènes de la Bible, publiez par M. Elies Du Pin ; avec des Eclaircissemens et des Supplémens aux endroits où on les a jugé nécessaires. Par feu M. *Richard* SIMON. Avec des remarques (de l'éditeur le P. *Estienne* SOUCIET.)
Paris. 1730. Ganeau. 4 vol. in-8.

759. — La critique abrégée des ouvrages des Auteurs ecclésiastiques. Par M. J. G. (*Jean* GRANDCOLAS).
Paris. 1716. Laurent Le Conte. 2 vol. in-12.

760. — *Jo. Gottfridi* OLEARII Bibliotheca Scriptorum ecclesiasticorum tomis duobus edita. Cum præfatione *Jo. Fr.* BUDDEI. Curante *Jo. Gottlieb* OLEARIO F.
Ienæ. 1710-11. Bielkius. 2 en 1 vol. in-4. Port.

761. — *Casimiri* OUDINI commentarius de Scriptoribus Ecclesiæ antiquis, illorumque scriptis tam impressis

quam manuscriptis adhuc extantibus in celebrioribus Europæ bibliothecis à Bellarmino, Possevino, Ph. Labbeo, Guil. Caveo, Lud. Ell. Du Pin, et aliis omissis, ad annum MCCCCLX vel ad artem typographicam inventam, cum multis dissertationibus, in quibus insigniorum Ecclesiæ Autorum opuscula atque alia argumenta notabiliora accuratè et prolixè examinantur, tribus voluminibus.
Lipsiæ. 1722. Weidmannus. 3 vol. in-fol.

762. — Histoire générale des Auteurs sacrés et ecclésiastiques, qui contient leur vie, le catalogue, la critique, le jugement, la chronologie, l'analyse et le dénombrement des différentes éditions de leurs ouvrages; ce qu'ils renferment de plus intéressant sur le dogme, sur la morale et sur la discipline de l'Eglise; l'Histoire des Conciles tant généraux que particuliers, et les Actes choisis des Martyrs. Par le R. P. Dom *Remy* CEILLIER.
Paris. 1729-1763. Barois. 23 vol. in-4.

763. — Illustrium Ecclesiæ orientalis Scriptorum, qui sanctitate juxta et eruditione, primo et secundo Christi sæculo floruerunt, et Apostolis convixerunt, vitæ et documenta. Auctore R. P. *Petro* HALLOIX.—Adjuncta sunt è Græcorum Menæo de iisdem Sanctis viris Elogia græcolatina ex ejusdem versione. . . .
Duaci. 1633-1636. Bogardus. 2 vol. in-fol.

764. — Bibliotheca Pontificia duobus libris distincta. — In primo agitur ex professo de omnibus Romanis Pontificibus à S. Petro usque ad S. D. N. Urbanum VIII ac de Pseudopontificibus, qui scriptis claruerunt.— In secundo verò de omnibus Auctoribus, qui cùm in generali, tùm in particulari eorum vitas, et laudes, necnon præcellentiam auctoritatemve posteritati consecrârunt.— Cui adjungitur Catalogus Hæreticorum, qui adversùs Romanos Pontifices aliquid ediderunt. Accedit fragmentum libelli S. Marcelli Romani Martyris, B. Petri Apostoli discipuli,.. hactenus in-

editum. De disputatione B. Petri et Simonis Magi. Auctore R. P. F. *Ludovico* Jacob à S. Carolo, Carm.
Lugduni. 1643. Boissat. 1 vol. in-4.

765. — De mysticis Galliæ Scriptoribus multiplicique in ea christianorum rituum origine. Selectæ dissertationes, in singulas Ecclesiæ ætates digestæ. Quarum primæ centuriæ, vice coronidis, accessit polemicus de Apostolatu Gallico Sancti Dionysii Areopagitæ tractatus. Authore *Andrea* Du Saussay.
Parisiis. 1639. Seb. Cramoisy. 1 vol. in-4.

** — Catalogue des meilleurs livres, avec les meilleures éditions, pour composer une bibliothèque ecclésiastique. (Traité des études monastiques). Par Dom J. Mabillon).

Voyez : Théologie. N. 6349.

** — Dictionnaire portatif des prédicateurs français. Par *Ant.* Albert et J. *Fr.* Decourt.
Lyon. 1757. Bruyset-Ponthus. 1 vol. in-8.

Voyez : Théologie. N. 3931.

766. — Journal chrétien, dédié à la Reine. Par M. l'Abbé Joannet. 1754-1764.
Paris. 1754-1764. Lambert. 46 vol. in-12.

De 1754 à 1757 ce journal a paru sous le titre de :
Lettres sur les ouvrages et œuvres de piété, dédiées à la Reine. Par M. l'Abbé Joannet.

b. — *Ouvrages de Jurisprudence.*

767. — M. *Martini* Lipenii Bibliotheca realis juridica, omnium materiarum, rerum, et titulorum in universo universi juris ambitu occurentium. Ordine alphabetico disposita.
Francofurti ad Mœnum 1679. Fridericus. 1 v. in-f.

768. — Nouvelle bibliothèque historique et chronologique des principaux Auteurs et Interprètes du Droit civil, canonique et particulier de plusieurs États et Provinces, depuis Irnérius, avec les caractères de leurs esprits, et des jugemens sur leurs ouvrages. Ensemble l'Idée d'un bon Juge et d'un bon Maire, et une

— 158 —

Dissertation touchant les Coutumes. Par M. *Denis* Simon. N° éd.
Paris. 1692-95. R. Pepie. 2 vol. in-12.
** — Index des livres de jurisprudence les plus nécessaires à un avocat. Par A. G. Boucher d'Argis.
Voyez : Jurisprudence. N. 5.

769. — Répertoire des ouvrages de législation, de droit et de jurisprudence en matière civile, administrative, commerciale et criminelle, publiés spécialement en France depuis 1789 jusqu'à la fin de Décembre 1858. Avec table analytique et raisonnée des matières. Précédé d'un tableau de l'enseignement et des études dans les facultés de Droit et d'une analyse chronologique des lois, statuts, décrets, règlements et circulaires relatifs à cet enseignement, de 1791 à 1857. Par M. de Fontaine de Resbecq.
Paris. 1859. Durand. 1 vol. in-8.

770. — Bibliographie ou catalogue général et complet des livres de droit et de jurisprudence publiés jusqu'au 1 Mai 1863 ; classé dans l'ordre des Codes, avec une table alphabétique des matières et des noms des auteurs. . . .
Paris. 1863. Cosse et Marchal. 1 vol. in-8.

c. — Ouvrages de sciences.

771. — M. *Martini* Lipenii Bibliotheca realis philosophica omnium materiarum, rerum, et titulorum in universo totius philosophiæ ambitu occurrentium, ordine alphabetico disposita.
Francofurti ad Mœnum. 1682. Fridericus. 2 v. in-f.
** — La bibliographie politique du Sieur Naudé. Traduit du latin par *Ch.* Challine.
Paris. 1642. G. Pelé. 1 vol. in-8.
Voyez : Sciences et arts. N 952.
** — Bibliographie astronomique, avec l'histoire de l'astronomie depuis 1781 jusqu'à 1802. Par *J.* de Le Lande.
Paris. 1803. 1 vol. in-4.
Voyez : Sciences et arts. N. 1829.

772. — Bibliotheca botanica, sive catalogus auctorum et librorum, qui de re botanica, de mendicamentis ex vegetabilibus paratis, de re rustica, et de horticultura tractant, à *Joanne-Francisco* SEGUIERIO digestus. Accessit Bibliotheca botanica *Jo. Ant.* BUMALDI, seu potius *Ovidii* MONTALBANI. Nec non Auctuarium in Bibliothecam botanicam Cl. Seguierii operà *Laur. Theod.* GRONOVII.
Lugduni Batav. 1760. Corn. Haak. 1 vol. in-4.
** — Bibliographie agronomique. Par *V. P.* DE MUSSET-PATHAY.
Paris. 1810. Colas. 1 vol. in-8.
Voyez : Sciences et arts. N. 2556.
** — Bibliographie médicale.
Voyez : Médecine. N. 37 à 54 et 358, et 2532 à 2534.
** — Bibliotheca chimica. Authore *P.* BORELLIO.
Paris. 1654. Du Mesnil. 1 vol. in-12.
Voyez : Sciences et arts. N. 1772.

773. — Essai d'une bibliographie générale des beaux-arts; par *Georges* DUPLESSIS. — (Biographies individuelles. —Monographies. — Biographies générales.)
Paris. 1866. Rapilly. 1 vol. in-8.

774. — Catalogue raisonné d'une collection de livres, pièces et documents, manuscrits et autographes relatifs aux arts de Peinture, Sculpture, Gravure et Architecture. —(Traités théoriques et pratiques. Histoire. Biographies. Ouvrages à figures. Recueils d'estampes. — Costumes et ornements). — Réunie par M. *Jules* GODDÉ. Avec des notes du collecteur.
Paris. 1850. L. Potier. 1 vol. in-8.

775. — Scriptorum de musica medii ævi novam seriem à Gerbertinà alteram collegit nuncque primùm edidit *E.* DE COUSSEMAKER.
Paris. 1864-69. Durand. 3 vol. in-4.

---

d. — *Ouvrages de littérature.*

---

776. — Catalogue des livres composant la bibliothèque poétique de M. VIOLLET LE DUC, avec des notes bibliographiques, biographiques et littéraires sur chacun

des ouvrages catalogués. Pour servir à l'histoire de la poésie en France.
Paris. 1843. Hachette. 1 vol. in-8.

777. - Alliance des arts. — Bibliothèque dramatique de M. de Soleinne. — Catalogue rédigé par *P. L.* Jacob, Bibliophile. (*Paul* Lacroix). — Avec la table des noms d'auteurs et des ouvrages relatifs au théâtre, rédigée par M. Goizet.
Paris. 1843-1845. Alliance des arts. 5 vol. in-8.

<small>M. Goizet avait annoncé une seconde partie de son travail, la table des pièces de théâtre ; elle n'a point paru.</small>

778. — Alliance des arts. — Bibliothèque dramatique de Pont-de-Vesle, formée avec les débris des bibliothèques de Saint-Ange, de Crozat, de Me de Pompadour, etc., continuée par Me de Montesson, possédée depuis par M. de Soleinne, augmentée et remise en ordre par le Bibliophile Jacob (*Paul* Lacroix).
Paris. 1847. Techener. 1 vol. in-8.

779. — Collection théâtrale de M. Joseph Filippi.—Catalogue des livres imprimés et manuscrits.
Paris. 1861. Aubry. 1 vol. in-8.

e. — Ouvrages d'histoire.

** — Bibliothèque universelle des historiens. Par *L. Ellies* Dupin.
Paris. 1707. Giffart. 2 vol. in-8.
Voyez : Histoire. N. 3.

** — Méthode pour étudier l'histoire, avec un catalogue des principaux historiens.... par M. l'Abbé Lenglet des Fresnoy.
Paris. 1727-1729. Gandouin. 4 vol. in-4.
Voyez : Histoire. N. 4.

780. — Bibliotheca historica medii aevi : Wegweiser durch die Geschichtswerke der europäischen Mittelalters von 375-1500. Vollstandiges inhaltsverzeichniss zu *Acta Sanctorum der Bollandisten*. Anhang Quellenkunde für die Geschichte de europäischen Staaten wahrend des Mittelalters von *August* Potthast.
Berlin. 1862. Kastner. 1 vol. in-8.

781. — Bibliographie biographique universelle. Dictionnaire

des ouvrages relatifs à l'histoire de la vie publique et privée des personnages célèbres de tous les temps et de toutes les nations, depuis le commencement du monde jusqu'à nos jours; . . Par *Edouard-Marie* OETTINGER.
Bruxelles. 1854. Stienon. 2 vol. gr. in-8.

782. — Bibliothèque des Autheurs qui ont escrit l'Histoire et Topographie de la France, divisée en deux parties, selon l'ordre des temps, et des matières. Par *André* DU CHESNE. 2e édit.
Paris. 1627. Seb. Cramoisy. 1 vol. in-8.

783. — Bibliothèque historique de la France, contenant le Catalogue de tous les ouvrages, tant imprimez que manuscrits, qui traitent de l'histoire de ce roïaume, ou qui y ont rapport: avec des Notes critiques et historiques. Par *Jacques* LE LONG.
Paris. 1719. Osmont. 1 vol. in-fol.

784. — Bibliothèque historique de la France, . . . par feu *Jacques* LE LONG. — Nouvelle édition revue, corrigée et considérablement augmentée par M. FEVRET DE FONTETTE.
Paris. 1775-1778. Hérissant. 5 vol. in-fol.

** — Bibliothèque impériale. — Département des imprimés. — Catalogue de l'histoire de France.
Paris. 1855-70. F. Didot fr. 10 vol. in-4.
Voyez plus loin : N. 879.

** — Bibliothèque des Croisades, par M. MICHAUD.
Paris. 1829. Ducollet. 4 vol. in-8.
Voyez : Histoire. N. 1123.

785. — Bibliographie des Mazarinades, publiée pour la Société de l'Histoire de France, par *C.* MOREAU.
Paris. 1850-1851. J. Renouard. 3 vol. in-8.

786. — Catalogue des ouvrages relatifs aux États généraux, qui ont paru depuis l'Arrêt du Conseil du mois de Juillet 1788.
S. n. n. l. 1789. 1 vol. in-8.

787. — Recherches bibliographiques sur le département de l'Aisne. Catalogue et table des livres, chartes, lettres-patentes, édits, arrêts, lois, biographies, no-

tices et documents imprimés concernant le département de l'Aisne, par *C.* Perin.
Soissons. 1866-67. Cervaux. 2 vol. in-8.

788. — Bibliographie historique de la Compagnie de Jésus, ou catalogue des ouvrages relatifs à l'histoire des Jésuites depuis leur origine jusqu'à nos jours. Par le P. *Auguste* Carayon.
Paris. 1864. Durand. 1 vol. in-4.

D. — *Ouvrages anonymes et pseudonymes.* — *Plagiaires.*

789. — Auteurs déguisez sous des noms étrangers, empruntez, supposez, feints à plaisir, chiffrez, renversez, retournez, ou changez d'une langue en une autre. (Par *Adrien* Baillet).
Paris. 1690. Dezallier. 1 vol. in-12.

790. — *Vincentii* Placcii Theatrum anonymorum et pseudonymorum, ex symbolis et collatione Virorum per Europam doctissimorum ac celeberrimorum, post Syntagma dudum editum, summà beati Auctoris curà reclusum, et benignis auspiciis summè Rev. ac Consultiss. viri Dn. *Matthiæ* Dreyeri, cujus et Commentatio de summà et scopo hujus operis accedit.... Præmissa est Præfatio et Vita Auctoris. Scriptore *Jo. Alberto* Fabricio.
Hamburgi. 1708. G. Liebernickelius. 1 vol. in-fol.

791. — *Christophori-Augusti* Heumanni de libris anonymis ac pseudonymis schediasma complectens observationes generales et spicilegium ad Vincentii Placcii Theatrum anonymorum et pseudonymorum.
Ienæ. 1711. Bielckius. 1 vol. in-8.

792. — Dictionnaire des ouvrages anonymes et pseudonymes, composés, traduits ou publiés en français, avec les noms des Auteurs, Traducteurs et Éditeurs ; accompagné de Notes historiques et critiques ; par *Ant. Alex.* Barbier.
Paris. 1806-1809. 4 vol. in-8.

793. — Même ouvrage. 2ᵉ édit.
Paris. 1822-1827. Barrois. 4 vol. in-8.
794. — Nouveau recueil d'ouvrages anonymes et pseudonymes, par M. DE MANNE.
Paris. 1834. Gide. 1 vol. in-8.
795. — Les supercheries littéraires dévoilées. Galerie des auteurs apocryphes, supposés, déguisés, plagiaires et des éditeurs infidèles de la littérature française pendant les quatre derniers siècles : ensemble les industriels littéraires et les lettrés qui se sont anoblis à notre époque. Par M. *J. M.* QUÉRARD.
Paris. 1847-53. L'Éditeur. 5 vol. in-8.
796. — Dictionnaire des ouvrages polyonymes et anonymes de la littérature française. — 1700 à 1845. — Par *J. M.* QUÉRARD.
Paris. 1854. L'Éditeur. 1 vol. in-8.
Cet ouvrage n'a point été continué; il s'arrête à la page 240, au n. 2673.

797. — *Thomæ* CRENII de furibus librariis dissertatio epistolica II.
Lugduni Batav. 1708. 1 vol. in-8.
798. — Moyen de parvenir en littérature, ou mémoire à consulter sur une question de propriété littéraire, dans lequel on prouve que le sieur Malte-Brun, se disant Géographe Danois, à copié littéralement une grande partie des Œuvres de M. Gosselin, ainsi que de celles de MM. Lacroix, Walckenaer, Pinkerton, Puissant, etc., et les a fait imprimer et débiter en son nom.... Par *Jean Gabriel* DENTU.
Paris. 1811. Dentu. 1 vol. in-8.

E. — *Ouvrages condamnés.*

799. — R. P. *Theophili* RAYNAUDI Erotemata de malis ac bonis libris, deque justa aut injusta eorumdem confixione. Cum indicibus necessariis.
Lugduni. 1653. Huguetan. 1 vol. in-4.
800. — Index expurgatorius librorum qui hoc sæculo prodierunt, vel doctrinæ non sanæ erroribus inspersis,

vel inutilis et offensivæ maledicentiæ fellibus permixtis, juxta sacri Concilii Tridentii decretum : Philippi II Regis Catholici jussu et auctoritate, atque Albani Ducis concilio ac ministerio in Belgia concinnatus; anno MDLXXI. — Accesserunt huic editioni, Excepta aliorum librorum expurgatorum, qui in Indice hoc Belgico desiderabantur, ex Indice Hispanico, Ill. ac Rev. D.D. Gasparis Quiroga, Card. Hispan. generalis Inquisitoris jussu edito, de Concilio supremi Senatus S. generalis Inquisitionis.
Argentorati. 1609. Zetznerus. 1 vol. in-8.

** — Catalogue des livres défendus. Avec les règles establies par les Pères députez par le S. Concile de Trente. — Mis premièrement en lumiére par le commandement de Pie IV, puis augmenté par Sixte V. Et enfin corrigé et publié par mandement de Clément VIII.
Paris. 1615. Cramoisy. 1 vol. in-8.

Voyez : Théologie. N. 1823.

** — Index librorum prohibitorum auctoritate Pii IV primum editus. Postea verò à Sixto V auctus. Et nunc demum S. D. N. Clementis Papæ VIII jussu recognitus et publicatus
Antuerpiæ. 1617. Belleri. 1 vol. in-16.

Voyez : Théologie. N. 1815.

801. — Index librorum prohibitorum et expurgatorum Ill. ac R. D. D. *Bernardi* DE SANDOVAL et ROXAS Card. et Archiep. Tolet. Hisp. Generalis Inquisitoris, auctoritate et jussu editus. De consilio supremi Senatus S. generalis Inquisitionis Hispaniarum.
Genevæ. 1620. Crispinus. 1 vol. in-4.

802. — Novissimus librorum prohibitorum et expurgandorum index. Pro Catholicis Hispaniarum Regnis, Philippi IV, Reg. Cath. Anno 1640. Jussu ac studiis Ill. ac Rev. D. D. *Antonii* à SOTO MAJOR recognitus.
Madriti. 1640. Did. Diaz. 1 vol. in-fol.

803. — Idem opus.
Madriti. 1667. Did. Diaz. 1 vol. in-fol.

804. — Index auctorum et librorum, qui tanquam hæretici, aut suspecti, aut perniciosi, ab Officio S. Ro. Inquisitionis reprobantur, et in universa Christiana republica interdicuntur.
Romæ. 1657. Bladus. 1 vol. in-4.

805. — Index librorum prohibitorum Alexandri VII Pontificis Maximi jussu editus. Actorum XIX. Multi autem ex eis qui fuerant curiosa sectati, contulerunt libros et combusserunt coram omnibus. (Edidit *Vencentius* Fano).
Romæ. 1667. Typograp. Cam. Apost. 1 vol. in-fol.
806. — Index librorum prohibitorum Clementis X Pontificis Maximi jussu editus. (Curante *Vincentio* Fano).
Romæ. 1670. Typog. Camer. Apost. 1 vol. in-8.
807. — Index librorum prohibitorum Innocentii XI. Pont. Max. jussu editus. (Curante *Jacobo* Riccio).
Romæ. 1683. Typ. Camer. Apost. 1 vol. in-8

Chapitre III. — Bibliographie périodique.

a. — Périodiques français.

808. — Le Journal des Sçavans (commencé par le Sieur de Hedouville (*Denis* de Salo) et l'Abbé J. Galloys).
Paris. 1665-1792. 111 vol. in-4.
Il manque 1761, 1766, 1769, 1775, 1776, 1778, 1780; le numéro de Janvier 1774; les années 1783 à 1792 inclus et 1797.
809. — Table générale des matières contenues dans le Journal des Savans de l'édition de Paris, depuis l'année 1665 qu'il a commencé, jusqu'en 1750 inclusivement, avec les noms des Auteurs, les Titres de leurs ouvrages, et l'extrait des Jugemens qu'on en a portés. (Par l'Abbé *André* de Claustre). Suivi d'un Mémoire historique sur le Journal des Savans, et d'une Notice des Journaux formés à l'imitation de celui-ci.
Paris. 1753-1764. Briasson. 10 vol. in-4.
810. — Le Journal des Savants.
Paris. 1816-1872. Impr. roy. imp. nat. 56 vol. in-4.
811. — Table méthodique et analytique des articles du Journal des Savants depuis sa réorganisation en 1816 jusqu'en 1858 inclusivement, précédée d'une Notice

historique sur ce journal depuis sa fondation jusqu'à nos jours. Par *Hippolyte* Cocheris.
Paris. 1860. Durand. 1 vol. in-4.

812. — Le Journal des Sçavans.(Augmenté de divers articles tirez des Mémoires de Trévoux). De 1665 à 1717.
Amsterdam. 1685-1717. 61 vol. in-12.

813. — Le Journal des Sçavans. De 1724 à 1727.
Paris. 1724-1727. Pissot et Chaubert. 14 vol. in-12.

814. — Nouvelles de la République des lettres. (De Mars 1684 à Juin 1718) (Par *P.* Bayle, *Daniel* de la Roque, *J.* Barrin, *J.* Bernard et *J.* Le Clerc.)
Amsterdam. 1686-1718. 43 vol. in-12.

815. — Bibliothèque universelle et historique, (commencée en l'année 1686 et continuée jusqu'en 1693, par *J.* Le Clerc, C. de la Croze et *J.* Bernard).
Amsterdam. 1687-1693. Wolfgang. 25 vol. in-12.

816. — Bibliothèque choisie, pour servir de suite à la Bibliothèque universelle, (avec les tables générales des auteurs et des matières.) Par *Jean* Le Clerc.
Amsterdam. 1713-18. H. Schelte. 28 vol. in-12.

817. — Bibliothèque ancienne et moderne, pour servir de suite aux Bibliothèques universelle et choisie Par *Jean* Le Clerc. (De 1714-1727. Avec les tables).
La Haye. 1726-30. P. Husson. 29 vol. in-12.

818. — Histoire des ouvrages des Sçavans, par M. B***(*Henry* Basnage de Beauval. De Septembre 1687 jusqu'en Mars 1709).
Rotterdam. 1687-1709. R. Leers. 25 vol. in-12.

819. — Bibliothèque raisonnée des ouvrages des Savans de l'Europe. (De Juillet 1728 à Décembre 1748. Par *P.* Massuet, *J. J.* S'Gravesande, *L.* de Jaucourt, *Arm.* de la Chapelle, *J.* Barbeyrac et *P.* Des Maizeaux. Avec la table générale des matières des 25 premiers volumes).
Amsterdam. 1728-48. Wetsteins. 42 vol. in-12.

820. — Les cinq années littéraires, ou lettres de M. (*Pierre*)

Clément, sur les ouvrages de littérature qui ont paru dans les années 1748, 1749, 1750, 1751 et 1752.
Berlin. 1755. 2 vol. in-12.

821. — L'Année littéraire ou suite des lettres sur quelques écrits de ce temps, par M. Fréron.
Amsterdam. Paris. 1754-1778. 198 vol. in-12.

822. — Annales typographiques, ou notice du progrès des connoissances humaines ; dédiées à Mgr le Duc de Bourgogne. Par une Société de gens de lettres (Morin-d'Hérouville, J. Goulin, J. B. Ladvocat et Aug. Roux.)
Paris. 1760-1761. Vincent. 4 vol. in-8.

823. — Le Censeur hebdomadaire. Par M. d'Aquin. Année 1761 et année 1762.
Utrecht. Paris. 1761-1762. Dufour. 8 en 4 vol. in-8.

824. — Journal encyclopédique, par une Société de gens de lettres.
Liége. 1756-59. Bouillon. 1760-1774. 152 vol. in-12.
Ce journal commencé en 1756 par l'Abbé Prévost, P. Rousseau et P. de Morand, etc. était dédié à S. A. S. et Em. Jean-Théodore, Duc de Bavière, Card. Evêque et Prince de Liége ; il fut continué de 1769 à 1793 par les frères Castillon, Bret, Chamfort, Duruflé, etc., et dédié à S. A. S. Mgr le Duc de Bouillon.

825. — Journal littéraire par M. J. M. B. Clément, de Dijon. (Du 15 Messidor an IV au 20 Juillet 1797.
Paris. 1796-1797. Forget. 1 vol. in-8.
Ce volume contient les n. 1 à 12, 32 et 35 à 44 de ce journal.

826. — Revue encyclopédique ou analyse raisonnée des productions les plus remarquables dans la Littérature, les Sciences et les Arts, par une réunion de membres de l'Institut et d'autres hommes de lettres.
Paris. 1819-1833. Baudouin frères. 60 vol. in-8.
Les tomes I à XLIX furent publiés par A. Jullien de Paris, les tomes L et LI par A. Jullien et Anselme Petetin, le tome LII par Hipp. Carnot, et les suivants par Hipp. Carnot et Pierre Leroux.

827. — Table décennale de la Revue encyclopédique, ou répertoire général des matières contenues dans les quarante premiers volumes de ce recueil (de 1819 à 1829). Mis en ordre et rédigé par P. A. M. Miger.
Paris. 1831. Sédillot. 2 vol. in-8.

828. — Annales de la littérature et des arts, Journal de la Société des bonnes lettres.
Paris. 1820-1829. 34 vol. in-8.

829. — Mémorial universel de l'Industrie française, des Sciences et des Arts. Dédié au Roi.
Paris. 1820-22. 7 vol. in-8.
Le 7ᵉ vol. a pour titre :
Journal universel, journal du Cercle des Arts.
Le premier volume manque.

830. — Bulletin général et universel des annonces et des nouvelles scientifiques; publié sous la direction de M. le Baron DE FÉRUSSAC.
Paris. 1823-1831. 170 vol. in-4.
Après la publication des 4 premiers volumes, le bulletin fut divisé en 8 sections.
1º Bulletin des sciences mathématiques, physiques et chimiques, 16 vol.; — 2º des sciences naturelles, 27 vol.; — 3º des sciences médicales, 27 vol.; — 4º des sciences technologiques, 19 vol.; — 5º des sciences agricoles et économiques, 19 vol.; — 6º des sciences géographiques, 28 vol.; — 7º des sciences historiques, 19 vol.; — 8º des sciences militaires, 11 vol.

831. — Bulletin du bibliophile, publié par *J.* et *L.* TECHENER.
Paris. 1834-1865. Techener. 32 vol. in-8.
Il manque 1847 et 1854.

832. — Revue de bibliographie analytique, ou compte-rendu des ouvrages scientifiques et de haute littérature, publiés en France et à l'étranger ; paraissant tous les mois. Par MM. MILLER et AUBENAS.
Paris. 1840-1845. Benj. Duprat. 6 vol. in-8.
Le tome I (1840) et Juin 1842 manquent.

833. — Nouvelle revue encyclopédique publiée par MM. *Firmin* DIDOT frères, avec le concours de plusieurs savants et littérateurs français et étrangers . . . (De Mai 1846 à Décembre 1847). Rédacteurs en chef: MM. *Noël* DES VERGERS et *Jean* YANOSKI).
Paris. 1846-1848. F. Didot fr. 5 vol. in-8.

834. — L'Athenæum français, revue universelle de la littérature, de la science et des beaux-arts. Fondé et dirigé par MM. *Ed.* DELESSERT, *L.* VIVIEN DE SAINT-MARTIN,

F. DE SAULCY, *A. F.* DIDOT, A. DE LONGPÉRIER, *Noël* DES VERGERS, *L.* LALANNE.
Paris. 1852-1856. 5 vol. in-4.
Cette Revue dura du 3 Juillet 1852 au 26 Juillet 1856.

835. — Revue critique d'histoire et de littérature publiée sous la direction de MM. P. MEYER, *Ch.* MOREL, *G.* PARIS, *H.* ZOTENBERG, *M.* BRÉAL. Secrétaire de la Rédaction M. *Aug.* BRACHET.
Paris. 1866-1872. A. Franck. 12 vol. in-8.

b. — Périodiques étrangers.

836. — Acta Eruditorum, ab anno MDCLXXXII ad annum MDCXXXI publicata (ab *O.*, *J.* et *F.* MENCKEN).
Lipsiæ. 1682-1732. Grossius. 50 vol. in-4. Pl.
Les années 1725 et 1730 manquent.

. — Nova acta Eruditorum, anno MDCCXXXII publicata.
Lipsiæ. 1732. Bretkopfius. 1 vol. in-4.

. — Actorum Eruditorum quæ Lipsiæ publicabantur Supplementa.
Lipsiæ. 1692-1724. Grossius. 8 vol. in-4.
Le tome VII manque.

. — Indices generales auctorum et rerum Actorum Eruditorum nec non Supplementorum. Tomi I et II.
Lipsiæ. 1693-1714. 2 vol. in-4.
Collection incomplète.

837. — The north american review.
Boston. 1833. Bowen. 2 vol. in-8.
Ce sont les tomes XXXVI et XXXVII de cette revue.

IVᵉ SECTION.

BIBLIOTHÉCONOMIE.

a. — Des bibliothèques en général.

838. — *Justi* LIPSII de bibliothecis syntagma.
Antuerpiæ. 1602. Joan. Moretus. 1 vol. in-4.

839. — Essai sur la bibliographie, et sur les talens du Bibliothécaire. (Par Parent l'aîné).
Paris. An IX. Imp. lib. chrétienne 1 vol. in-8.

840. — Le guide du bibliothécaire dans les Colléges et les Communautés, ou méthode de classement et d'organisation d'une bibliothèque considérable, spécialement dans un établissement religieux. Par le P. A. Pourcelet. (Extrait d'abord du tome X de la *Bibliographie catholique*, puis considérablement augmenté dans cette seconde édition.)
Paris. 1856. A. Le Clere. 1 vol. in-8.

841. — Principes pour l'organisation et la conservation des grandes bibliothèques. Par *B.* Sobolstchikoff.
Paris. 1859 Ve J. Renouard. 1 vol. in-18.

842. — Essai sur la formation d'un catalogue général des livres et manuscrits existant en France à l'aide de l'immatriculation. Par *J. B.* Hébert.
Paris. 1848. Cormon et Comp. 1 vol. in-8.

843. — Collection de décrets, instructions, rapports relatifs à l'établissement des Bibliothèques et des Musées dans les départements.
1 vol. in-4 contenant :

1 — Décret du 8 Pluviose an II, relatif à l'établissement de bibliothèques publiques dans les Districts.

2 — Instruction sur la manière d'inventorier et de conserver, dans toute l'étendue de la République, tous les objets qui peuvent servir aux arts, aux sciences, et à l'enseignement, proposée par la Commission temporaire des arts, et adoptée par le Comité d'Instruction publique de la Convention nationale. (Par Vicq d'Azyr et Dom Poirier).

3 — Décret de la Convention nationale du 18 Pluviôse an II, qui nomme les membres de la Commission temporaire des arts, et désigne les inventaires dont ils seront respectivement chargés.

4 — Les Comités des Domaines et d'Instruction publique de la Convention nationale, aux Citoyens composant l'administration du District de . . . . Circulaire relative aux jardins botaniques. Signée Villar, président du Comité d'Instruction publique, et A. Besson, président du Comité des Domaines,

5 — Le Comité d'Instruction publique de la Convention nationale aux administrateurs du District de. . . , (Circulaire relative à l'Instruction n. 2. Signée Villars, président, et Plaichard, secrétaire.
Paris. An II. Impr. nat. in-4.

6 — Instruction concernant la conservation des manuscrits, chartes, sceaux,

livres imprimés, monumens de l'antiquité et du moyen-âge, statues, tableaux, dessins, et autres objets relatifs aux beaux-arts, aux arts mécaniques, à l'histoire naturelle, aux mœurs et usages des différens peuples, tant anciens que modernes, provenant du mobilier des maisons ecclésiastiques, et faisant partie des biens nationaux. (Signée La Rochefoucauld, président du Comité d'aliénation; G. Bouteville, secrétaire; Dionis, président du Comité ecclésiastique; Gerle, secrétaire. — 15 Décembre 1790.

Paris. 1790. Impr. nat. in-8.

7 — Instruction concernant les châsses, reliquaires et autres pièces d'orfèvrerie provenant du mobilier des maisons ecclésiastiques, et destinées à la fonte. Signé Massieu, président du Comité ecclésiastique; Despaty de Courteilles, secrétaire; De La Rochefoucauld, président du Comité d'aliénation; Pougeard de Limbert, secrétaire.— 20 Mars 1791.

Paris. 1791. Impr. nat. in-8.

8 — Instruction pour procéder à la confection du Catalogue de chacune des bibliothèques sur lesquelles les Directoires ont dû ou doivent incessamment apposer les scellés. (Mêmes signatures).

Paris. 1791. Impr. nat. in-8.

9 — Instruction pour la manière de faire les états et notices des monumens de peinture, sculpture, gravure, dessins, etc.; provenant du mobilier des maisons ecclésiastiques supprimées, et dont l'envoi est demandé promptement par les comités réunis d'administration ecclésiastique et d'aliénation des biens nationaux. (Signée Lanjuinais, président du Comité ecclésiastique, ...)

Paris. 1791. Impr. nat. in-8.

10 — Rapport sur les bibliothèques nationales par *J. M.* Coupé (de l'Oise).

11 — Procès-verbal de la 1re, de la 2e et de la 3e séance (17, 18 et 19 Pluviose an II) du jury des arts, nommé par la Convention nationale, et assemblé dans une des salles du Muséum, en vertu des décrets des 9 et 25 jours de Brumaire an II, pour juger les ouvrages de peinture, sculpture et architecture mis au concours pour obtenir le prix.

Paris. 1791. Impr. nat. in-8.

12 — Convention nationale. Instruction publique. Rapport sur les destructions opérées par le Vandalisme, et sur les moyens de le réprimer. Par Grégoire, séance du 14 Fructidor, an II, suivi du décret de la Convention nationale.

13 — Journal des débats et des décrets. N. 766. Séance du octidi 8 Brumaire an III. — Discours de Grégoire au nom du Comité d'Instruction publique sur de nouveaux actes de Vandalisme.

14 — Instruction pour la formation des bibliothèques dans les départemens. Par le Ministre de l'Intérieur Benezech.

Paris. An III. Impr. de la République. in-8.

15 — Prospectus du Manuel du bibliothécaire. Par *G.* Peignot. Vesoul. 13 Thermidor. An VII

16 — Cours élémentaire de Bibliographie, ou la science du bibliothécaire,

Ouvrage mis à la portée des Élèves des Lycées et des Écoles secondaires. Par *C. F.* ACHARD.
Marseille. 1806. J. Achard. in-8. (3 feuilles du t. I.)

844. — Bibliographie instructive : ou traité de la connoissances des livres rares et singuliers. Disposé par ordre de matières et de facultés, suivant le système bibliographique généralement adopté ; avec une Table générale des Auteurs, et un système complet de Bibliographie choisie. Par *Guil.-François* DE BURE.
Paris. 1763. G. F. De Bure. 7 vol. in-8.

845. -- Dictionnaire bibliographique, historique et critique des livres rares, précieux, singuliers, curieux, estimés et recherchés qui n'ont aucun prix fixe, tant des auteurs connus que de ceux qui ne le sont pas, soit manuscrits, avant et depuis l'invention de l'Imprimerie ;.. Suivi d'un Essai de Bibliographie, où il est traité de la connoissance et de l'amour des livres.... (Par *Ch.-And.* CAILLEAU et l'Abbé DUCLOS. Avec un Supplément par *J. Ch.* BRUNET).
Paris. 1790. Cailleau. 1802. Delalain. 4 vol. in-8.

846. — Dictionnaire portatif de bibliographie, contenant plus de 17,000 articles de livres rares, curieux, estimés et recherchés, avec les marques connues pour distinguer les éditions originales des contrefactions qui en ont été faites, et des notes instructives sur la rareté ou le mérite de certains livres. . . Suivi du Catalogue des éditions *cum notis Variorum, ad usum Delphini*, et de celles imprimées par les Aldes, les Elzévirs, Baskerville, etc. Par *F. I.* FOURNIER.
Paris. 1805. Fournier frères. 1 vol. in-8.

847. — Manuel du bibliophile, ou traité du choix des livres, contenant des développemens sur la nature des ouvrages les plus propres à former une collection précieuse.... Par *Gabriel* PEIGNOT.
Dijon. 1823. Lagier. 2 vol. in-8.

848. — Manuel du libraire, et de l'amateur des livres, contenant 1° un nouveau dictionnaire bibliographique ;

2° une table en forme de catalogue raisonné. Par *Jacq. Charles* Brunet. 3ᵉ édit.
Paris. 1820. Crapelet. 4 en 2 vol. in-8.

849. — Nouvelles recherches bibliographiques, pour servir de supplément au Manuel du libraire et de l'amateur de livres, par *J. C.* Brunet.
Paris. 1834. Silvestre. 3 vol. in-8.

850. — Manuel du libraire et de l'amateur des livres... Par *Jacques Charles* Brunet. 4ᵉ édit.
Paris. 1842-1844. Silvestre. 5 vol. in-8.

851. — Coup-d'œil éclairé d'une bibliothèque, à l'usage de tout possesseur de livres. (Par *J. M.* Cels et *A. M.* Lottin).
Paris. 1773. Lottin. 1 vol. in-8.

b. — *Histoire des Bibliothèques.*

852. — Traitté des plus belles bibliothèques de l'Europe. Des premiers livres qui ont été faits. De l'invention de l'Imprimerie. Des Imprimeurs. De plusieurs livres qui ont été perdus et recouvrez par les soins des Sçavans. Avec une Méthode pour dresser une bibliothèque. Par le Sieur Le Gallois.
Paris. 1680. E. Michallet. 1 vol. in-12.

853. — Même ouvrage.
Amsterdam. 1697. P. Mortier. 1 vol. in-12.

854. — Bibliotheca Apostolica Vaticana à Sixto V. Pont. Max. in splendidiorem, commodioremque locum translata, et à Fratre *Angelo* Roccha *à Camerino*, commentario variarum Artium, ac Scientiarum materiis curiosis, ac difficillimis, scituque dignis refertissimo, illustrata.
Romæ. 1591. Typog. Vaticana. 1 vol. in-4.

855. — Essai historique sur la Bibliothèque du Roi, et sur chacun des dépôts qui la composent, avec la Description des Bâtimens, et des objets les plus curieux à voir dans ces différens dépôts. (Par *Th. Nic.* Le Prince aîné.
Paris. 1782. Belin. 1 vol. in-12.

856. — Rapport sur les pertes éprouvées par les bibliothèques publiques de Paris en 1870-1871, adressé à M. le Ministre de l'Instruction publique, par M. BAUDRILLART, Inspecteur général des Bibliothèques.
Paris. 1871. P. Dupont. in-8.

857. — Rapports au Ministre de l'Instruction publique sur les bibliothèques des départements de l'Ouest, suivis de pièces inédites, par M. *Félix* RAVAISSON.
Paris. 1841. Joubert. 1 vol. in-8.

858. — Lettres-patentes et statuts pour la Bibliothèque de l'Université de Caen.
Caen. 1731. Cavelier. in-4.

859. — Rapport sur la bibliothèque de la ville de Calais, adressé à M. Legros-Devot, Maire. (Par *H. J.* DE RHEIMS, Bibliothécaire-archiviste de la ville.
Calais. 1844. Le Roy. in-4.

860. — Recherches sur l'ancienne bibliothèque de Corbie. Par *Léopold* DELISLE.
Paris. 1860. Durand. 1 vol. in-8.

861. — Notice sur la bibliothèque publique de la ville de Moulins.
Moulins. 1832. Place-Bujon. 1 vol. in-12.

862. — Notice historique sur la bibliothèque publique de la ville de St-Omer. Par *H.* PIERS.
Lille. 1840. V⁰ Libert-Petitot. in-8.

. — Opinions des journaux du Nord et du Pas-de-Calais sur la Notice historique sur la bibliothèque publique de St-Omer, et le Catalogue des manuscrits de la bibliothèque de St-Omer concernant l'histoire de France. Avec des notes de l'Auteur (*H.* PIERS).
Aire. 1841. Poulain. in-8.

863. — Geschichte der Wasserkirche und der Stadtbibliothek in Zürich. Von *Salomon* VOGELIN.
Zürich. 1848. Orell und Füssli. 1 vol. in-4. Pl.

864. — Geschichte der kaiserl. konigl. Hofbibliothek zu Wien. Von *Ig. Fr.* EDLEN VON MOSEL.
Wien. 1835. Fr. Beck. 1 vol. in-8.

865. — Réponse de M. LIBRI au rapport de M. Boucly pu-

blié dans le Moniteur universel du 19 Mars 1848.
Paris. 1848. Plon fr. in-8.

866. — Lettre à M. de Falloux, Ministre de l'Instruction publique et des Cultes, contenant le récit d'une odieuse persécution et le jugement porté sur cette persécution par les hommes les plus compétents et les plus considérables de l'Europe; suivie d'un grand nombre de documents relatifs aux spoliations qui ont eu lieu, à différentes époques, dans les bibliothèques et les archives de France. Par *G.* Libri.
Paris. 1849. Paulin. 1 vol. in-8.

867. — Lettre à M. Paul Lacroix (Bibliophile Jacob), contenant: un curieux épisode de l'histoire des Bibliothèques publiques, avec quelques faits nouveaux relatifs à M. Libri et à l'odieuse persécution dont il est l'objet; par *Achille* Jubinal.
Paris. 1849. Paulin. in-8.

868. — Lettre à M. Naudet en réponse à quelques passages de sa lettre à M. Libri. Par *A. C.* Cretaine, libraire.
Paris. 1849. Durand. in-8.

869. — Lettre au Bibliophile Jacob au sujet de l'étrange accusation intentée contre M. Libri, contenant des recherches sur les livres à la reliure de Grolier, sur les volumes elzéviriens non rognés et sur quelques particularités bibliographiques. Par *Gustave* Brunet.
Paris. 1849. Paulin. in-8.

870. — Un nouvel épisode de l'affaire Libri ou lettre à M. le Directeur du Journal l'Athenæum. Par *A.* Jubinal.
Paris. 1851. Didron. in-8.

871. — Réponse de M. *Achille* Jubinal aux observations du Conservatoire de la Bibliothèque nationale sur une brochure relative à un autographe de Montaigne.
Paris. 1850. Panckoucke. in-8.

** — On trouve généralement en tête des catalogues des bibliothèques des villes une notice sur ces bibliothèques.

872. — Rapport général sur la situation de la bibliothèque royale (de Bruxelles) présenté à M. le Ministre de

l'Intérieur par M. ALVIN,Conservateur en chef (le 14 Octob. 1854, le 26 Déc. 1856, le 29 Déc. 1858.)
Bruxelles. 1854-1859. Deltombe. 3 pièces. in-8.

873. — City documents — City of Boston. II, III, IV, V. VIII, IX. XII, XIII, XIV, XV. XVII. XVIII, XIX, XX, annual report of the Trustees of the Public Library.
Boston. 1854-72. 1 vol. in-8.

874. — Circular to the Patrons of the Bowditch Library; with the documents on the occasion of its being presented to the Public Library of the City of Boston, August 28, 1858.
Boston. 1858. J. Wilson and Son. in-8.

875. — A memorial of Joshua Bates, from the City of Boston. Printed by order of the City Council.
Boston. 1865. 1 vol. in-8. Port.

876. — Presentation of a bust and portrait of Joshua Bates, Esq., to the Public Library of the City of Boston, by his daughter Mrs Elizabeth Van de Weyer.
Boston. 1866. Mudge and Son. in-4.

877. — Boston Public Library, founded 1852. — Handbook for readers, with regulations. — First edition. — August, 1872.
Boston. 1872. Rockwell and Churchill. 1 vol. in-16.

c. — *Catalogues de bibliothèques publiques de France.*

878. — Catalogue des livres imprimez de la Bibliothèque du Roy. (Par l'Abbé *Cl.* SALLIER, l'Abbé *P. J.* BOUDOT, avec un Discours préliminaire par *J.B.* JOURDAN).
Paris. 1739-1753. Imprimerie royale. 6 vol. in-fol.
Théologie, 3 vol. — Belles-Lettres, 2 vol.— Jurisprudence, 1 vol.

879. — Catalogues de la bibliothèque impériale. — Département des imprimés. — (Publiés sous la direction de M. J. TASCHEREAU.)
Paris. 1855-1870. 11 vol. in-4.
Les suivants ont été publiés :
Catalogue de l'Histoire de France.
Paris. 1855-1870. Impr. imp. 10 vol.

** — Catalogue des sciences médicales.
Paris. 1857. F. Didot. fr. 1 vol.

880. — Catalogue de la bibliothèque communale d'Abbeville, suivi d'une table générale alphabétique des noms des auteurs et des titres des ouvrages anonymes. (Par M. *F. C.* LOUANDRE.)
Abbeville. 1836-1837. Boulanger. 2 vol. in-8.

881. — Catalogue méthodique de la bibliothèque communale de la ville d'Amiens. Par M. *J.* GARNIER.
Amiens. 1854-1872. 10 vol. in-8.

Ce catalogue se compose des volumes suivants :
I. Polygraphie. — Histoire littéraire. — Bibliographie. 1872. 1 vol. Imp. H. Yvert. — II. Théologie. 1869-70. 2 vol. Imp. E. Yvert. — III. Jurisprudence. 1864. 1 vol. Imp. Lambert-Caron. — Sciences et arts. 1859. 1 vol. Vᵉ Herment. — V. Médecine. 1853. 1 vol. Imp. Duval et Herment. — VI. Belles-Lettres. 1854. 1 vol. Imp. Duval et Herment. — VII. Histoire des religions. 1862. 1 vol. Imp. Caron et Lambert. — VIII. Histoire 1856-57. 2 vol. Imp. Duval et Herment.

La première partie du volume Médecine est le catalogue de la bibliothèque de M. le Docteur Baudelocque, membre de l'Académie royale de Médecine, que ses frères ont donnée à la ville d'Amiens en 1851, suivant le désir qu'il en avait exprimé.

Auguste-César BAUDELOCQUE, né à Hailles (Somme), le 9 Octobre 1795, est mort à Boves le 20 Mai 1851.

Le reste de ce volume contient le catalogue de ce que possédait la bibliothèque, augmenté des ouvrages légués par M. le Docteur Le Merchier, ancien Maire.

Charles-Gabriel LE MERCHIER, né à Péronne, le 13 Août 1769, est mort à Amiens le 7 Mars 1853.

882. — Bibliothèque communale de la ville d'Amiens. Catalogue de la bibliothèque léguée par M. Cozette. (Par M. *J.* GARNIER). (Avec un Fac-Simile d'un extrait du Testament du donateur).
Amiens. 1854. Duval & Herment. 1 vol. in-8.

Louis-Jacques-Alexandre COZETTE, né à Amiens, le 17 Août 1766, y mourut le 22 Mars 1842.

883. — Catalogue de la bibliothèque de M. le Comte Charles de l'Escalopier, publié par les soins de *J. F.* DELION. Avec une Notice sur sa vie (par M. *Anat.* DE MONTAIGLON), des notes historiques, littéraires, biographiques et bibliographiques (par MM. *L.* PARIS, *A.* DE MONTAIGLON, *P.* JANNET, *H.* FISQUET et TOULOUSE),

une table des noms d'auteurs, des ouvrages anonymes et des matières, par M. *Anat.* de Montaiglon ; une notice des objets antiques et du moyen-âge (joints à cette bibliothèque) par M. *Arthur* Forgeais.
Paris. 1866-67 J. F. Delion. 3 vol. in-8. Port.

<small>Cette bibliothèque a été donnée à la ville d'Amiens par Madame la Comtesse de L'Escalopier le 27 Mars 1870.</small>

<small>*Marie-Charles-Joseph* Comte de L'Escalopier, né à Liancourt-Fosse (Somme), le 9 Avril 1812, y mourut le 11 Octobre 1861.</small>

884. — Catalogue des livres de la bibliothèque de la ville de Beauvais, dressé sous les auspices et pendant la mairie de M. de Nully d'Hécourt, par MM. Maurice, bibliothécaire, et D. J. Tremblay, bibliothécaire honoraire. — (Avec 10 suppléments).
Beauvais. 1819-1856. Desjardins. 1 vol. in-8.

<small>Les suppléments ont été publiés en 1819, 21, 26, 29, 32, 34, 37, 38. 43 et le 10° en 1856.</small>

885. — Catalogue des livres imprimés de la bibliothèque de la ville de Besançon. (Par M. *Ch.* Weiss.)—Histoire. — Belles-Lettres.
Besançon. 1842-1846. Sainte Agathe. 2 vol. in-4.

886. — Catalogue des livres composant la bibliothèque de la ville de Bordeaux. (Par M. Monbalon).
Paris. 1830-1842. Imprimerie royale. 6 vol. in-8.
<small>Sciences et arts, 1830.— Histoire, 1832.— Jurisprudence, 1834.—Belles-Lettres, 1837. — Théologie, 1842.</small>

887. — Catalogue des livres composant la bibliothèque de la ville de Bordeaux. (Supplément. Par M. *I.* Delas. Précédé d'une Notice historique sur la fondation et les accroissements successifs de la bibliothèque ; par M. Bernadau).
Bordeaux. 1847-1856. Durand. 1 vol. in-8.

<small>Belles-Lettres. 1847. — Sciences et arts. 1848. — Histoire, 1851. — Musique. 1856.</small>

888. — Catalogue méthodique de la bibliothèque de la ville de Boulogne-sur-Mer. — Livres imprimés. (Par M. A. Gérard).
Boulogne-sur-Mer. 1865. Le Roy-Mabille. 2 v. in-8.

889. — Premier supplément au Catalogue méthodique de la

bibliothèque de la ville de Boulogne-sur-Mer. — Livres imprimés. (Par M. *A.* GÉRARD).
Boulogne-sur-Mer. 1865. C Le Roy. 2 v. in-8

890. — Catalogue des livres imprimés et manuscrits de la bibliothèque de la ville de Clermont-Ferrand (Puy-de-Dôme); mis en ordre par *B.* GONOD.
Clermont-Ferrand..1839. Perol. 1 vol. in-8.

891. — Catalogue des incunables doubles que la bibliothèque de Colmar se propose d'aliéner.
Colmar. s. d. Decker. in-8.

892. — Catalogue méthodique des imprimés de la bibliothèque publique de Douai. — Droit. (Par M. ESTABEL-LUCE.) Avec une notice historique (par M. l'Abbé *Chrétien* DEHAISNES).
Douai. 1869. Dechristé. 1 vol. in-8.

893. — Spécimen du catalogue analytique des ouvrages somptueux illustrés, anciens et modernes, renfermés dans la bibliothèque publique de la ville de Grenoble et dans toutes les bibliothèques publiques de la France, suivi de la Table générale méthodique par noms d'auteurs. Par *E.* RICARD.
Grenoble. 1865. Allier père et fils. in-8.

894. — Catalogue de la bibliothèque publique de la ville du Hâvre.
Hâvre. 1838. A. Lemale. 1 vol. in-4.

895. — Catalogue de la bibliothèque de la ville de Lille. (Par MM. LAFUITE, *L. T.* SEMET et *Ch.* PAEILE.)
Lille. 1839-70. 6 vol. in-8.

Il comprend : Sciences et arts, 1839, 1 vol. — Belles-Lettres, 1841 1 vol. Par M. LAFUITE. — Histoire, 1849-56, par M. *L. T.* SEMET et M. *Ch.* PAEILE. — Théologie, 1859, 1 vol. — Jurisprudence, 1870, I vol. Par M. *Ch.* PAEILE.
Le catalogue de la Théologie est précédé d'un Essai historique et critique sur l'invention de l'Imprimerie par M. PAEILE.

896. — Catalogue méthodique de la bibliothèque communale de la ville de Limoges, dressé par *Emile* RUBEN.
Limoges. 1858-63. Chapoulaud. 3 vol. in-8.

Histoire. 1 vol. 1858. — Sciences.— Arts. 1 vol. 1863. — Polygraphie. — Belles-Lettres. 1 v. 1860.

897. — Bibliothèque de Lyon. — Catalogue des livres qu'elle renferme, avec des remarques littéraires et bibliographiques sur les ouvrages du XV⁰ siècle, les éditions rares et curieuses, leur prix, les noms des auteurs anonymes ou pseudonymes, des anecdotes historiques, etc. Précédé d'une Histoire de l'Imprimerie, ou Précis sur son origine, son établissement en France, les divers caractères qu'elle a employés, les premiers livres qu'elle a produits, les inventions successives qui la perfectionnèrent, ses ornemens et les noms de ceux qui l'introduisirent dans les principales villes de l'Europe ; par *Ant. Fr.* DELANDINE et *Fr.* DELANDINE.
Lyon. s. d. Mistral, Durand et Perin. 5 vol. in-8.
_{Belles-Lettres. 2 vol. — Théâtre. 1 vol. — Histoire. 2 vol.}

898. — Catalogue de la bibliothèque communale de Marseille. (Par M. *J. B.* REYNIER). — Histoire.
Marseille. 1864-66. Barlatier et Demonchy. 2 v.in-8

899. — Catalogue des livres légués à la bibliothèque de la ville de Montpellier par l'Abbé J. B. M. Flottes. (Par MM. *P.* BLANC et *L.* GAUDIN*)*.
Montpellier. 1866. Grollier. 1 vol. in-8. Port.

900. — L'Abbé Flottes et sa bibliothèque. Par *Paulin* BLANC.
Montpellier. 1865. Gras. in-8.

901. — Catalogue méthodique de la bibliothèque publique de la ville de Nantes, par *Emile* PÉHANT.
Nantes. 1859-61. Guéraud et Comp. 2 vol. in-8.
_{1. Sciences religieuses, philosophiques et sociales. 1859. — II. Sciences naturelles, exactes et occultes.— Arts. 1861.}

902. — Catalogue des livres composant la bibliothèque de la ville de Niort.
Niort. 1860-72. Mercier. 4 vol. in-8.
_{Théologie.— Jurisprudence, 1 vol. 1860. — Sciences et arts, 1 vol. 1863. — Belles-Lettres, 1 vol. 1868. — Histoire, t. I, 1872.}

903. · Catalogue des livres de la bibliothèque de Nismes, rédigé par *I. E.* THOMAS DE LAVERNÈDE. (Avec le 1ᵉʳ supplément).
Nimes. 1836. Ballivet et Fabre. 2 vol. in-8.

904. – Catalogue de la bibliothèque de Nimes. Second supplément, contenant les augmentations de ce dépôt depuis 1837 jusqu'à ce jour, dressé par feu *A. A.* Liotard, revu, complété et publié par *Ch.* Liotard.
Nimes. 1861. Clavel-Ballivet. 1 vol. in-8.

905. — Le catalogue des imprimés de la bibliothèque de Reims, avec des notices sur les éditions rares, curieuses et singulières, des anecdotes littéraires, et la provenance de chaque ouvrage. (Rédigé par M. *Louis* Paris.)
Reims. 1843-1844. Regnier. 2 vol. in-8.
I. Théologie. — Jurisprudence. 1843. — II. Sciences et arts. 1844.

906. — Bibliothèque de la ville de Reims. — Catalogue des imprimés. — Belles-Lettres. (Par M. *Ch.* Loriquet.)
Reims. 1867-69. P. Dubois. 2 vol. in-8.

907. — Catalogue de la bibliothèque de la ville de Rouen. Belles-lettres. Par M. *Th.* Licquet. — Sciences et arts. Par M. *Th.* Licquet et *André* Pottier.
Rouen. 1830-33. N. Périaux. 2 vol. in-8.

908. — Catalogue des ouvrages qui existent en double à la bibliothèque publique de Valenciennes (et qui ont été vendus en 1863.)
Valenciennes. 1863. Lemaître. in-8.

909. — Catalogue des manuscrits et livres imprimés de la bibliothèque de la ville de Vesoul.
Vesoul. 1863. Suchaux. 1 vol. in-8.

---

d. — Catalogues des bibliothèques de divers établissements français.

910. — Catalogue des livres de la bibliothèque de la maison professe des ci-devant soi-disans Jésuites.
Paris. 1763. Pissot. 1 vol. in-8.
Ce catalogue est composé de plusieurs bibliothèques, parmi lesquelles celles de Ménage et de Huet, Évêque d'Avranches.

911. — Catalogue des ouvrages anglais et américains de la bibliothèque de l'École des Ponts et Chaussées. (Par M. *Edouard* Schwebelé).
Paris. 1856. Thunot. 1 vol. in-8.

912. — Catalogue général des livres composant les bibliothèques du département de la Marine et des Colonies. (Par M. Bajot).
Paris. 1838-43. Imprimerie royale. 5 vol. in-8.
913. — Catalogue des livres qui composent la bibliothèque de la Société royale et centrale d'agriculture, sciences et arts du département du Nord, séant à Douai. Par M. Brassart.
Douai, 1841. Adam d'Aubers. 1 vol. in-8.

e. — Catalogues de bibliothèques publiques à l'étranger.

914. — Bibliotheca Antverpiensis. — Catalogue méthodique de la bibliothèque publique d'Anvers, suivi d'une table alphabétique des noms d'auteurs, et précédé d'une Notice historique de cette bibliothèque, par F. H. Mertens.
Anvers. 1843-1846. De La Croix. 2 vol. in-8. Port.
915. — Bibliotheca Antverpiensis. — Catalogue méthodique de la bibliothèque publique d'Anvers. Par F. H. Mertens. — Premier supplément. 1852. — Second supplément. 1860.
Anvers. 1852. De La Croix. 1860. Van Merlen. 1 v. in-8.
916. — Catalogue méthodique de la bibliothèque publique de la ville de Bruges, suivi de la table alphabétique des noms d'auteurs et des ouvrages anonymes, précédé d'une Notice historique sur cette bibliothèque et de la table méthodique des matières, par P. J. Laude.
Bruges. 1847. Bogaert. 1 vol. in-8.
917. — S. P. Q. B. Catalogue des livres de la bibliothèque publique de Bruges, par P. J. Laude. Premier supplément.
Bruges. 1863. Daveluy. 1 vol. in-8.
918. — Bibliotheca Hulthemiana ou catalogue méthodique de la riche et précieuse collection de livres et des

manuscrits délaissés par M. Ch. Van Hulthem, (rédigé par *A.* Voisin).
Gand. 1836-1837. J. Poelman. 6 vol. in-8. Port.
Cette bibliothèque, acquise par le gouvernement belge 279,400 fr., a été réunie à celle de Bruxelles. Le 4e volume est consacré à l'histoire des Pays-Bas; le 6e, aux manuscrits.

919. — Catalogue des accroissements de la Bibliothèque royale (de Bruxelles), en livres imprimés, en cartes, estampes et en manuscrits. 1re série. (Du 1er Juillet 1838 au 21 Décembre 1850).
Bruxelles. 1843-1852. Hayez. 12 liv. en 2 vol. in-8.
. — 2e série, liv. 1, 2, 3. (1851-1854).
Bruxelles. 1853-54-55. Muquardt. 3 liv. in-8.

920. — Bibliotheca Gandavensis. — Catalogue méthodique de la bibliothèque de l'Université de Gand; précédé d'une Histoire de cette bibliothèque, et suivi de tables de noms d'auteurs, etc., publié par le bibliothécaire *Aug.* Voisin. — Jurisprudence.
Gand. 1839. Annoot-Braeckman. 1 vol. in-8. Pl.

921. — Catalogue des livres de la bibliothèque de la Société libre d'Émulation de Liége.
Liége. 1859. De Thier & Lovinfosse. 1 vol. in-18.

922. — Catalogue of printed books in the British Museum. (By *A.* Panizzi). Vol. I.
London. 1841. Nichols and Son. 1 vol. in-fol.

923. — Catalogus impressorum librorum Bibliothecæ Bodlejanæ in Academia Oxoniensi. Curà et operà *Thomæ* Hyde.
Oxonii. 1674. E. Theatro Sheldoniano. 1 vol. in-fol.

924. — Index to the catalogue of a portion of the Public Library of the City of Boston, arranged in the lower hall.
Boston. 1859. Rand and Avery. 1 vol. in-8.

925. — Index to the catalogue of books in the Bates Hall of the Public Library of the City of Boston. Second stereotype edition.
Boston. 1865. Farwell and Co. 1 vol. in-3.

926. — Index to the catalogue of books in the Bates Hall of

the Public Library of the City of Boston. First supplement.
Boston. 1866. Farwell and Co. 1 vol. in-8.

927. — Bulletins, showing titles of books added to the library (of the City of Boston).— Vol. 1. Numbers 1 to 19.— Oct. 1867 to Oct. 1871.
Boston. 1867-1871. Issued by the Library. 1 v. in-8.

928. — Public Library of the City of Boston. Lower Hall. Finding list for alcoves I and XI and part of X and XX, containing works in the Sciences, Arts, and Professions (Theology, Medicine, Law)....

. — Lower Hall. Finding list for alcoves II, IX, XII and XIX. History, Politics, etc.

. — Lower Hall. Finding list for alcoves V, VI, XV and XVI. Biography and Travels.

. — Lower Hall. Finding list for part of alcoves X and XX. French, German, and Italian books.

. — Lower Hall. Class list for english prose fiction, including juvenile fiction. Fourth edit. October 1869.
Boston. 1869. 1 vol. in-8.

929. — The Prince library. — The american part of the collection which formerly belonged to the Reverend Thomas Prince, by him bequeathed (in 1758) to the Old South Church, and now deposited in the Public Library of the City of Boston.
Boston. 1868. 1 vol. in-8.

f.— Catalogues de bibliothèques particulières.

930. — Catalogue de la bibliothèque de M. Aerts, de Metz.
Paris. 1864. M' Bachelin-Deflorenne. 1 vol. in-8.

931. — Catalogue des livres de la bibliothèque de feu M. C. L. F. Andry.
Paris. 1830. De Bure fr. 1 vol. in-8.

932. — Catalogue des livres d'histoire naturelle et principalement d'entomologie composant la bibliothèque de feu M. Victor Audouin.
Paris. 1842. Merlin. 1 vol. in-8.

933. — Catalogue des livres rares et précieux composant la bibliothèque de feu M. J. Auvillain.
Paris. 1865. Miard. 1 vol. in-8.

934. — Catalogue de la bibliothèque de M. Armand Baschet.
Paris. 1866. Bachelin-Deflorenne. 1 vol. in-8.

935. — Catalogue des livres anciens et modernes composant la bibliothèque de feu M. Emile Bigillion (de Grenoble.) Première partie.
Paris. 1872. Claudin. 1 vol. in-8.

936. — Catalogue des livres de feu M. Bellenger. Par G. (*Gabriel*) Martin.
Paris. 1740. G. & Cl. Martin. 1 vol. in-8.

937. — Catalogue des livres de la bibliothèque de feu Monseigneur le Duc de Belle-Isle, Maréchal de France.
Paris. 1762. Mérigot. 1 vol. in-8.
A la suite :
— Catalogue des livres de la bibliothèque de feu Messire Germain-Louis Chauvelin.
Paris. 1762. Lottin et Musier. in-8.

938. — Supplementum primum (ad decimum quartum (Thesauri bibliothecarii librariæ Bellerianæ, eorum nimirum in omni facultate librorum qui illi supervenerunt anno 1604 (usque ad annum 1624 inclusivè).
S. n. n. l. n d. 1 vol. in-4.
Le 3° supplément manque.

939. — Catalogue de la bibliothèque de M. le Chevalier B*** (Benda).
Paris. 1862-1863. Franck. 3 vol. in-8.

940. — Catalogue des livres de la bibliothèque de feu M. le Président Bernard de Rieux.
Paris. 1747. Barrois. 1 vol. in-8.

941. — Catalogue des livres composant la bibliothèque de M. Berryer.
Paris. 1869. Delaroque aîné. 1 vol. in-8.

942. — Catalogue de livres rares et curieux provenant des bibliothèques de feu M. le Docteur Bertrand et de M. B*** (de Grenoble).
Paris. 1872. A. Picard. 1 vol. in-8.

943. — Catalogue des livres de la bibliothèque de feu M. de Béthune-Charost.
Paris. 1802. Méquignon l'aîné. 1 vol. in-8.

944. — Catalogue des livres composant la bibliothèque de M. Beuchot.
Paris. 1850. Potier. 1 vol. in-8.

945. — Catalogue des livres, manuscrits, autographes et archives formant le cabinet de M. Bigant.
A la suite :
. — Observations et notes pour être jointes au catalogue de la bibliothèque de M. Bigant.
. — Catalogue d'une collection d'objets d'arts, gravures, tableaux anciens, antiquités, curiosités diverses, marbres, ivoire, fayences anciennes, porcelaine, etc., qui composaient le cabinet de M. Bigant.
. — Catalogue d'une très belle collection de médailles françaises et des xvii provinces des Pays-Bas, de jetons, de méreaux, de monnaies, de sceaux anciens et de livres de numismatique faisant partie des collections de M. Bigant.
Douai. 1860. Vᵉ Adam. 1 vol. in-8.

946. — Catalogue des livres précieux, rares et singuliers, manuscrits et imprimés, la plupart enrichis de miniatures, et reliés par les plus célèbres Artistes anciens et modernes, de M. J^{me} Bignon.
Paris. 1837. Leblanc. 1 vol. in-8.

947. — Notice d'un joli choix de livres rares et curieux, la plupart provenant de la vente de M. Borluut de Noortdonck.
Lille. 1858. Lelou. 1 vol. in 18.

948. — Catalogue des livres de la bibliothèque de feu M. A. M. H. Boulard, rédigé par L. F. GAUDEFROY et J. A. BLEUET. Tomes I, II.
Paris. 1828-1829. Gaudefroy & Bleuet. 2 vol. in-8.

949. — Catalogue d'une collection de bons livres rares et curieux, composant la bibliothèque de feu M. le Professeur Brunck.
Paris. 1853. Techener. 1 vol. in-8.

950. — Catalogue des livres rares et curieux composant la bibliothèque de feu M. Jacques-Charles Brunet. (Avec des Notices sur J. C. Brunet par MM. Le Roux de Lincy, L. Potier et A. Labitte). Première partie.
Paris. 1868. Potier. 1 vol. in-8.

951. — Bibliotheca Bultelliana : seu catalogus librorum Bibliothecæ V.Cl.D. Caroli Bulteau. Digestus et descriptus à *Gabriele* Martin.
Parisiis. 1711. Giffart. 2 vol. in-12.

952. — Catalogue de la bibliothèque de feu M. Burette.
Paris. 1748. Martin. 3 vol. in-12.

953. — Catalogue des livres imprimés et manuscrits composant la bibliothèque de feu M. Eugène Burnouf.
Paris. 1854. B, Duprat. 1 vol. in-8.

954. — Catalogue de livres rares et curieux, éditions des Elzévirs, livres italiens, espagnols, portugais, etc., formant la bibliothèque de feu M. L. B.
Paris. 1866. Miard. 1 vol. in-8.

955. — Catalogue de livres rares et curieux. . . . reliures anciennes en maroquin, collection d'Elzéviers reliés en maroquin par Simier, provenant de la nombreuse collection de feu lord Stuart de Rothesay et de livres et chartes sur la Bourgogne, la Champagne et les Provinces voisines. . . . provenant du cabinet d'un Bibliophile Bourguignon.
Paris. 1870. Claudin. 1 vol. in-8.

956. — Catalogue des livres imprimés et manuscrits, grecs, hébreux, arabes, persans et turcs, composant la bibliothèque de feu M. Caussin de Perceval.
Paris. 1836. Merlin. 1 vol. in-8.

957. — Catalogue des livres manuscrits et imprimés composant la bibliothèque de feu M. de Cayrol.
Paris. 1861. Potier. 1 vol. in-8.

958. — Catalogue des livres, la plupart rares et précieux, et tous de la plus belle condition, faisant partie de la bibliothèque de M. le Marquis de Ch*** (Chateaugiron.)
Paris. 1827. Merlin. 1 vol. in-8.

959. — Catalogue des livres de M. Chavin de Malan.
Paris. 1857. François. 1 vol. in-8.

960. — Catalogue de livres d'une très bonne condition, provenant de la bibliothèque de M. A. L. de Chézy (et précédé d'une Notice (sur la vie et les ouvrages de M. de Chézy) rédigé par sa veuve (M*me* la Baronne *Helmina* DE KLENCKE).
Paris. 1834. Techener. 1 vol. in-8.

961. — Bibliothecæ Cordesianæ catalogus, cum indice titulorum (ab *Edm.* SUREAU digestus).
Parisiis. 1643. Ant. Vitray. 1 vol. in-4.

962. — Catalogue des livres de la bibliothèque de feu Messire Bernard Couet.
Paris. 1737. Barois fils. 1 vol. in-12.

963. — Catalogue des livres de la bibliothèque de feu François-César Le Tellier, Marquis de Courtanvaux.
Paris. 1783. Nyon aîné. 1 vol. in-8.

964. — Catalogue des livres de feu M. Crosat, Baron de Thiers.
Paris. 1771. Saillant & Nyon. 1 vol. in-8.

965. — Catalogue des livres imprimés et manuscrits composant la bibliothèque de feu M. le Baron Dacier.
Paris. 1833. Leblanc. 1 vol. in-8.

966. — Catalogue des livres composant la bibliothèque de feu M. le Chevalier Delambre, (avec un Extrait de son Éloge par M. le Baron FOURIER.)
Paris. 1824. Gaudefroy 1 vol. in 8.

967. — Catalogue de la bibliothèque de MM. Delignières de Bommy et de Saint-Amand (d'Abbeville).
Abbeville. 1872. Briez, Paillard et Retaux. 1 v. in-8.

968. — Catalogue de la bibliothèque et de l'herbier riche de de 40,000 plantes de M. N. A. Desvaux.
Angers. 1857. Cosnier & Lachèse. 1 vol. in-8.

969. — Catalogue de la bibliothèque de feu M. *Arthur* DINAUX.
Paris. 1864-65. M*e* Bachelin-Deflorenne. 4 vol. in-8.

970. — Bibliotheca Duboisiana ou catalogue de la biblio-

thèque de feu Son Em. Mgr le Cardinal Dubois, recueillie ci-devant par M. l'Abbé Bignon.
La Haye. 1725. Swart & P. de Hondt. 4 vol. in-8.

971. — Catalogue des livres de feu M. Dufaure.
Paris. 1767. Barrois. 1 vol. in-8.

972. — Catalogue d'une belle collection de livres anciens et modernes provenant de la bibliothèque particulière de feu M. Benjamin Duprat.
Paris. 1865. Vᵉ Benj. Duprat. 1 vol. in-8.

973. — Catalogue des livres imprimés et manuscrits composant la bibliothèque de feu M. L. M. J. Duriez (de Lille). Par *J. S.* Merlin.
Paris. 1827. Merlin. 1 vol. in-8.

974. — Catalogus librorum bibliothecæ domini Joachimi Faultrier, digestus à *Prospero* Marchand.
Parisiis. 1709. Marchand & Quillau. 1 vol. in-8.

975. — Catalogue des livres et autographes composant la bibliothèque de feu M. Fossé-Darcosse.
Paris. 1865. Techener. 1 vol. in-8.

976. — Catalogue d'une curieuse collection de livres, estampes et médailles concernant l'histoire de Paris, de divers ouvrages de science, de littérature ou d'histoire et de quelques lettres autographes composant la bibliothèque de M. F***.
Paris. 1853. Delion. 1 vol. in-8.

977. — Bibliotheca D. Joannis Galloys, abbatis S. Martini Corensis, seu catalogus librorum quos ipse, dum viveret, summa curâ ingentique sumptu collegit. Digestus à *Laurentio* Seneuze.
Parisiis. 1710. Seneuze. 1 vol. in-12.

978. — Catalogue des livres, dessins et estampes composant le cabinet de feu M. A. P. M. Gilbert, précédé d'une notice biographique par M. Dusevel, suivi d'appréciations sur la collection iconographique, par M. Bonnardot.
Paris. 1858. Delion. 1 vol. in-8.

979. Catalogue des livres du cabinet de M. G... D... P... (Girardot de Préfond). Par *G. F.* De Bure.
Paris. 1757. G. F. De Bure. 1 vol. in-8.
980. — Bibliotheca D. Johannis Giraud seu catalogus librorum, quos ipse dum viveret, summa curâ ingentique sumptu collegit.
Parisiis 1707. C. Robustel. 1 vol. in-18.
981. — Bibliothèque de M. Louis-Alexandre-César Taffin de Givenchy.
Saint-Omer. 1860. Fleury-Lemaire. 1 vol. in-8.
982. — Catalogue des livres grecs, latins, arabes, espagnols, etc., beaucoup en éditions des XVe et XVIe siècles, d'ouvrages à figures, et de manuscrits en diverses langues et de différens âges, remontans au XIe siècle, composant la bibliothèque de feu M. L. J. Gohier.
Paris. 1831. Merlin. 1 vol. in-8.
983. — Catalogue des livres composant la bibliothèque de feu M. Ch. Guenoux.
Paris. 1858. A. Franck. 1 vol. in-8.
984. — Catalogue des livres imprimés et manuscrits, la plupart rares et précieux, composant la bibliothèque de M. B. D. G.
Paris. 1824. Merlin. 1 vol. in-8.
985. — Catalogue de la bibliothèque de M. le docteur J. G***.
Paris. 1868. Miard. 1 vol. in-8.
986. — Bibliotheca Heinsiana sive catalogus librorum, quos, magno studio, et sumtu, dum viveret, collegit vir. illust. Nicolaus Heinsius Dan. fil.
Lugd. Bat. 1682. Joh. De Vivie. 1 vol. in-12.
987. — Catalogue d'une collection très-importante d'ouvrages historiques provenant des bibliothèques réunies de feu M. Hiver (de Beauvoir) et de feu M. Barrière.
Paris. 1872. Gouin. 1 vol. in-8.
988. — Catalogus librorum bibliothecæ illustrissimi viri Caroli Henrici Comitis de Hoym. Digestus et descriptus à *Gabriele* Martin. (Avec prix.)
Parisiis. 1738. Gab. & Cl. Martin. 1 vol. in-8.
989. — Catalogue des livres, dessins et estampes de la biblio-

thèque de feu M. J. B. Huzard. Mis en ordre et rédigé par *P. Leblanc.*
Paris. 1842. Vᵉ Bouchard-Huzard. 3 vol. in-8.

990. — Catalogue des livres anciens, la plupart à figures, provenant en partie de la bibliothèque de feu M. J. G. Kraeuner de Ratisbonne.
Paris. 1855. E. Tross. 1 vol. in-12.

991. — Catalogue de bons livres, bien conditionnés, du cabinet de feu M. Laget-Bardelin ; rédigé et mis en ordre par *L. F. A. Gaudefroy.*
Paris. 1810. Gaudefroy. 1 vol. in-8.

992. — Catalogue des livres principalement sur l'archéologie, les voyages, la numismatique, etc., composant la bibliothèque de feu M. Félix Lajard.
Paris. 1859. Gouin. 1 vol. in-8.

993. — Catalogue de livres rares et précieux provenant de la bibliothèque de M. F. De La Mennais.
Paris. 1836. Daubrée & Cailleux. 1 vol. in-8.

994. — Catalogue des livres imprimés et manuscrits, composant la bibliothèque de feu M. Louis-Mathieu Langlès. (Avec table et prix).
Paris. 1825. Merlin. 1 vol. in-8.

995. — Catalogue des livres composant la bibliothèque de feu M. Philippe de Larenaudière.
Paris. 1846. Jannet. in-8.

996. — Catalogue des livres de la bibliothèque de feu M. le Duc de la Vallière.
> I partie : livres rares par M. *G. de Bure,* manuscrits, par Van Praet, 3 vol. — 2 partie, imprimés, par *J. L. Nyon,* 6 vol. — Supplément et prix, par *G. de Bure,* 1 vol.

Paris. 1773. De Bure l'ainé. 1788. Nyon. 10 v. in-8.

997. — Catalogue d'un choix de livres rares et précieux de la bibliothèque de M. Hippolyte Le Bas.
Paris. 1869. Schlesinger fr. 1 vol. in-8.

998. — Catalogue des livres rares et des manuscrits précieux composant la bibliothèque de feu M. Léchaudé-d'Anisy.
Paris. 1861. R. Muffat. 1 vol. in-8.

999. — Catalogue des livres rares et des manuscrits précieux

provenant de la bibliothèque de M. Le Metayer-Masselin.

Paris. 1867. Schlesinger. 1 vol. in-8.

1000. — Catalogue des livres de la bibliothèque, et Notice d'instruments de physique, d'astronomie, etc., provenant du cabinet de feu L. G. Le Monnier. Précédées d'un extrait historique sur sa vie, etc., le tout mis en ordre par L. F. A. GAUDEFROY. (Avec les prix).

Paris. 1803. Gaudefroy. 1 vol. in-8.

1001. — Catalogue raisonné de la bibliothèque d'un château de Lorraine (collection de feu M. Edouard Le Petit, de Maxeville) et de livres rares et précieux, manuscrits et imprimés, provenant de la collection de M. W. . . . S. de Londres.

Paris. 1862. Claudin. 3 vol. in-18.

1002. — Catalogue des livres imprimés et manuscrits provenant de la bibliothèque de feu M. *Aimé* LEROY.

Paris. 1852. Jannet. 1 vol. in-8.

1003. — Catalogue des livres composant la bibliothèque de feu M. le Marquis de Lescoet. Première partie.

Paris. 1872. A. Labitte. 1 vol. in-8.

1004. — Bibliotheca Telleriana, sive catalogus librorum bibliothecæ Ill. ac Rev. D.D. Caroli Mauritii Le Tellier, Arch. Epis. Remensis (à *Philippo* DUBOIS digestus).

Parisiis. 1693. Typ. Regia. 2 vol. in-fol.

1005. — Catalogue de la bibliothèque de feu M. le Marquis Le Ver.

Paris. 1866. Bachelin-Deflorenne. 1 vol. in-8.

1006. — Catalogue des livres de la bibliothèque de C. L L'Héritier de Brutelle, par G. DEBURE *l'ainé*; avec un extrait de l'Eloge du Citoyen L'Héritier, par le Citoyen CUVIER.

Paris. 1802. G. De Bure. 1 vol. in-8.

1007. — Catalogue des livres rares, curieux et singuliers en tous genres, bien conditionnés et des manuscrits du xe au xviiie siècle composant la bibliothèque de M. Victor Luzarche.

Paris. 1868-1869. Claudin. 2 vol. in-8.

1008. — Catalogue des livres anciens et modernes composant la bibliothèque de feu M. Mallet de Chilly.
Orléans. 1862. Herluison. 1 vol. in-8.

1009. — Catalogue des livres grecs, latins, hollandais, allemands, etc., composant la bibliothèque de feu M. Paul-Henri Marron.
Paris. 1832. Merlin. 1 vol. in-8.

1010. — Catalogue d'une collection de livres provenant en partie des bibliothèques de feu MM. Jankovich Miklos et A. C. Naumann.
Paris. 1854. Tross. 1 vol. in-18.

1011. — Catalogue des livres imprimés et manuscrits faisant partie de la bibliothèque de M. de Monmerqué.
Paris. 1851. L. Potier. 1 vol. in-8.

1012. — Catalogue de la bibliothèque de M. le Marquis de Morante, précédé d'une notice biographique par M. *Fr. Asenjo* BARBIERI, et de quelques mots sur cette bibliothèque par M. *Paul* LACROIX (bibliophile JACOB).
Paris. 1872. Bachelin-Deflorenne. 1 vol. in-8.

1013. — Catalogue des livres de la bibliothèque de feu M. Mutte.
Cambray. 1772. Berthoud. 1 vol. in-8.

1014. — Catalogue d'une importante collection de livres rares et de manuscrits précieux provenant en grande partie de feu M. le Marquis de M***.
Paris. 1871. Schlesinger fr. 1 vol. in-8.

1015. — Catalogue de la bibliothèque de feu M. Naudin.
Paris. 1865. M° Bachelin-Deflorenne. 1 vol. in-8.

1016. — Catalogue de la bibliothèque de M. N.... et Mar.... comprenant un grand nombre d'ouvrages importants, rares et curieux, en tous genres.
Paris. 1865. M° Bachelin-Deflorenne. 1 vol. in-8.

1017. — Catalogue de la bibliothèque de M. le Vicomte d'O**
Paris. 1862. M° Bachelin-Deflorenne. 1 vol. in-8.

1018. — Catalogue des livres rares et curieux, poètes, facé-

tiés, conteurs, etc., composant la bibliothèque de feu M. Payn. 2ᵉ partie.
Paris. 1865. Miard. 1 vol. in-8.

1019. — Catalogue d'une collection de livres rares provenant de la bibliothèque de feu M. Perret.
Paris. 1860. Tross. 1 vol. in-8.

1020. — Catalogue des livres de feu M. Pressac.
Paris. 1857. François. 1 vol. in-8.

1021. — Bibliothèque Quatremère. — Catalogue d'une collection de livres précieux et importants, provenant pour la plupart de la bibliothèque de feu M. Etienne Quatremère. Rédigé par M. *Ch.* Halm.
Paris. 1858. Franck. 1 vol. in-8.

1022. — Catalogus librorum in omni facultate et scientiarum genere, præcipuè autem ad artem medicam, et historiam naturalem, nec non ad historiam Belgicam, et litterariam spectantium, quos reliquit D. D. Henr. Jos. Rega.
Lovanii. 1755. M. Van Overbeke. 1 vol. in- 8.

1023. — Catalogue des livres de la bibliothèque de feu M. Reina (de Milan).
Paris. 1834. Silvestre. 1 vol. in-8.

1024. — Catalogue des livres imprimés et manuscrits, composant la bibliothèque de feu M.J.P.Abel Rémusat.
Paris. 1833. Merlin. 1 vol. in-8.

1025. — Catalogue d'une précieuse collection de livres, manuscrits, autographes, dessins et gravures composant la bibliothèque de feu M. Antoine-Augustin Renouard.
Paris. 1854. L. Potier. 1 vol. in-8.

1026. — Catalogue des livres imprimés et manuscrits composant la bibliothèque de feu M. Saint-Martin.
Paris. 1832. Leblanc. 1 vol. in-8.

1027. — Catalogue des livres (et des manuscrits) composant la bibliothèque du château de Saint-Ylie (Jura) fondée par Jean Antoine de T. (Tinseau), évêque de Belley et de Nevers (1745-1782). (Rédigé par M. Weiss).
Paris. 1869. Labitte. 1 vol. in-8.

1028. — Bibliotheca Saxiana , h. e. catalogus librorum, exquisità integritate et nitore eximiorum, quibus usus est vir celeberrimus Christophorus Saxius.
Trajecti ad Rhenum. 1806. Altheer. 1 vol. in-8.

1029. — Catalogue des livres la plupart rares ou précieux composant la bibliothèque de feu M. le Maréchal Sébastiani.
Paris. 1851. Delion. 1 vol. in-8.

1030. — Catalogue des livres, imprimés et manuscrits, de la bibliothèque de feu Monseigneur le Prince de Soubise, Maréchal de France.
Paris. 1788. Leclerc. 1 vol. in-8.

1031. — Catalogue des livres composant la bibliothèque de feu M. Thonnelier, et de ceux relatifs à l'Orient et à l'Archéologie principalement égyptienne provenant de la bibliothèque de M. Jules Thonnelier.
Paris. 1856. A. Aubry. 1 vol. in-8.

1032. — Catalogus librorum bibliothecæ Raphaelis Tricheti Du Fresne.
Parisiis. 1662. 1 vol. in-4.

1033. — Catalogue des livres rares et des manuscrits précieux composant la bibliothèque de feu M. de T. . cy
Paris. 1864. Schlesinger fr. 1 vol. in-8.

1034. — Catalogue d'une importante collection de livres rares et de manuscrits précieux provenant en grande partie de feu M. le Comte d'U. . .
Paris. 1868. Schlesinger fr. 1 vol. in-8.

1035. — Catalogue de la bibliothèque de feu M. Valenciennes.
Paris. 1866. Savy. 1 vol. in-8.

1036. — Catalogue raisonné de la bibliothèque de feu C. L. Van Bavière, rédigé et mis en ordre par *L. F. A.* GAUDEFROY. (Avec les prix).
Bruxelles. 1816. J. de Mat. 2 vol. in-8.

1037. — Catalogue de la bibliothèque de feu M. Van den Zande. (Avec une notice par *J.* TECHENER).
Paris. 1854. J. Techener. 1 vol. in-8.

1038. — Catalogue de la bibliothèque de M. Van der Helle.
Paris. 1868. Bachelin-Deflorenne. 1 vol. in-8.

1039. — Succession Abel Vautier. — (Extrait du catalogue général.) — Catalogue des livres rares et précieux composant la bibliothèque de feu M. Abel Vautier.
Caen. 1863. Massif. 1 vol. in-8.

1040. — Catalogue de la bibliothèque de M. N. Yemeniz, précédé d'une notice par M. LE ROUX DE LINCY.
Paris. 1867. Bachelin-Deflorenne. 1 vol. in-8.

1041. — Description bibliographique d'une très belle collection de livres rares et curieux, provenant de la bibliothèque de Mlle la Comtesse d'Yve, rédigé par feu M. D***. L. S., revue et achevée par L. F. A. GAUDEFROY.
Bruxelles. 1819-20. Wahlen. 2 vol. in-8.

1042. — Catalogue de livres rares. Par *Guil.* DE BURE.
Paris. 1786. G. De Bure. 1 vol. in-8.
Cette collection avait été formée aux ventes de MM. Gaignat, Lemarié, Randon de Boisset, Paris de Meyzieu, Gouttard, le Duc de La Vallière, etc. La plus grande partie étaient reliés par M. de Rome le jeune, et par les plus habiles relieurs de Londres. (Avertissement).

1043. — Catalogue des livres composant la bibliothèque d'un ancien Magistrat, rédigé par M. L . . .
Paris. 1830. Maze & Viray. 1 vol. in-8.

1044. — Recueil de catalogues, la plupart avec les prix.
5 vol. in-8.
Tome I contenant :

1. — Catalogue des livres qui se vendront chez le Sieur Cauche, juré-vendeur de meubles à St-Omer.
Saint-Omer. 1790.

2. — Catalogue des livres de la bibliothèque du C***.
Paris. An VI. Mauger.

3. — Catalogue de livres précieux provenant du cabinet du Citoyen M***.
Paris. An VII. Mauger.

4. — Catalogue de livres provenant de la bibliothèque du Citoyen R. S.
Paris. An VII. Mauger.

⁵. — Notice des livres du cabinet du Citoyen P.
Paris. An VII. Mauger.

⁶. — Catalogue de bons livres venant, en majeure partie, de l'étranger. — Avec une addition.
Paris. An IX (1801). Mauger.

⁷. — Catalogue des principaux livres du cabinet de M***.
Paris. An XI (1802). Mauger.

⁸. — Notice d'une partie de livres, la plupart classiques, des éditions des Elzéviers et cum notis Variorum.
Paris. An VII. Mauger.

Tome II contenant :

¹. — Catalogue des livres de la bibliothèque de feu M. l'Abbé Xaupy.
Paris. 1779. Barrois.

². — Notice des livres de feu M. Allandrieux.
Paris. 1786. Clousier.

³. — Notice des livres de la bibliothèque de M. Rat de Moudon.
Paris. 1786. Knapen.

⁴. — Notice des principaux articles qui composent la bibliothèque de M***.
Paris. 1786. Chardon.

⁵. — Notice de livres après le décès de Mme la Comtesse Turpin-Crissé.
Paris. 1786. Jombert.

⁶. — Notice des principaux articles de la bibliothèque de feu M. l'Abbé Riballier.
Paris. 1786. Barrois.

⁷. — Notice des livres provenans du cabinet de M***.
Paris. 1786. Cressonnier.

⁸. — Notice du plus grand nombre des manuscrits et livres imprimés, grecs, latins, turcs, espagnols, anglois, italiens et françois, de la bibliothèque de M***, la plûpart rares et recherchés.
Paris. 1786. Mérigot.

⁹. — Catalogue de livres rares et singuliers, la plupart reliés en maroquin.
Paris. 1786. Née de la Rochelle.

10. — Notice des livres de la bibliothèque de feu M. Elie de Beaumont.
Paris. 1786. Fétil.
11. — Catalogue des livres de la bibliothèque de feu M. Guettard.
Paris. 1786. Pissot.
12. — Catalogue des livres de feu M. Baroy.
Paris. 1786. Knapen.
13. — Notice des livres de la bibliothèque de M. Saussaye.
Paris. 1786. Pissot.

Tome III contenant :

1. — Notice des principaux articles des livres de M. Dupuis.
Paris. 1783. Knapen.
2. — Catalogue des livres de la bibliothèque de M***.
Paris. 1783. Saugrain.
3. — Notice des principaux livres de la bibliothèque de feu Mme la Présidente Le Mairat.
Paris. 1783. Méquignon.
4. — Notice des livres de M***.
Paris. 1783. Prault.
5. — Notice des livres de M. Cordier.
Paris. 1783. Monory.
6. — Catalogue des livres de feu M. Binet de la Bretonnière.
Paris. 1783. Samson.
7. — Catalogue de livres singuliers et choisis, du cabinet de feu M. Nourichel.
Paris. 1783. Mérigot.
8. — Notice des principaux livres qui composent la bibliothèque de feu M. Aubert.
Paris. 1783. Moutard.
9. — Notice des principaux articles de la bibliothèque de feue Mme Moreau.
Paris. 1790. Prault.
10. — Notice des principaux articles de la bibliothèque de feu M. Cochin, Graveur....
Paris. 1790. Prault.

11. — Catalogue des livres de la bibliothèque de feu M. Gerbier.
   Paris. 1788. Le Clerc & Baudouin.
12. — Notice des livres du cabinet de feu M. de Rochefort.
   Paris. 1788. Mérigot.
13. — Catalogue des livres de la bibliothèque de feu M. Le Tort de Chessimont.
   Paris. 1789. Le Boucher.
14. — Catalogue des livres rares et singuliers provenant du cabinet de feu M. de Marbré.
   Paris. 1788. Boulard.
15. — Catalogue des livres de la bibliothèque de feu M. le Marquis de Ménars.
   Paris. 1782. Pissot.
16. — Notice des principaux articles qui composent la bibliothèque de feu M. l'Abbé Certain.
   Paris. 1783. Moutard.

Tome IV contenant :

1. — Catalogue des livres de la bibliothèque de M. C. T.
   Paris. 1761. Prault.
2. — Notice des livres de la biblothèque de MM. Rouelle.
   Paris. 1786. Didot jeune.
3. — Catalogue des livres de la bibliothèque de M. (Potor.)
   Paris. 1786. Le Clerc & Dupuis.
4. — Catalogue des livres de la bibliothèque de feu M. l'Abbé de Pramont.
   Paris. 1786. Le Clerc et Dupuis.
5. — Notice des livres composant le cabinet de feu M. Chivot.
6. — Catalogue des livres de feu M. Court de Gebelin.
   Paris. 1786. Musier.
7. — Catalogue des livres rares et singuliers du cabinet de feu M. l'Abbé Aubry.
   Paris. 1785. Gogué & Née de la Rochelle.
8. — Catalogue des livres du cabinet de feu M. d'Ennery.
   Paris. 1786. G. De Bure.
9. — Catalogue d'une collection de livres choisis.
   Reims. 1785. Jeunehomme.

10. — Catalogue d'une jolie collection d'estampes, d'après les meilleurs Maîtres des trois Écoles, du plus beau choix et de la plus précieuse conservation, en feuilles et encadrées.
Reims. 1785. Jeunehomme.
Tome V contenant :

1. — Catalogue des livres de feu M. De La Roue.
Paris. 1784. Gobreau.
2. — Notice des principaux livres de la bibliothèque de feu M. le Marquis de Themines.
Paris. 1784. Santus.
3. - Notice des principaux livres et instruments de mathématiques du cabinet de feu M. Bézout.
Paris. 1784. Pierres.
4. — Catalogue des livres de la bibliothèque de feu M. Pichault de la Martinière.
Paris. 1784. Gogué & Née de la Rochelle.
5. — Notice des principaux articles qui composent la bibliothèque de feu M. Macquer.
Paris. 1784. Mérigot.
6. - Notice des principaux articles de la bibliothèque de feu M. L. D. T.
Paris. 1784. Saugrain.
7. — Notice des principaux livres de la bibliothèque de feu M***.
Paris. 1784. Onfroy.
8. — Notice des livres de M***.
Paris. 1784. Monory.
9. — Notice des principaux articles de la bibliothèque de feu M. Thomassin.
Paris. 1784. Nyon.
10. — Notice des livres de M. Chauvin.
Paris. 1784. Grangé.
11. — Notice des principaux livres de la bibliothèque de feu M. Morele.
Paris. 1784. Berton & Onfroy.
12. — Catalogue des livres du cabinet de feu Mgr de Coetlosquet.
Paris. 1784. Moutard.

13. — Notice des livres du cabinet de M. Le Grand.
   Paris. 1784. Gogué & Née de la Rochelle.
14. — Notice des principaux articles de la bibliothèque de feu M. de Boynes.
   Paris. 1784. Le Boucher.
15. — Catalogue des livres de la bibliothèque de M. de***.
   Paris. 1784. Gogué & Née de la Rochelle.
16. — Notice des livres de la bibliothèque de M.***, composée d'environ 3,000 volumes, bien conditionnés.
   Paris. 1784. Mérigot.
17. — Catalogue des livres de feu M. Tronchin, et de M. Tronchin, son fils.
   Paris. 1784. De Bure l'aîné.
18. — Catalogue des livres provenant de la bibliothèque de M. L. C. J. D.
   Paris. 1784. Pyre.
19. — Notice des livres du cabinet de feu M. de Mene.
   Paris. 1784. Le Boucher.
20. — Catalogue des livres de feu M. de Rycke.
   Saint-Omer. 1784. Boubers.
21. — Notice des livres qui composent la bibliothèque de feu M. Deleurye.
   Paris. 1789. Croullebois.
22. — Catalogue des livres composant la bibliothèque de feu M. le Comte Lagrange. Avec une notice sur M. Lagrange.
   Paris. 1815. Merlin.

1045. — Variarum bibliothecarum catalogi.
   1 vol. in-4 contenant :

1. — Catalogus omnium librorum theologicorum, juridicorum, nec non aliquot miscellaneorum et manuscriptorum tam orientalium quam in aliâ variâ linguâ, ex Bibliothecâ D. D. Hadriani Pauw.
   Hagæ-Comitis. 1656. H. de Swaef.
2. — Catalogus omnium librorum medicorum, philosophicorum, litteratorum, mathematicorum, et geographicorum, ex bibliothecâ Dom. Hadriani Pauw.
   Hagæ-Comitis. 1657. H. de Swaef.

3. — Catalogus variorum et insignium librorum Cl. et Erud. viri D. Jodoci Lareni.
Medioburgi. 1654. A. de Later.

4. — Catalogus variorum et insignium librorum, præcipuè verò theologicorum, ex bibliothecâ Doct. viri Abrahami de Lanoy.
Lugduni Batav. 1656. F. Moyaert.

5. — Catalogue de livres françoys ; de M. Abraham de Lannoy.
Leyden. 1656. F. Moyaert.

6. — Catalogus præstantissimorum librorum... D. Lamberti Barlæi.
Lugduni Batav. 1656. P. Leffen.

7. — Catalogus variorum et insignium librorum, præcipuè medicorum et miscellaneorum, D. Alberti Kyperi.
Lugduni Batav. 1655. P. Leffen.

8. — Catalogus variorum et exquisitissimorum librorum Gerardi Johannis Vossii.
Lugduni Batav. 1656. P. Leffen.

9. — Catalogus librorum instructissimæ bibliothecæ D. Antonii Thysii.
Lugduni Batav. 1657. P. de Croy.

10. — Catalogus librorum bibliothecæ D. Andreæ Riveti.
Lugduni Batav. 1657. P. Leffen.

11. — Catalogus variorum et insignium in omni facultate librorum, præcipuè verò juridicorum, .. D. Arnoldi Vinnii.
Lugduni Batav. 1658. P. Leffen.

12. — Catalogus variorum et rarissimorum in quavis facultate librorum.
Hagæ Comitis. 1658. J. Elsevirius.

13. — Catalogus variorum et insignium librorum, præcipuè jurisconsultorum, D. Jacobi Mæstertii.
Lugduni Batav. 1658. P. de Croy.

14. — Catalogus variorum et insignium librorum, præcipuè theologicorum, Joh. Derramoutii.
Lugduni Batav. 1658. J. Elsevirius.

15. — Catalogus variorum et insignium librorum, præser-

tim theologicorum et miscellaneorum, Clariss. Juvenis Antonii Clementii.
Lugduni Batav. 1658. Matthiæ.

1046. — Catalogue de bibliothèques particulières.
5 vol. in-8 contenant :

Tome I.

1. — Notice d'environ 4,000 volumes, livres anciens, éditions originales de divers auteurs français, ouvrages de linguistique, etc., composant la bibliothèque de feu M. Audiguier.
Paris. 1865. Delion.

2. — Catalogue des livres qui composaient la librairie ou faisaient partie de la belle galerie de M. Bossange.
Paris. 1852. Delion.

3. — Catalogue des livres d'histoire naturelle, (particulièrement de zoologie), de philosophie, d'histoire etc. composant la bibliothèque de feu M. Fréd. Cuvier.
Paris. 1846. Delion.

4. — Catalogue de livres français, allemands, russes et polonais relatifs à l'histoire de France, d'Allemagne, de Russie et de Pologne ; ouvrages à figures, provenant de la bibliothèque de feu M. A. C***.
Paris. 1858. Lavigne.

5. — Catalogue des livres anciens et modernes, d'histoire et de littérature, livres à figures et d'archéologie, nombreux ouvrages relatifs à l'histoire de la Picardie, de l'Ile de France, etc., composant la bibliothèque de feu M. R. de C***.
Paris. 1870. Aubry.

6. — Catalogue d'une belle collection de livres rares et précieux, la plupart en belles reliures anciennes et modernes, livres à figures, poètes français des XVI, XVII et XVIII siècles, romans, conteurs, etc., provenant de la bibliothèque de M. M. D. M. C.
Paris. 1866. Miard.

7. — Catalogue de livres, théologie, beaux-arts, architec-

ture, belles-lettres, histoire des provinces, facéties, provenant de la bibliothèque de deux Amateurs.
Paris. 1864. M° Bachelin-Deflorenne.

8. — Catalogue de livres français, italiens, espagnols, anglais, allemands. . . provenant de la librairie étrangère de feu M. Théophile Barrois.
Paris. 1851. Guilbert.

9. — Catalogue des livres d'histoire naturelle composant les bibliothèques de MM. Baumann, H... et E. R...
Paris. 1870. Baillière & fils.

10. — Catalogue de livres rares et précieux composant la la bibliothèque de feu M. l'Abbé J. B. Chevalier de Bearzi.
Paris. 1855. E. Tross.

11. — Catalogue des livres de la bibliothèque de M. Bernard.
Paris. 1861. Boullieux.

12. — Catalogue de curiosités bibliographiques, livres rares, précieux et singuliers, manuscrits, pièces historiques, autographes anciens et modernes ; recueillis par le Bibliophile voyageur.
Paris. 1837. Leblanc. — 1849. Crapelet.

13. — Catalogue de la bibliothèque de M. Bouchard-Chatereaux.
Boulogne-sur-Mer. 1865. C. Leroy.

14. — Catalogue des ouvrages composant la bibliothèque du château de Busnes.
Béthune. 1861. Reybourdon.

15. — Catalogue de la bibliothèque de M. l'Abbé B... X.
Paris. 1871. Beaufort.

16. — Catalogue des livres anciens et modernes provenant de la blibliothèque de M. E. B.
Beauvais. 1868. Pineau.

17. — Catalogue des livres de linguistique, d'histoire et d'archéologie. . . , composant la bibliothèque de feu M. Cardin. (de Poitiers).
Paris. 1870. Claudin.

18. — Notice des principaux ouvrages composant la biblio-

thèque de M. d'Aubusson, Marquis de la Feuillade.
Paris. 1847. Lavigne.

19. — Catalogue des livres, musique, etc., provenant de la bibliothèque de feu M. le Marquis H. de Chateaugiron.
Paris. 1849. Jannet.

20. — Catalogue des livres (et gravures) composant la bibliothèque de Charles-François-Désiré Chifflart.
Saint-Omer. 1862. Fleury.

21. — Catalogue de bons livres classiques grecs et latins provenant de la bibliothèque de M. Clachet.
Paris. 1854. Durand.

22. — Catalogue des livres composant la bibliothèque de feu M. Clément.
Valenciennes, 1867. Lemaître.

23. — Catalogue de la bibliothèque de feu M. Costé de Triquerville.
Rouen. 1849. Lebrument.

Tome II.

1. — Catalogue alphabétique des livres anciens et modernes, littérature, sciences, histoire et théologie, et de documents historiques sur la Somme et la Picardie; en particulier sur Abbeville, Amiens et le Ponthieu, 800 ouvrages environ, mémoires judiciaires, manuscrits, parchemins, etc., provenant du cabinet de feu M. l'Abbé Dairaine, Aumônier de l'hôpital des vieillards, à Abbeville.
Abbeville. 1865. Briez.

2. — Catalogue des livres composant la bibliothèque de feu M. Delespaul.
Lille. 1849. Lefebvre-Ducrocq.

3. — Catalogue de la bibliothèque de M. Delort.
Bordeaux. 1837. Gazay.

4. — Notice des principaux livres du cabinet de feu M. Despinoy.
Paris. 1849. Leblanc.

5. — Catalogue des livres relatifs aux sciences naturelles, particulièrement à la conchyliologie, et des lettres

autographes qui composaient la bibliothèque de feu M. P. L. Duclos.
Paris. 1854. Delion.

6. — Catalogue de livres rares et curieux, opuscules tirés à petit nombre, ouvrages de bibliographie et d'histoire, dépendant de la succession de feu M. Ph. Durand de Lançon.
Paris. 1870. Claudin.

7. — Catalogue de la bibliothèque de feu M. Durand de Tichémont.
Metz. 1854. Pallez et Rousseau.

8. - Catalogue de livres, la plupart modernes et reliés avec soin, composant la bibliothèque de M. Des...s.
Paris. 1863. M° Bachelin-Deflorenne.

9. — Catalogue de bons livres provenant de la bibliothèque de M. l'Abbé D.
Paris. 1858. Heu.

10. — Catalogue de livres provenant de la bibliothèque de M. E. D.
Rouen. 1856. Lebrument.

11. — Catalogue de livres provenant des bibliothèques de MM. P. D., B et G.
Paris. 1854. Aubry.

12. — Catalogue de livres latins, français et espagnols, composant la bibliothèque de M. Del. . .
Paris. 1854. Aubry.

13. — Catalogue de livres anciens et modernes, de collections scientifiques, académiques, histoire naturelle, histoire, etc., reliés et brochés, provenant de la bibliothèque de M. D***.
Paris. 1849. Guilbert.

14. — Catalogue de grands ouvrages français de jurisprudence, belles-lettres et histoire composant la bibliothèque de M. Flaman (d'Abbeville).
Paris. 1871. A. Labitte.

15. — Catalogue des livres de sciences, particulièrement de zoologie, d'anatomie comparée et d'anatomie

philosophique, composant la bibliothèque de feu M. Etienne Geoffroy Saint-Hilaire.
Paris. 1845. Delion.

16. — Vente de bibliothèque ancienne, cabinet d'histoire naturelle et médaillier, dépendant de la succession de M. Gohon, et provenant de feu M. Deroussent.
Montreuil-sur-Mer. 1860. Duval.

17. — Catalogue de la bibliothèque de feu M. de Golbéry.
Paris. 1863. Mᵉ Bachelin-Deflorenne.

18. — Catalogue des livres composant la bibliothèque de feu Mgr M. N. S. Guillon.
Paris. 1847. Delion.

19. — Catalogue de la bibliothèque de M. d'Hauteclair formée, en partie, de celle de M. d'Anville.
Paris. 1860. Meugnot.

20. — Catalogue de livres rares et précieux, tableaux, gravures, vignettes, etc., provenant de la bibliothèque de feu M. Fréd. Hennebert.
Tournai. 1858. Malo & Vasseur.

21. — Catalogue de livres anciens, rares et curieux, sur les beaux-arts (décorations, ornements, vignettes et portraits), la révolution, l'histoire de Paris, etc., provenant en partie de la bibliothèque de feu M. Hersent.
Paris. 1871. A. Chossonnery.

22. — Catalogue des livres rares et curieux, français et italiens, des xvᵉ et xvɪᵉ siècles, provenant de la bibliothèque de feu M. Jacquinot-Godard.
Paris. 1858. Lavigne.

23. — Catalogue des livres provenant de la bibliothèque de M. Constant Jourdain. 2ᵉ partie.
Rouen. 1872. Lebrument.

24. — Catalogue de livres anciens et modernes, particulièrement sur la littérature et l'histoire, provenant de la bibliothèque de M. D. L. J.
Paris. 1858. Meugnot.

25. — Catalogue des livres rares et précieux sur le blason, la noblesse et la généalogie, d'environ 100,000 sceaux

et cachets en cire, anciens, du moyen-âge, jusqu'à nos jours, et des ouvrages à figures de feu M. Georges de Koch.
Paris. 1862. E. Tross.

Tome III.
1. — Catalogue de livres sur les langues, la géographie, l'histoire, les antiquités, l'archéologie, etc., provenant de feu M. Labourt.
Amiens. 1860. Herment.
2. — Catalogue des curiosités bibliographiques, manuscrits, chartes et autographes relatifs à l'histoire de France et des Provinces, composant la bibliothèque de M. de la Roche.
Paris. 1868. Claudin.
3. — Catalogue des livres composant la bibliothèque de feu M. de la Fons, Baron de Melicocq.
Valenciennes. 1868. Giard.
4. — Catalogue des livres de la bibliothèque de feu M. Lecarpentier père.
Rouen. 1856. Lebrument.
5. — Catalogue des manuscrits, livres et vieux parchemins composant la collection de M. Lefèvre-Soyer.
Beauvais. 1864. C. Moisand.
6. — Catalogue des livres de feu M. le Dr Lerminier.
Paris. 1836. Leblanc.
7. — Catalogue des livres manuscrits et imprimés sur la franc-maçonnerie et les sociétés secrètes, provenant du cabinet de feu M. Lerouge.
Paris. 1834. Leblanc.
8. — Catalogue de livres anciens et modernes provenant de la bibliothèque de feu M. le Comte de l'Espine.
Paris. 1865. Lavigne.
9. — Catalogue de la bibliothèque de M. L**.
Paris. 1827. Merlin.
10. — Catalogue des livres, manuscrits et autographes composant la bibliothèque de M. L.
Paris. 1854. Garnot.
11. — Notice d'une collection de grands ouvrages à figures

et de livres sur la noblesse, provenant de la bibliothèque de feu M. le Général L***. (de Mayence).
Paris. 1860. Techener.

12. — Catalogue d'une belle collection de livres rares et curieux, dont un grand nombre revêtus de reliures anciennes en maroquin, imprimés sur vélin, éditions de Nic. Jenson, pièces sur l'histoire de France, etc. et de manuscrits historiques, provenant de la bibliothèque de M. L***.
Paris. 1865. Claudin.

13. — Catalogue d'un choix de livres anciens, rares et curieux, manuscrits et imprimés, provenant du cabinet de feu M. le Comte de Ma***.
Paris. 1863. Claudin.

14. — Catalogue de livres et manuscrits provenant en partie de la bibliothèque de M. le Chevalier de M. . . heim.
Paris. 1863. Mᵉ Bachelin-Deflorenne.

15. — Catalogue des manuscrits sur vélin avec miniatures, et des livres anciens et modernes dont un grand nombre illustrés de belles gravures, tous très-bien reliés par les meilleurs relieurs de Paris et de Bruxelles, composant la riche et nombreuse collection de feu M. le Baron de Man de Lennick.
Bruxelles. 1866. Guyot.

16. — Catalogue de livres anciens et modernes provenant, en partie, de la bibliothèque de feu M. l'Abbé Martin (d'Agde).
Montpellier. 1869. Gras.

17. — Catalogue de livres de sciences (mathématiques, physique, chimie, etc.), composant la bibliothèque de feu M. A. Masson.
Paris. 1860. Delion.

18. — Catalogue des livres rares ou curieux et des manuscrits sur vélin composant la bibliothèque de feu M. C. L. Maufras.
Paris. 1859. Delion.

¹⁹. — Alliance des arts.— Catalogue des livres et manuscrits de numismatique et d'archéologie provenant de la bibliothèque de M. le L. Colonel Maurin.
Paris. 1844. Alliance des arts.
²⁰. — Catalogue des livres anciens et modernes composant la bibliothèque de M. Ed. Molroguier.
Saint-Quentin. 1862. Hourdequin.
²¹. — Catalogue de livres anciens, la plupart curieux, rares, ou bien conditionnés, et de quelques livres modernes provenant de la bibliothèque de M***.
Paris. 1865. Delion.
²². — Notice des livres de divers genres, la plupart anciens, provenant de la bibliothèque de M. A. B. de M.
Orléans. 1865. Herluison.
²³. — Notice des livres de divers genres, français et anglais, provenant des bibliothèques de MM. de M***. et G***.
Orléans. 1866. Herluison.
²⁴. — Catalogue des livres composant la bibliothèque de M. L. M***.
Paris. 1872. A. Picard.
²⁵. — Catalogue de livres anciens et modernes provenant de la bibliothèque de M. M*** D***.
Paris. 1864. Miard.
Tome IV.
¹. — Catalogue d'une partie de livres rares, singuliers et précieux, provenant de la bibliothèque de M. Charles Nodier.
Paris. 1827. Merlin.
². — Catalogue de livres mathématiques, physiques et astronomiques, provenant des bibliothèques de feu M. C. F. R. Olufsen et de feu M. Gaspare Brugnatelli.
Berlin. 1857. Friedlander & Sohn.
³ — Catalogue de la bibliothèque et des collections entomologiques de feu A. Paris.
Paris. 1869. Deyrolle fils.
⁴. — Catalogue des livres de sciences, de littérature et

d'histoire, très-bien reliés, composant la bibliothèque de feu M. Etienne Pariset.
Paris. 1848. Guilbert.

5. — Catalogue d'une magnifique et précieuse collection de livres, de manuscrits et d'incunables, gravures, estampes, dessins, peintures , etc., délaissés par feu Messire Jean Baron de Pelichy van Huerne.
Bruges. 1860. Bogaert-Defoort.

6. — Catalogue des livres et des manuscrits particulièrement relatifs au département de l'Aisne composant la bibliothèque de feu M. Stanislas Prioux. Avec une notice biographique par M. *Jean* Wallon.
Paris. 1866. Delion.

7. — Catalogue des livres, la plupart rares et curieux, composant la bibliothèque de M. de P.
Paris. 1863. Muffat.

8. — Notice d'un choix de beaux livres, théologie, histoire naturelle, ouvrages à figures, . . . provenant de la bibliothèque de M. le Vicomte de P.
Paris. 1863. Lavigne.

9. — Catalogue des livres imprimés et manuscrits de la bibliothèque de feu M. Raifé.
Paris. 1863. E. Tross.

10. — Catalogue des livres sur la médecine, l'archéologie, la numismatique, etc., composant la bibliothèque de feu M. le Dr J. Rigollot (d'Amiens).
Paris. 1856. Delion.

11. — Catalogue de livres composant la bibliothèque de M. L. R***.
Paris. 1850. Potier.

12. — Catalogue de bons livres, anciens et modernes, ouvrages à figures et autres, composant la bibliothèque de feu M. L. R***.
Paris. 1859. Delion.

13. — Catalogue de bons livres sur les sciences, les arts. la littérature et l'histoire, provenant de la bibliothèque de feu M. Saint-Léger.
Paris. 1856. A. Aubry.

14. — Catalogue de livres anciens provenant de l'ancienne Abbaye de Six-en-Faucigny (Haute-Savoie) et de la bibliothèque de M. L. G. (Le Glay). Editions gothiques, sermonnaires des xve et xvie siècles, volumes avec annotations autographes de personnages célèbres, livres et chartes sur l'histoire de Savoie, etc.
   Paris. 1865. A. Claudin.
15. — Catalogue de livres rares et curieux provenant du cabinet de M. de Soyecourt.
   Paris. 1869. Charavay & Claudin.
16. — Catalogue de la bibliothèque de feu M. Strobel.
   Strasbourg. 1850. Dannbach.
17. — Catalogue de livres, anciens et modernes, rares et curieux, provenant du cabinet de M. S. (de Loir-et-Cher).
   Paris. 1866. Me Bachelin-Deflorenne.
18. — Catalogue d'une collection de livres anciens et modernes, provenant de la bibliothèque de M. de St.O**
   Paris. 1856. E. Tross.
   Tome V.
1. — Catalogue de la bibliothèque de M. J. de Treverret.
   Paris. 1868. Dumoulin.
2. - Catalogue des livres rares et précieux formant la bibliothèque poétique de feu M. Edouard Turquety. Avec une notice sur Turquety, poète et bibliophile, par M. *Prosper* BLANCHEMAIN. 2 parties.
   Paris. 1868. Potier. — 1870. Claudin.
3. — Catalogue de livres rares et curieux. Beaux manuscrits, livres d'heures avec miniatures, nombreux ouvrages reliés en maroquin ancien, ouvrages importants sur la noblesse, l'histoire de France et les Provinces, etc., provenant en partie du cabinet de M. Van der N**.
   Paris. 1866. Me Bachelin-Deflorenne.
4. — Catalogue des livres composant la bibliothèque de M. O. E. Van Hippe.
   Paris. 1847. Jannet.

5. — Catalogue de la seconde partie de la bibliothèque de feu M. le Baron de Warenghien, et des livres et gravures de feu M. Sylvestre-Lyons.
Paris. 1856. E. Tross.

6. — Catalogue des livres qui composaient la bibliothèque de feu M. E. Verguin.
Lyon. 1868. L. Boullieux.

7 — Catalogue des livres rares et curieux, poètes français du xvie siècle, conteurs et facéties, composant le cabinet de feu M. le D^r. Eug. Villemin.
Paris. 1870. Claudin.

8. — Catalogue des principaux livres de la bibliothèque de feu M. Villenave.
Paris. 1849. Pourchet.

9. — Catalogue de la bibliothèque d'histoire naturelle, de médecine et d'autres sciences, de feu M. G. Vrolik.
Amsterdam. 1860. F. Muller.

10. — Catalogue d'une nombreuse et intéressante collection de livres sur les sciences naturelles, la médecine chimique, les secrets, la magie, l'alchimie, les prophéties... composant la bibliothèque de M. le Dr V. de Nuremberg.
Paris. 1854. A. Aubry.

11. — Notice des livres, lithographies, gravures, dessins, aquarelles, peintures et autres objets d'art, composant le cabinet de M. L. V.
Paris. 1851. Garnot.

12. — Catalogue de livres anciens, rares et curieux, provenant de la collection d'un Bibliophile de Province et de la bibliothèque de M. V***. de Genève.
Paris. 1863. Claudin.

13. — Catalogue des livres sur les beaux-arts, l'histoire de Paris et la bibliographie, provenant de la bibliothèque de M. B. de V.***.
Paris. 1872. A. Chossonnery.

14. — Catalogue des livres d'histoire naturelle, de littérature, d'histoire, d'art militaire, etc., composant la

bibliothèque de feu M. de B... et Hippolyte Wolf.
Paris. 1865. Delion.
15. — Notice d'une collection de livres rares et de gravures provenant de la bibliothèque de feu M. le Comte de XXX.
Paris. 1864. E. Tross.
16. — Catalogue des livres composant la bibliothèque de M. M***.
Paris. 1855. Garnot.

g. — Catalogues de libraires (1).

1047. — Recueil de catalogues. 1 vol. in-8.
1. — Catalogue de livres sur toutes sortes de matières (de la librairie de G. Cavelier).
Paris. 1729. G. Cavelier.
2. — Dix-huitième suite du Catalogue des livres qui se trouvent chez Pierre Humbert, libraire à Amsterdam. Pour les années 1738, 1739, 1740.
3. — Catalogue des livres qui composent la bibliothèque de feu M. de Villers, Trésorier au Bureau des Finances, à Amiens.
S. n. n. l. 1739.
4. — Catalogue des livres de la bibliothèque de feu M. Carpentier, Sieur des Tournelles.
Paris. 1739. Prault.
5. — Dix-neuvième suite du Catalogue des livres qui se trouvent chez Pierre Humbert, libraire à Amsterdam, pour les années 1741, 1742.
6. — Catalogue des livres de feu M. Bonnier de la Mosson.
7. — Supplément des livres d'histoire, voyages, philosophie, mathématiques, belles-lettres, etc., qui se trouvent à Lille chez la veuve Danel. 1743.

(1) Nous n'avons pas cru utile d'inventorier les catalogues que nous recevons chaque jour; nous nous contentons de les enliasser suivant l'ordre alphabétique des noms des libraires qui nous les adressent.

⁸. — Catalogue des livres de feu M. Canon, Docteur de Sorbonne, et Chanoine de l'Église d'Amiens.
Amiens. 1745. Vᵉ C. Caron Hubault.

⁹. — Catalogue des livres de feu M. de Lorangère.

¹⁰. — Catalogue de livres nouveaux et autres,... qui se vendent chez Frédric-Henri Scheurleer.
La Haye. 175. . F. Scheurleer.

¹¹. — Catalogue des livres de feu M. L. C. D. M.
Paris. 1732. G. Martin.

1048. — Recueil de catalogues. 1 vol. in-8.

¹. — Catalogus librorum bibliopolii Caroli Levier, quorum publica fiet auctio in ædibus Defuncti.
Hagæ Comitis. 1735. Vidua C. Levier.

². — Catalogue des livres de la bibliothèque de M***.
Paris. 1740. Gandouin & Piget.

³. — Catalogue d'un cabinet de livres choisis, et d'une très belle condition.
Paris. 1746. Piget.

1049. — Catalogues. 1 vol. in-8.

¹. — Catalogue des livres composant la bibliothèque de feu Philippe-Jacques Rühl.
Strasbourg. 1797. F. G. Levrault.

². — Catalogus librorum omnium qui reperiuntur Parisiis, in bibliopolio Viduæ Edmundi Martini et Jo. Boudot. 1685.

³. — Supplementum catalogi librorum omnium qui reperiuntur apud Viduam Ed. Martini, Joannem Boudot et Steph. Martin. 1687.

⁴. - Catalogue du Cabinet littéraire de la nouveauté, établi pour la lecture des livres nouveaux, Mercures, feuilles périodiques, journaux et gazettes, (par le Sieur Grangé). — Avec un supplément.
Paris. 1767. Grangé.

1050. — Catalogus librorum qui reperiuntur in officinâ Joannis de la Caille.
Parisiis. 1676. J. de la Caille. 1 vol. in-12.

1051. — Catalogus librorum venalium in officinâ Viduæ Ant. Cellier, Typographi et Bibliopolæ.
Parisiis. 1682. 1 vol. in-12. Incomplet.

1052. — Catalogus librorum compactorum qui inveniuntur apud Samuelem et Joannem Luchtmans.
Lugduni Batav. 175 . 1 vol. in-4.

1053. — Catalogue de librairie ancienne et moderne contenant Théologie, Jurisprudence ancienne et moderne, Droit ecclésiastique, Sciences et Arts, Belles-Lettres, Histoire, livres et gravures, etc., etc.
Paris. 1856. Aug. Durand. 1 vol. in-8.

1054. — Catalogue de livres anciens et modernes, rares et curieux, en tous genres.
Paris. 1868. Bachelin-Deflorenne. 1 vol. in-8.

1055. — Catalogue de livres anciens et modernes, rares et curieux, dans tous les genres, provenant des collections du Duc de la Vallière, de M. le Baron J. Pichon, de M. Hochart, de M. Hilaire Grésy, de M. William Martin, du Marquis de Hasting, et de plusieurs bibliothèques importantes de France, d'Allemagne et d'Angleterre.
Paris. 1869. Bachelin-Deflorenne. 1 vol. in-8.

1056. — Catalogue de livres rares et curieux, anciens et modernes.
Paris. 1872. Bachelin-Deflorenne. 1 vol. in-8.

1057. — Catalogue de livres anciens et modernes, rares et curieux, de la librairie Auguste Fontaine.
Paris. 1870. A. Fontaine. 1 vol. in-8.

1058. — Catalogue de livres anciens et modernes, rares et curieux, de la librairie Auguste Fontaine.
Paris. 1873. A Fontaine. 1 vol. in-8.

1059. — The Christmas Bookseller 1863, being a complete list of illustrated and other books suitable for presents, school prizes, or rewards, with numerous specimens of the illustrations.
London. 1863. E. Tucker. 1 vol. in-8.

1060. — Catalogues de la librairie Edwin Tross.
Paris. 1852-1872. E. Tross. 3 vol. in-8.

1061. — Bulletin du Bouquiniste. Publié par *Aug.* AUBRY.
Paris 1857-1858. A. Aubry. 2 vol.
Incomplet.

1062. — Archives du bibliophile ou Bulletin de l'Amateur des livres et du Libraire. Par *A.* CLAUDIN.
Paris. 1858-1870. A. Claudin. 4 vol. in-8
Incomplet.

1063. — Le Bibliophile français.
Paris. 1862-67. M⋅ Bachelin-Deflorenne. 6 vol. in-8
Incomplet.

TABLE ALPHABÉTIQUE

DES NOMS D'AUTEURS

(Les chiffres indiquent les numéros du Catalogue.)

A

Ablancourt, N. Perrot d', 71-72.
Achaintre, N. L., 91-92-278.
Achard, C. F., 843.
Achilles Tatius, 276.
Acusilaus, 276.
Adrian J. Val., 633.
Ælien, Cl., 75-76-77-276.
Ælius Lampridius, 278.
Æschylus, 276.
Æschines, 82-83-276.
Æthicus Ister, 278.
Agassis, L., 593.
Agnant, A., 278.
Agrippa, H. C., 1-2.
Aguen, Laass d', 278.
Ahrens, A. E. I. 276.
Ajasson de Grandsagne, 278.
Alcidamas, 276.
Alegambe, Ph., 725.
Alembert J. Lerond d', 24-27-195-196-197-198-199-200.
Alexandre, Nat., 457-459.
Alglave, Emile, 348-349.
Alstedius, J. H., 46.
Alvin, L. Jos., 872.

Amantius, Barth., 17.
Amar, J. A., 278.
Amat, Ad., 343.
Ameis, C. Fr., 276.
Ammonius, 276.
Ampelius, Lucius, 278.
Ampère, And. M., 12.
Ampère, J. J., 241-408-409-410-411.
Amyot, J., 64-234.
Anastasius, 67.
Andilly, R. Arnauld d', 171.
Andocide, 276.
André, Val., 509-695.
Andreas, Val. 509-695.
André, le P. Y, 194.
Andrieux, F. G. J. St. 278-313.
Androtion, 276.
Angoulême, Charles de Valois, Duc d', 280.
Angoulême, Louise de Savoie, Duchesse d', 280.
Antimaque, 276.
Antiochus, 276.
Antiphon, 276.

Antoine Diogène, 276.
Apffel, 441.
Apollodore, 276.
Apollonius de Rhodes, 276.
Apollonius de Tyr, 276.
Appien, 276.
Apulée, L., 101-277-278.
Aquin, P. L. d', 823.
Arago, Fr., 221-242.
Aratus, 276.
Arborius, 278.
Archiac, A. d', 369.
Arconville, Gén. Ch. d', 226.
Argenson, A. R. d', 61.
Argenville, A. J. Dezallier d', 27.
Aristophane, 276.
Aristote, 121-229-276.
Arnauld d'Andilly, R., 171..
Arnault, A. V., 228-278.
Arnoult, Eug., 594.
Arnoux, 211-215.
Aretinus Leon. (Bruni), 82-83.
Arretinus Leon., 82-83.
Arrien Fl., 276-280.

Artaud, Nic. L., 278.
Ascensius, Jod. Badius, 94-95.
Asius, 276.
Assemani, J. S., 635.
Aubenas, 832.
Auberive, Hemey d', 178.
Aubert, l'Abbé J. L., 333.
Aubigné, Th. Agrippa d', 280.
Aubriet, Xav., 346.
Aubry, Aug., 1061.
Audinet-Serville, J. G., 27.
Auger, l'Abbé Ath., 91-92.
Auger, L. S., 301-303.
Auguis, P. R., 219-220-222.
Augustin (Saint), 171-280.
Aulu-Gelle, 278.
Aulus Sabinus, 278.
Aumer, Jos., 634.
Aurelius Victor, Sextus, 278.
Ausone, 278.
Auvray, L., 347.
Avianus, Flav., 278.
Avienus, Rufus Festus, 278.
Axenfeld, 369.

B

Babeuf, 308.
Bachaumont, L. Petit de, 453.
Bachelet, Th., 23.
Backer, Alois de, 726.
Backer, Aug. de, 726.
Bachelin-Deflorenne, 1063.
Bacon, Fr. Baron de Verulam, 3-4-135-280.
Badius Ascensius, Jod., 94-95.
Baecker, L. de, 446-474.
Baillard, 278
Baillet, Adr., 674-675-789.
Bailly, Ch. 278.
Bailly, J. Sylv., 295.
Baiter, 276.
Bajot, 912.

Bamaldus J. Ant., 772.
Barat, P., 673.
Barbeyrac, J., 819.
Barbier, Ant. Alex., 792-793.
Barbieri, Fr. As., 1012.
Baret, Eug., 435.
Barral, J. A., 242.
Barrin, J., 814.
Barrois, J., 607.
Barrot, Odysse, 348-349.
Barthe, Félix, 218.
Barthélemy, l'Abbé J. J., 214-215.
Barthélemy de Glanville, 34-35-36.
Basnage de Beauval, H., 818.
Bassus, Saleius, 278.
Baudeau, l'Abbé Nic., 27.

Baudet, L., 278.
Baudrillard, J. J., 27.
Baudrillart, H. J. L., 856.
Bayle, P., 182-183-184-814.
Beaune, Renaud de, 488.
Beauzé, Nic., 27.
Becanus, J. Goropius, 123.
Béclard, J., 369.
Bellarmin, Rob., 745-746-747-748.
Belleforest, Fr. de, 358.
Belleval, le Comte L. Ch., 322.
Benedictus, J. 66.
Benevenutus de Rambaldis, 104.
Benezech, P., 843.
Benlœw, L., 276.
Berger de Xivrey, J., 412-551.
Bergier, Nic. Syl., 27-151.
Bernadau, 887.
Bernard (Saint), 280.
Bernard, Cl., 369.
Bernard, J., 814-815.
Bernardi, J. E. D., 91-92.
Bernat d'Esclot, 280.
Bernouilli, J., 27.
Beroalde, Ph., 101.
Bertall, Ch. Alb. d'Arnoux, dit, 651.
Bertin, 369.
Bertin, Arm., 299.
Bertholon, Nic., 27.
Berthoud, S. H., 340.
Berville, Albin, 246.
Besson, A., 843.
Betolaud, V., 278.
Beuchot, A.J. G., 210-313-656-657.
Beughem, Cornelius à, 654.
Beyerlinck, L., 20.
Bignan, A., 278.
Bilibaldus Birkheimerus, 67.
Bion, 276.
Bishop, G., 692.
Blackwood, Adam, 133.
Blacuodæus, Adamus, 133.
Blainville, H. M. Ducrotay de, 374.

Blanc, Paulin, 606-899-900.
Blanchemain, Pr., 1046.
Blanquart de Septfontaines, 27.
Bleuet, J. A., 948.
Blois, Louis de, 280.
Blondeau, 27.
Blondel, J., 284.
Boèce, 280.
Boindin, Nic., 203.
Boisjolin, Vielh de, 313.
Boisselle, ...de, 259.
Boissonade, J. Fr., 276.
Boissy, G. de, 468.
Boissy, L. de, 291.
Boissy d'Anglas, F. A., 218.
Boitard, E., 278.
Boivin, J., 608.
Boivin de Villars, 280.
Bolerus, M, 67.
Bona, J., 280.
Bonamy, P. N., 280.
Bondaroix, Fougeroux de, 27.
Bonnardot, 978.
Bonnaterre, J. P., 27.
Bonne, Rig., 27.
Bordelon, l'Abbé L., 257.
Borghers, Alph., 399.
Bornitus, J., 131.
Bory de Saint-Vincent, J. B. G. M., 27-308.
Bosc, L, A. G., 27.
Boschet, le P., 676-677.
Bosquillon, E. F. M., 588.
Bossange, Ad., 233.
Bossuet, J. B., Evêque de Meaux, 175-176-777-178-179-180-181.
Bossuet, Evêque de Troyes, 175.
Bossut, l'Abbé Ch., 27.
Bothe, F. H., 276.
Bouchardat, A, 369.
Boucher d'Argis, A. G., 262,
Bouchet, J., 280.
Boucicaut, J. Le Maingre, dit, 280.
Bouciquaut, J., 280.

Boudier de Villemert, P.J, 336-337.
Boudot, l'Abbé P. J., 878.
Bouhier, le Président J. 91-92-699.
Bouillet, N., 22.
Bouillon, Turenne, Duc de, 280.
Boulanger et Boullanger, Nic. Ant. 201-202.
Bourbon, Nic. de, 261.
Bourdeille, André de, 280.
Bourdeille, Pierre de, 280.
Bourdelot, J., 67.
Bouteville, G., 843.
Boutteville, 278.
Boyer de Sainte-Suzanne, 383.
Boyvin du Villars, 280.
Boze, Cl. Gros de, 532-533.
Bracciolini, F. dit Pogge, 108.
Brachet, Aug., 835.
Brantome, P. de, 280.
Brassart, F., 913.
Bréal, Michel, 835.
Brémond, Fr. de, 586.
Bret, 824.
Brewer, H., 471.
Brial, M. J. J. 404.

Briault, Alfred, 351.
Brizard, Gab., 208-214-215,
Brongniart, Ad., 369.
Brotier, A. Ch., 64.
Brotier, Gab., 64.
Bruguières, J. G., 27.
Brune, G. M. A., 310.
Brunet, J. Ch., 845-848-849-850.
Brunet, Gust., 869.
Bruni, Leonardo (Aretinus), 82-83.
Bruys, Fr., 261.
Bruzen de la Martinière, A.A, 680.
Buchanan, G., 126.
Buchet, l'Abbé P. Fr., 291.
Buchon, J. A. C., 280.
Buckingham, J. de, 226.
Buddée, Fr., 760.
Buisson, E., 278.
Bulæus, C. Eg., 481-489-490-497.
Buloz, C., 324,
Buonaparte, Jac., 280.
Burette, Th., 278.
Burgo, Dionysius de, 100.
Burnouf, J. L., 92.
Bussemaker, Cats., 276.

C

Cabaret-Dupaty, 278.
Cailleau, Ch. And., 843.
Calcagninus, C., 118.
Callistrate, 74-276.
Calonne, Alph. de, 322.
Calonne, P. F. de, 278.
Calpurnius, 278,
Camerarius, Ph., 134.
Camoens, L. de, 224.
Campenon, F. N. V., 301.
Camus, J. P., 251.
Cantoclarus, C., 78.
Capella, M. M. F., 43.
Capitolinus, Julius, 278.
Carayon, Aug., 788,

Carbon, L., 667.
Cardan, J., 124-125.
Caresme, 278.
Carlenças, F. de Juvenel de, 360.
Carloix, Vincent, 280.
Carlowitz, M° de, 387.
Carnot, H., 826.
Caron, l'Abbé, 178-187.
Caron, 616-647.
Carteron, Ed., 32.
Casaubon, J., 101.
Cassini, J. Dom., 27.
Cassini de Thury, C. Fr., 524.
Castelnau, Michel de, 280.
Castilhon ou Castillon, J., 27-284-333-824.

Castilhon ou Castillon, J. L., 27-284-333-824.
Castillon, J. F. M. S. de, 91-92.
Castor, 276.
Cato, Dionysius, 278.
Cato, Valerius, 278.
Catulle, 277-278.
Cauchois-Lemaire, L. A. Fr., 308.
Caussin de Perceval, J. J. A. 278.
Cave, Guill, 751-752-753.
Cebes, 276.
Ceillier, Remy, 762.
Cels, J. M., 851.
Censorinus, 278.
Cessac, Lacuée de, 27.
Cérutti, J. A. Joach., 218.
César, 277-278.
Challe, 596.
Chamfort, S. R. N., 222-291-829.
Chappuyzi, 278.
Charavay, G., 636.
Charavay, J., 636.
Caiton, 2 76.
Charma, A., 13.
Charon, 276.
Charon J. B. A. 638.
Charpentier, Gerv., 320-342.
Charpentier, J. P. 278-398.
Charpentier, L. J. M., 366-367.
Charron P., 280.
Chartier Alain, 161.
Charton, Ed., 369.
Chasles, Michel, 369.
Chasles, Phil., 278.
Chassang, A., 386.
Chastelain ou Chastellain, Georges, 280.
Chateaubriand, le vicomte de, 240.
Chatel, Eug., 556.
Chaudon, E. J. 681.
Chaudon, L., 733.
Chaumeix, Ab. J. de, 25.
Chaumont, E. de, 278.
Chénier, M. J. 218-228-229-425.

Chenu J., 278.
Chevanes, A. de, 261.
Cheverny, Hurault de, 280.
Chevillier, And., 644.
Chevreul, M. E., 27.
Chézy, Madame de, 960.
Chifflet, Ph., 465.
Chiverny, Ph. Hurault de, 280.
Chœrilus, 276.
Choisnin, J., 280.
Chrysostome (Saint-Jean), 276.
Cicéron, M. T. 82-83-84-85-86-87-88-89-90-91-92-93-190-277-278.
Clairbois, Vial de, 27.
Claudien, 277-278.
Claudin, A., 1042.
Claustre, André de, 809.
Clémencet, Ch., 404-719.
Clément, David, 679.
Clément, Fr., 404.
Clément, J. M. B. 825.
Clément P., 820.
Clercx, 624.
Clessius J., 666
Climaque (Saint-Jean), 171.
Clitodème, 276.
Cloquet, H., 27.
Cocheris, H., 600-811.
Coffin, C., 497.
Cognatus, G., 65-67.
Collignon, Ch. Et. 369.
Colligny, G. de, 280.
Collin, 91-92.
Colomb, J., 404.
Colomesius, P., 142-672-751.
Colomiès, P., 142-672-751.
Colonia, Dominique de, 727-728-729.
Columelle, 278.
Coluthus, 276.
Combes, Ch., P. M., 369.
Commines, Ph. de, 280.
Condillac, Et. Bonnot de, 211-212
Condorcet, M. J. A. N. Caritat de, 27-221-245.

Condorcet O'Connor, 221.
Contant-d'Orville, A. J. 61.
Coquerel, Ch., 437.
Corbichon, J., 36.
Coringius, Herm., 279.
Cornelius Nepos, 277-278.
Cornelius Severus, 278.
Corpet, E. F., 278.
Corvinus, Valerius Messala, 278.
Cosma à Sto Stephano, 720.
Cotte, le P. L., 526-530.
Cotty, N., 27.
Coucy, Mathieu de, 280.
Coupé, J. M., 843.
Courtaud-Diverneresse, J. J. 278.
Courteilles, Despaty de, 843.

Courtin, N., 28.
Coussemaker, E. de, 775.
Coussy, Mathieu de, 280.
Crassous, P., 313.
Cruserius, H., 63.
Cromelin, J. M. 57.
Creuzer, Fr., 276.
Crapelet, G. A., 643.
Cramoisy, Séb. 653.
Cretaine, A. C. 868.
Crenius, Th., 797.
Crévier, J. B. L. 482.
Croweus, G., 739.
Ctesias, 276-280.
Cuvelier, Fr., 491.
Cuvier, G. 371-372-1006.

D

Dacier, And., 424.
Damascius, 276.
Dantês, A., 14.
Dargenville, A. J. Dezallier, 27.
Daru, A. N. B., 278.
Dathus, Aug., 67.
Daubenton. L. J. M. 27.
Daubrée, A., 369.
Daumius, Ch., 279.
Daunon, P. Cl. F., 229-404-430.
Dauphin, H., 237.
David, Emeric, 404.
De Bure, G. Fr., 844-979.
De Bure, G., 996-1006-1042.
Decaieu, Aug., 685.
Declaustre, And., 809.
Deforis, 177.
Dehaisnes, Chr., 892.
Dehay, Th., 307.
Delafosse, G., 369.
Delambre, J. B. Jos., 546.
Delandine, A. Fr., 623-897.
Delandine, Fr., 897.
Delas, I., 887.
Delarue, le P. Ch., 175.
Delaulnaye, F. H. St., 208.

Delaunay, A. H., 346.
Delaunay, Ch., 369.
Delavigne, A., 59.
Delessert, Ed., 834.
Deleuze, J. P. F., 58.
Delion, J. F. 883.
Delisle, Léop., 551-860.
Delrio, M., 460.
Deltour, F., 454.
Demade, 276.
Demanne, 794.
Demeunier, J. Nic., 27.
Demogeot, J., 405.
Demon, 276.
Demosthènes, 82-83-189-276.
Demours, P., 530-587.
Denoix des Vergnes, Fanny, 274.
Denonvillers, Ch. P., 369.
Dentu, Ed., 319.
Dentu, J. Gab., 798.
Denys, Caton, 278.
Denys d'Halicarnasse, 276-390.
De Rheims, H. J., 859.
Desains, P., 369.
Descamps, H., 278.
Descartes, René, 280.

Des Caurres, J., 248.
Desessarts, N. L., 204.
Desfontaines, l'Abbé P. Fr. Guyot, 335.
Deshayes, G. F., 27
Desjardins, Ern., 549.
Desmaiseaux, P., 173-182-819.
Desmarest, Nic. 27.
Desmery, J. A. Is., 266.
Desmolets, le P., 283.
Desmoulins, Ch., 595.
Desnoyers, J., 551.
Des Ourmes, Rallier, 27.
Despaty de Courteilles, 843.
Desplanque, 350.
Despois, E., 278.
Després, J. B. D., 278.
Desvergers, Noël, 32-833-834.
Dewailly, B. A., 92, 278.
Dewailly, G., 273.
Dezallier d'Argenville, A. J., 27.
Dezobry, Ch., 23.
Diderot, Denis, 24-27-213.
Didot, A. F., 31-32-834.
Diez, Fr., 416.
Dinarque, 276.
Dindorf, G., 276.
Dindorf, L., 276.
Diodore de Sicile, 276.
Diogène Antoine, 276.
Diogène Laerce, 276.
Dionis, 843.
Dionysius Cato, 278.
Dionysius de Burgo, 100.
Dirat, 308.
Dodsley, R., 226.
Doehner, Th., 276.
Doin, G. T., 27.
Dollfus, Ch., 318.
Donneau de Visé, J., 291.
Donoso Cortès, J., 160.
Draudius, G., 37-38-669.
Dreux du Radier, J. Fr., 293-712.
Dreyerus, Math., 790.

Dubarle, E., 483.
Du Bellay, G., 280.
Du Bellay, Martin, 280.
Dübner, Fr., 276.
Dubois, L., 278.
Dubois, N. A., 278.
Dubois, Ph., 1004.
Du Boulay, C. Egasse, 481-489-490-497.
Duboy Laverne, Ph. D., 534.
Duchartre, P., 369.
Du Chatelier, A. R., 597.
Duchesne, And., 161-782.
Duchesne, N. Forest, 49.
Duchosal, E. G., 200.
Duckett, W., 29-377.
Duclercq, J., 280.
Duclos, Cl. Pinot, 204-205.
Duclos, l'Abbé, 845.
Ducrotay de Blainville, H., 374.
Dufey, P. J. S., 162-308.
Dufresny, Ch. Rivière, 291.
Duhamel, H. L., 27.
Duhamel, J. B., 518.
Du Jarry, l'Abbé, 186.
Dulaurier, Ed., 606.
Du Marsais, C. Chesneau, 200.
Du Méril, Edélestand, 379-380.
Dumont, Ch., 236.
Du Peyrou, 207.
Du Pin, Louis-Ellies, 754.
Du Plessis, G., 773.
Dupont Delporte, P. N., 243.
Dupont, de Nemours, 9.
Dupont-White, 244.
Duport-Dutertre, 701.
Dupray de la Mahérie, 344.
Dupuis, Ch.-Fr., 27.
Durand, Dav., 91-92.
Du Roure, Scipion, 684.
Durozoir, Ch., 278.
Duruflé, 824.
Du Ryer, P., 90.
Dusaulx, J., 278.

Du Saussay, And., 747-765.
Du Sellier, Osmont, 730.
Dusevel, H., 978.
Dutens, L., 144.
Duthillœul, H. R., 620.
Du Tillet, E. Titon, 449.

Du Vair, G., 165-166.
Duval, Amaury, 313-404.
Du Verdier, Ant., 159-249-699.
Du Verger de Hauranne, Abbé de St-Cyran, 171.
Du Villars, Boyvin, 280.

E

Ebert, Ad., 329.
Echard, J., 458-721.
Edlen von Mosel, 864.
Egger, Em., 531.
Elie de Beaumont, E., 369.
Elien, Cl., 75-76-77-276.
Enfield, W., 289.
Ephore, 276.
Epictète, 276.
Eraniste, Eusebio, 434.
Erasme, D., 67-113-114.
Eratosthène, 276.
Ernesti, J. A., 91.
Ersch, J. S., 706-707-708.
Eschines, 82-83-276.
Eschyle, 276.

Esclot, Bernat d', 280.
Esmery, A. J. Isid. d', 266.
Estabel-Luce, 892.
Ethicus Ister, 278.
Etienne dit Jouy, 239-308.
Eucher (Saint), 171.
Eucheria, 278.
Eudes Deslongchamps, 27.
Eugenianus, Nicetas, 276.
Eumathius, 276.
Eunape, 276.
Euripide, 276.
Eusèbe de Césarée, 74.
Eutrope, 278.
Everard, M., 486.

F

Faber, Nic., 132.
Faber, Tanaq., 77.
Fabre, A. V., de Narbonne, 185.
Fabricius, Fr., 89.
Fabricius, J. Alb., 688-790.
Fain, 303.
Falconet, Cam., 699.
Faliscus, Gratius, 278.
Fano, Vinc., 805-806.
Fauchet, Cl., 163.
Fauriel, Ch. Cl., 404-428.
Fayet, l'Abbé, 599.
Fée, A. L. A., 278.
Feletz, 278.
Félix, Minucius, 280.
Fénin, Pierre de, 280.

Fénelon, Fr. de Salignac de la Mothe, 187-188.
Ferrarius, Oct., 7.
Ferry, C. J., 27.
Ferussac, le Baron de, 830.
Fessart, 497.
Festus Avienus, 278.
Festus, Sextus Pompeius, 278.
Feuillet de Conches, F., 273.
Féval, Paul, 369.
Fevret de Fontette, Ch. M., 784.
Ficin, Mars., 276.
Fick, Ed., 512.
Figuier, L., 376.
Filesac, J., 494.
Fisquet, H., 883.

Fix, Th., 276.
Flambart, F., 278.
Flavius Vopiscus, 278.
Fléchier, E., 185-186.
Fleurange, R. de, 280.
Fleury, l'Abbé Cl., 280.
Florebellus, Ant., 119.
Floridus Macer, 278.
Florus, L. A., 277-278.
Fontaine, Al., 525.
Fontaine de Resbecq, 769.
Fontanini, G., 433.
Fontenay, Lefèvre de, 291.
Fontenay, l'Abbé A. de, 294.
Fontenelle, Bernard le Bouyer de, 522.
Foppens, J. Fr., 696.
Forest-Duchesne, N., 47.
Forgeais, Arthur, 883.
Formey, J. H. S., 55-56-680-700.
Fortius Ringelbergius, J., 41.
Fortunat, 278,
Foucher de Careil, L. A., 145.

Fougeroux de Bondaroix, 27.
Fourcroy, A. F. de, 27.
Fourcy, A., 498.
Fourier, le Baron J. B. J., 966.
Fournier, Ed., 344.
Fournier, F. I., 846.
Fracastor, Hier., 278.
Fraguier, Ch. Fr., 497.
Framery, N. Es., 27-291.
Franciscus Maria, 8.
François, J., 715.
Frankenstein, Ch. Fr., 279.
Frédéric II, 155-216-217.
Frémion, C. A. F., 278.
Frère, Ed., 713.
Fréret, Nic., 193.
Fréron, E. C., 821.
Frisius, J. J., 663.
Froissart, J., 280.
Frontæus, J., 464.
Fronteau, J., 464.
Frontin, 278.
Fusellier et Fuzelier, L., 291.

G

Gaillard, A. Th., 92.
Gaillard, G. H., 27.
Galland, Ant., 280.
Gallicanus, Vulcatius, 278.
Gallon, 529.
Gallon de la Bastide, 91-92.
Galloys, J., 808.
Gamaches, Et. S. de, 264.
Gamon, Achille de, 280.
Garat, D. J., 218.
Garnier, J., 614-881-882.
Gassendi, P., 138.
Gaudefroy, L. F. A., 948-991-1000-1036-1041.
Gaudin, L., 899.
Gaumin, 497.
Gauthier, 310.
Gautier, Léon, 417.

Gautier, Théop., 369.
Gayangos, Pascal de, 436.
Geffroy, M. A., 369.
Gence, J. B. M., 473.
Genlis, M^e de, 268.
Gennadius, 744.
Genouille, J., 278.
Gérard, A., 888-889.
Géry, A. G. de, 472.
Gerle, Chr., 843.
Gersen, 280.
Geruzez, Eug., 406.
Gesner, Conrad, 77-661-662-663.
Gibelin, J., 588.
Gibert, Balt., 678.
Gibbon, Ed., 280.
Ginguené, P. L., 27-313-404-429-430.

— 228 —

Girardin, Saint-Marc, 272.
Giraud, F. J., 91-92.
Girault-Duvivier, Ch. P., 365.
Giudici, Gio., 427.
Glanville, Barthelemy de, 34-35-36.
Gobet, C. G. 276.
Godard, J. B., 27.
Goddé, J., 774.
Godefroy, Denys, 86.
Godin, L., 530.
Goethe, J. W., 150-151-152.
Goguet, A. Y., 363-364.
Goizet, 777.
Golbery, M. P. M. de, 278.
Gonod, B., 890.
Gorgias, 276.
Goropius Becanus, J., 123.
Gosselet, 350.
Gosselin, l'Abbé, 187.
Gothofredus, D., 86.
Goubaux, P. 92.
Goujet, l'Abbé Cl. P., 532-533-755.
Goulart, Simon, 134.
Goulin, J., 822.
Grace, Th. F. de, 534.
Graevius, J. G., 279.
Grandcolas, J., 759.
Grandmaison, Millin de, 588.
Granet, Fr., 283.
Gratiani, G., 156.

Gratiani, Th., 714.
Gratius Faliscus, 278.
Grégoire, H., 843.
Grenier, Léon, 343.
Greslou, E., 278.
Gretser, J., 724.
Gronovius, Ab., 77.
Gronovius, L. Th., 772.
Gros, E., 278-390.
Grotius, Hugo, 43.
Gruel, G., 280.
Gruget, Cl., 158-159.
Gruter, J., 19-101.
Guerle, J. N. M. de, 278.
Guerle, C. Héguin de, 278.
Guéret, Gab., 261.
Guérin, F. E., 27.
Guéroult, P. C. R., 92.
Guicciardini, Fr., 280.
Guichardin, Fr., 280.
Guignaut, J. B., 369.
Guillaume, 351.
Guillot, 27.
Guiton de Morvau, 27.
Guizot, Fr., 315.
Guyon, Fr., 369.
Guyon, L., Sr de la Nauche, 250.
Guyot-Desfontaines, l'Abbé P. Fr., 335.
Gyraldus, L. G., 120.

H

Haase, H. D. F. Ch., 276.
Haenel, G., 604.
Hain, L., 652.
Halevy, L., 278.
Halifax, G. d', 226.
Hallam, H., 399.
Hallifax, G. d', 226.
Halloix, P., 763.
Halm, Ch., 634-1021.
Hardouin, J., 146.
Harel, F. A., 308.

Haren, O. Z. de, 284.
Hase, Fr., 606.
Hassenfratz, G. H., 27.
Hatin, Eug., 426.
Hauréau, J. B., 404-551.
Hébert, J. B., 842.
Hécatée, 276.
Hédouville, le s^r de, 808.
Héguin de Guerle, C., 278.
Heinrich, G. A., 443.
Heitz, 276.

Héliodore, 276.
Hellanius, 276.
Hémerée, Cl., 495.
Hemey d'Auberive, 178.
Hennequin, J. F. G., 26.
Henricus Gandavensis, 744.
Henry, 441.
Heraclides, 75.
Herbert, 278.
Hercher, R., 276.
Herder, J. G., 387.
Héricourt, J., 571.
Héricourt, le Comte Achmet d', 647.
Hermand, 606.
Hermilly, d', 655.
Hérodote, 276-280.
Hérodien, 280.
Héron de Villefosse, A. M., 278.
Hérouville, Morin d', 822.
Hervey, 226.

Hésiode, 276.
Heumann, Ch. A., 791.
Hillebrand, Jos., 444.
Hillebrand, R., 394.
Himerius, 276.
Hippeau, C., 515.
Hirschig, R. B., 276.
Hoefer, F., 370.
Hoeschelius, David, 686-687.
Homère, 276.
Honorius Augustodunensis, 744.
Horace, 277-278.
Houssaye, Arsène, 225-346-455.
Houssaye, Edouard, 346.
Hunziker, J., 276.
Huot, J. J. N., 27.
Hurault de Cheverny, Ph., 280.
Hurault, Ph., fils, 280.
Hurtault, 655.
Hyde, Th., 923.
Hypéride, 276.

I

Iamblique, 276.
Ildephonsus, 744.
Imbert, B., 291.
Isée, 276.
Isidore (Saint), 744.

Isocrate, 276.
Ittigius, Th., 736.
Ister, 276.
Ister, Æthicus, 278.

J

Jablier, F. M., 8.
Jacob à Sto Carolo, 764.
Jacob, L., 653-710.
Jacob, P. J. Bibliophile, 777-778-1012.
Jacotius, Des., 89.
Jacquinet, P., 419.
Jager, J. N., 276.
Janet, Ed., 319.
Jannet, P., 883.
Jarrig-Jellis, 140.
Jarry de Mancy, A., 368.

Jaubert, le Vicomte, 600.
Jaucourt, L. de, 819.
Jay, Ant., 303.
Jean Chrysostôme (Saint), 276.
Jean Climaque (Saint), 171.
Jean de Troyes, 280.
Jeannin le Président, 280.
Jérome (Saint), 280-744.
Joannet, l'Abbé Cl., 766.
Joly, Cl. L., 261.
Jonval, 337.
Jordan, Cl., 292.

Jornandès, 278.
Joubert, J., 267.
Jourdain, Ch., 369-484-485.
Jourdan, J. B., 878.
Jourgniac de St-Méard, 310.
Josephe, Flavius, 276-280.
Jouve, l'Abbé, 385.
Jouvency, le P. J. de, 200.
Jouy, Étienne dit, 239-308.
Jubinal, Ach., 867-870-871.

Julien, Empereur, 78-79-80-81.
Julius Capitolinus, 278.
Julius Obsequens, 278.
Jullien (de Paris), Ant.,11-303-826.
Junius, Fr., 48.
Justin, J., 277-278.
Justinianus, Aug., 359.
Juvenal, 277-278.
Juvenel de Carlenças, F. de, 360.
Juvigny, Rigoley de, 699.

K

Keil, Ernst, 331.
Kéralio, L. F. de, 27.
Kératry, E. de, 318.
Klencke, Helmina de, 960.

Kœchly, A., 276.
Krantzovius, Ir., 201-202.
Kühnholtz, H. M., 606.
Kühnius, J., 76-77.

L

Laas d'Aguen, 278.
La Bastide, Gallon de, 91-92.
Labbe, Ph., 601-602-653-668-670-671-750.
Labbé, Léon, 369.
Labitte, A., 950.
La Boétie, Étienne de, 280.
La Bruère, Ch. de, 291.
La Bruyère, J. de, 280.
La Chabeaussière, A.E.X. de, 313.
La Chapelle, l'Abbé de, 27.
La Chapelle, Arm. de, 819.
La Chastre, Cl. de, 280.
La Chatre, le Marquis de, 256.
Lacombe, J., 291-337-718.
Lacordaire, le P., 241.
Lacretelle, P. L., 27-235.
Lacroix, Paul, 777-778-1012.
La Croix du Maine, F. de, 697-699.
La Croze, C. de, 815.
Lactance, 280.
Lacuée de Cessac, J. G., 27.
Lacurne de Sainte-Palaye, J. B. de, 414.
La Dixmerie, N. de, 337.

Ladvocat, J. B., 822.
Lafuite, 895.
La Garde, A. de, 291.
La Harpe, J. F. de, 224-291.
Lajard, Félix, 404.
Lalande, J. Jér. de, 27.
Lalanne, L., 834.
La Mahérie, Dupray de, 344.
La Marche, Olivier de, 280.
La Marche, Lecoy de, A., 418.
La Marck, J.B.P.A. Monnet de, 27.
La Marck, R. de, 280.
La Martinière, Bruzen de, 680.
Lambert, C. G. A., 618.
Lambert, l'Abbé Cl. Fr., 423.
Lambert, la Marquise de, 191.
Lambin, Denis, 84.
La Mennais, F., 269.
La Milière, . . . de, 284.
La Mirandole, J. Pic de, 106-107-108.
La Mirandole, J. Fr. Pic de, 106-107.
La Monnoye, B. de, 675-676-699.
La Mothe le Vayer, F. de, 51-170.

Lamouroux, 27.
Lampridius, Ælius, 278.
La Nauche, L. Guyon, s^r de, 250.
Langendonck, Chr. à, 510.
Langius, Jos., 17-18.
Lanjuinais, J. D. de, 843.
La Noue, Fr. de, 280.
Lapaume, A. J., 276.
La Place, Ant. de, 291.
La Place, G. F. M. J. de, 286.
La Place, Pierre de, 280.
La Planche, Régnier de, 280.
La Platière, Roland de, 27.
La Porte, Jos. de, 682-705.
La Ramée, P. de, 42-486-487.
Larenaudière, Ph. de, 313.
Larcher, 280.
La Roche, F. G. de, 27.
La Rochefoucauld, F. de, 280.
La Rochefoucauld, L. Arn., 843.
La Rochefoucauld-Liancourt, F. A. F., 245.
La Roque, A. de, 291.
La Roque, Daniel de, 814.
Larroque, Nic. Hy., 258.
La Rue, le P. Ch. de, 175.
La Rue, l'Abbé G. de, 415.
Lasteyrie, F. Ch. L. de, 551.
Latreille, P. And., 27.
Laube, H., 442.
Laubmann, J., 634.
Laude, P. J., 916-917.
Laulnaye, F. H. St. de, 208.
Launoius, J., 463-469-480-496.
Launoy, J. de, 463-469-480-496.
Laval, Antoine de, 280.
Laveaux, J. Ch., 217.
Laverdet, A., 636.
L'Averdy, . . . de, 535.
Lavernède, Thomas de, 903.
La Vieville, F. Le Cerf de, 716.
Lazeri, le P., 732.
Le Bas, Ph., 276.
Le Beuf, l'Abbé J., 407.

Le Blanc, P., 989.
Le Blond, J., 99.
Le Bœuf, l'Abbé J., 407.
Le Breton, Joach., 313.
Le Cerf de la Vieville, F., 716.
Le Clerc, Jean, 814-815-816-817.
Le Clerc, J. V., 92-404-606.
Le Clerc de Septchênes, 193.
Lecoy de la Marche, A., 418.
Lefebvre-Duruflé, N. J., 308.
Lefevre de Fontenay, 291.
Le Fèvre de Saint-Marc, H. 335.
Le Fèvre de Saint-Remy, J., 280.
Lefort, Ch., 512.
Le Gallois, P., 852-853.
Le Gay, Fl., 278.
Le Gendre, G. Ch., 53.
Le Glay, A., 617-621.
Le Gros, Nic., 730.
Lehrs, F. S., 276.
Lehrs, K., 276.
Leibnitz, G. G., 144-145.
Lelong, Jacques, 735-783-784.
Le Maingre, J., dit Boucicaut, 280.
Lemaire, N. E., 91-92-277.
Lemarchand, Alb., 615.
Lemcke, L., 329.
Lemire, Aubert, 693-694-744.
Lemoine-d'Orgival, 395.
Lemonnier, P. Ch., 524.
Lenient, Ch., 420-421.
Lenormand, Ch., 551.
Léon, Fr., 49-50.
Lepelletier de St-Fargeau, L. M., 27.
Le Prince, Th. Nic., 855.
Lerasle, 27.
Leroux, Pierre, 826.
Le Roux de Lincy, A. J. V., 950-1040.
Leroy, Ch. Fr., 175-176.
Le Roy de Méricourt, A., 369.
Lesbonax, 276.
Le Vayer, Fr. La Mothe, 51-170.

Levée, J. B., 91-92.
Levesque, P. Ch., 27.
Lévy, Michel, 369.
L'Hospital, Michel de, 162.
Libri, G., 606-865-866,
Licinius à Sancta Scholastica, 6.
Licquet, Th., 907.
Liez, A. A. J., 91-92-278.
Ligne, le Prince C. J. de, 232.
Lilienthal, M. M., 439.
Limayrac, Paulin, 275.
Limbert, Pougeard de, 843.
Linas, Ch. de, 622.
Lipenius, M., 734-767-770
Lipse, Juste, 96-97-128-129-130-838.
Liron, Jean, 260-711.
Littleton, G., 226.
Littré, . P. E., 404.
Loiseau, M., 555.
Loiseleur Deslongchamps, A., 280.
Longchamps, P. de, 401.
Longpérier, Ad. de, 551-834.
Longueville, E. P. M., 605.
Longus, 276.

Loriquet, Ch., 906.
Losa, Fr., 171.
Los Rios, Fr. de, 683.
Lottin, A. M., 851.
Lottin, A. P., 313.
Louandre, F. C., 880.
Louis, Ant., 27.
Louise de Savoie, 280.
Loyal Serviteur (le), 280.
Lucain, 223-277-278.
Lucas, Hipp. 382.
Lucien, 65-66-67-68-69-70-71-72-73-276.
Lucius Ampeleius, 278.
Lucilius, C., 278.
Lucinius Junior, 278.
Lucrèce, 277-278.
Lupercus Servastus, 278.
Luscinius, Ott., 67.
Lycosthène, C., 662.
Lycurgue, 276.
Lysias, 276.
Lyttleton, G., 276.

M

Mabillon, J., 192-452-470.
Mably, G. Bonnot de, 214-215.
Macchiavelli, N., 155-280.
Macé, J., 49-50.
Macé-Descamps, H., 278.
Macer, Floridus, 278.
Machiavel, N., 155-280.
Macquereau, Robert, 280.
Macrobe, 278.
Magnabal, J. G., 436.
Magdeleine de Saint-Agy, 371.
Magne, J. H., 369.
Magnin, Charles, 381.
Mairan, J. J. de, 523.
Maiole, Sim., 37-38-39.
Mairobert, Pidansat de, 453.
Maistre, Jos. de, 234.

Malherbe, Fr. de, 167.
Malitourne, Arm., 225.
Mallet, Gilles, 608.
Mallet du Pan, J., 291.
Manéthon, 276.
Mangeart, J., 278-475-628.
Manne, . . . de, 794.
Marc-Antonin, 276.
Marcellus de Side, 276.
Marcellus, 278.
Marcellus, le Comte de, 276.
Marchal, 630.
Marchand, Prosper, 642-974.
Marcilius, Th., 67.
Maret, Hugues, 27.
Marguerite de Valois, 280.
Marillac, G. de, 280.

Marillac, Mich. de, 280.
Marinié, 313.
Marinus, 276.
Marmontel, J. Fr., 27-233-291.
Martainville, A., 311.
Martelli, A. Ubicini, 278.
Martial, 277-278.
Martialis à S. Joanne Baptista, 718.
Martin, L. Aimé, 230-231-280.
Martin, Gab., 936-951-988.
Martinelli, Vinc., 157.
Massa, Ant., 463.
Massieu, J. B., 843.
Massuet, P., 819.
Maternus, J. F., 280.
Matouges, Bén., 280.
Matter, J., 441.
Matthæus Lunensis, J., 359.
Mauduyt, P. J. E., 27.
Maufras, Ch. L., 278.
Maupertuis, P. L. de, 203.
Maupied, F. L. M., 374.
Maurice, 884.
Mauroy, 324.
Maury, Alfred, 369-375-519-531-551.
Maxime, 276.
Maxime de Tyr, 276.
Mayerne-Turquet, 2.
Meineke, A., 276.
Mela, Pomponius, 278.
Melanchthon, Ph., 67.
Mélot, Anicet, 609.
Ménage, J., 676.
Ménandre, 276.
Menckcn, 836.
Mendoça, Fr. de, 136.
Mentel, J., 641.
Mentelle, E., 27.
Mercier, Séb., 208.
Mergey, J. de, 280.
Mérian, J. B., 284.
Merilhou, J., 218.
Mérimée, Pr., 271.

Merle, Mathieu, 280.
Merle, J. T., 808.
Mertens, F. H., 914-915.
Messala, Corvinus, 278.
Messie, Pierre, 158-159.
Meyer, G., 634.
Meyer, P., 835.
Michel, Francisque, 280.
Michelant, A. V., 606-610.
Micyllus, J., 67-69.
Middleton, 91-92.
Miger, P. A. M., 210-827.
Mignet, F. A. A., 555.
Miller, E., 832.
Millet-Saint-Pierre, J. B., 566.
Millin de Grandmaison, A. L., 588.
Millon, Ch., 200.
Millot, l'Abbé C. F. X., 414.
Milne Edwards, H., 369.
Min-Ellius, J., 98.
Minucius Felix, 280.
Mirabeau, H. G. de, 218.
Miræus, Aubertus, 693-694-744.
Mirandolle, J. Pic de la, 106-107-108.
Mirandolle, J. Fr. Pic de la, 106-107.
Molanus, J., 667.
Mollerus, J., 354.
Momigny, J. J. de, 27.
Monbalon, 886.
Mongault, l'Abbé N. H., 91-92.
Monge, G., 27.
Mongez, Ant., 27.
Monmerqué, J. N., 280.
Monstrelet, Enguerrand de, 280.
Montaiglon, Anat. de, 883.
Montaigne, Michel de, 280.
Montalbanus, Ov., 772.
Montesquieu, Ch. de, 195-196-197-198-199.
Montfaucon, B. de, 452-603-613.
Montigny, Ch. Cl. de, 27.
Montluc, Blaise de, 280.

15*

— 234 —

Morabin, 91-92.
Morand, Fr., 461.
Morand, P. de, 824.
Moreau, C., 785.
Morel, Ch., 835.
Morel, F., 74.
Morellet, l'Abbé And., 223.
Morellus, Fed., 74.
Morentinus, P. M., 78-80.
Morhof, D. G., 354.
Morin d'Hérouville, 822.
Morus, Th., 67-115-116.
Morvau, Guiton de, 27.

Moschus, 276.
Mosellanus, P., 67.
Moser, G. H., 276.
Mousnier, 211.
Mullach, G. A., 276.
Muller, Ch., 276.
Muller, Max, 389.
Muller, Otfried, 394.
Muller, Th., 276.
Muntaner, Ramon, 280.
Musée, 276.
Musset, V. D. de, 313.

N

Naigeon, J. A., 27-213.
Nanus, Dom., 16-17.
Napoléon III, 247.
Naudé, Gab., 465.
Naudet, J., 92-278.
Nefftzer, A., 318.
Nélaton, A., 369.
Nemesianus, 278.
Nepos, Cornelius, 277-278.
Neuville. . . . de, 284.
Nicandre, 276.

Niceron, J. P., 448.
Nicetas Eugenianus, 276.
Nicolas de Damas, 276.
Nisard, Ch., 422.
Noblot, 361.
Noël, Fr. J., 286-366-367.
Nonnus, 276.
Nostra-Dama, Gio. di, 427.
Numatianus, Rutilius, 278.
Nyon, J. L., 996.

O

Obsequens, Julius, 278.
Obsopoeus, V., 67.
Ochoa, Eug. de, 612.
Oettinger, E. M., 781.
Oldenburgius, H., 585.
Oldoinus, Aug., 689-690.
Olearius, J. G., 760.
Oliverius, Arz., 94-95.
Olivet, J. d', 88-91-92-516-517.
Olivier, G. A., 27.

Ollivier, R., 26.
Olympiodore, 276.
Oppien, 276.
Orville, A. G. Contant d', 61.
Osmont Du Sellier, 730.
Otte, Fr., 330.
Oudin, Casimir, 749-761.
Ouizille, C. P., 278.
Ovide, 277-278.
Ozanam, A. F., 241.

P

Pacianus, 742.
Paeile, Ch., 895.
Palladius, 278.
Palma-Cayet, 280.
Panckoucke, Ch., 291.
Panckoucke, C. L. E., 278.
Panckoucke, Ern., 278.
Panizzi, A., 922.
Panyasis, 276.
Pape, J.de, Sieur de Saint-Auban, 280.
Paquot, J. N., 445.
Parent, l'ainé, 839.
Paris, Gaston, 835.
Paris, Louis, 883-905.
Paris, Paulin, 404-611.
Parisot, V., 278.
Parmentier, A. A., 27.
Parthenius, 276.
Pascal, Blaise, 280.
Pasquier, Et., 164.
Pasquier, Nic., 164.
Pastoret, E. C. J. P. de, 404.
Paterculus, Velleius, 277-278.
Patouillet, L., 729.
Paulin de Périgueux, 278.
Paulmy, le Marquis de, 61.
Pausanias, 276.
Pauthier, G., 477.
Payen, J. F., 280.
Péhant, Emile, 901.
Peignot, G., 843-847.
Pellisson, P., 516-517.
Pentadius, 278.
Pérau, L. G., 175.
Peregrinus, A. S., 691.
Perin, C., 787.
Perizonius, J., 77.
Perreau, A., 278.
Perrens, F. T., 432.
Perrot d'Ablancourt, Nic., 71-72.
Perse, 245-277-278.

Petau, D., 653.
Petetin, Anselme, 826.
Petitdidier, Mat., 757.
Petit-Radel, L. Ch. F., 27-404.
Petity, J. R. de, 54.
Petrarque, Fr., 102-103-104.
Pétrone, 278.
Pfeiffer, Fr., 328.
Phaletranus, G. E., 279.
Phanodème, 276.
Phèdre, 277-278.
Phérécyde, 276.
Phile, 276.
Philémon, 276.
Philippi, J., 280.
Phillips, 369.
Philistus, 276.
Philochlore, 276.
Philon de Byzance, 276.
Philostrate, 74-276.
Photius, 686-687.
Phylarque, 276.
Pic de la Mirandole, J., 106-107-108.
Pic de la Mirandole, J. F., 106-107.
Pichot, Am., 323.
Pidansat de Mairobert, 453.
Pierron, Alexis, 393-397.
Pierrot, J., 278.
Piers, H., 627-862.
Pighius, Steph., 96.
Pillet, 656-657.
Pinandre, 276.
Pinel, Ph., 588.
Pithou, P., 127.
Pitseus, J., 692.
Placcius, Vinc., 790.
Plaichard, 843.
Platon, 276.
Plaute, 277-278.
Pline l'Ancien, 277-278.

Pline le Jeune, 190-277-278-280.
Plotin, 276.
Plutarque, 63-64-92-234-276.
Poggius, Fr., 108.
Poinsinet de Sivry, L., 362.
Poiret, J. L. M., 27.
Poirier, G., 843.
Poitevin, Prosper, 280.
Politien, A., 109.
Pollio, Trebellius, 278.
Polybe, 276-280.
Polydore Vergile, 356-357-358.
Pommereul, F. R. J. de, 27.
Pommier, A., 278.
Pompeius Festus, Rufus, 278.
Pomponius Mela, 278.
Poncet, Dom., 404.
Pongerville, S. de, 278.
Pontier, 255.
Pope, 226.
Porchat, J., 152.
Porée, le P. Ch., 226.
Porphyre, 276.
Possevin, Ant., 664-665-743.

Potier, L., 950.
Potthast, Aug., 780.
Pottier, André, 907.
Pouchet, F. A., 373.
Pougeard de Limbert, 843.
Pourcelet, A., 840.
Poulet, J. J. E., 27.
Pouy, Ferd., 645-646.
Prévost, l'Abbé A. F., 91-92-335-824.
Prévost-Paradol, L. A., 270.
Priezac, Daniel, 139.
Prior, Mat., 226.
Priscien, 276-278.
Proclus, 276.
Prony, J. C. F. M. de, 27.
Properce, 277-278.
Proyart, l'Abbé L. B., 227.
Publius Syrus, 278.
Publius Victor, 278.
Pucelle, 497.
Puissant, 367.
Pujet de Saint-Pierre, 21.
Pyrrhus, J., 101.

Q

Quatrefages, A. de, 369.
Quatremaires, Rob., 462.
Quatremère de Quincy, 27.
Quérard, J. M., 709-795-796.
Querlon, A. G. de, 337.

Quétif, J., 721.
Quesnel, P., 452.
Quinte-Curce, 277-278.
Quintilien, 277-278.
Quintus de Smyrne, 276.

R

Rabault Saint-Etienne, J. P., 27.
Rabutin, Fr. de, 280.
Ragon, Fr., 278.
Rallier des Ourmes, J. J., 27.
Rambaldis, Benevenutus de, 104.
Ramon-Muntaner, 280.
Ramus, P., 42-486-487.
Ravaisson, Fél., 369-606-857.
Raynal, l'Abbé T. G. Fr., 291-450.

Raynal, P., 267.
Raynaud, Théoph., 799.
Regnier, 588.
Regnier, Ad., 149.
Regnier de la Planche, 280.
Regnier-Desmarais, F. S., 91-92.
Reinaud, J. T., 606.
Reinesius, Th., 278.
Remusat, Ch. de, 92.

Renan, J. E., 404.
Renier, Léon, 31-32-551.
Renouard, A. A., 648-649.
Resbecq, Fontaine de, 760.
Reuchlin, J., 756.
Revilliod, G.. 512.
Reynier, J. B., 898.
Rheims, H. J. de, 859.
Ribadeneira, P., 724.
Ricard, E., 893.
Ricchini, le P., 732.
Ricci, Jac., 807.
Richer, E., 493.
Richesource, J. D. de, 254.
Ricourt, 346.
Rigoley de Juvigny, J. A., 402-403-699.
Ringelbergius, J. Fortius, 41.
Rinn, 278.
Rivarol, Ant., 225.
Rivet, Ant., 404.
Rivinus, And., 279.
Roaldus, F., 101.
Robert, D. Ch., 228.
Robertson, T., 288-290.
Robertson, W., 280.
Robin, Ch., 382.
Robinet, J. B. R., 284-400.
Roccha, Aug., 854.
Rochechouart, G. de, 280.
Roger, J. Fr., 301.
Roland de la Platière, 27.
Roquefort-Flamericourt, B. de, 27-413.
Rossel, 226.
Rosset, F. de, 39.
Rousseau, J. J., 207-208.
Rousseau, P., 824.
Rousselot de Surgy, J. Ph., 27.
Rousselot, X., 278.
Roux, Aug., 822.
Roux, P. M., 584.
Royer-Collard, P. P., 301.
Rozière, Eug. de, 556.
Ruben, Emile, 896.
Rufus, Sextus, 278.
Ruinart, Th., 192.
Rulhière, Cl. C. de, 219-220.
Rulié, l'Abbé P., 731.
Rutilius Numatianus, 278.

S

Saas, l'Abbé J., 626.
Sabbathier, Esp., 8.
Sabellicus, Ant., 359.
Sabinus, 278.
Sacy, Cl. L. M. de, 27.
Sacy, L. de, 190-278.
Sacy, S. V. Silvestre de, 369.
Sadolet, J., 119.
Sadous, Alfred, 388.
Saint-Agy, Magdeleine de, 371.
Saint-Auban, Pape de, 280.
Saint-Cyran, l'Abbé de, 171.
Saint-Evremont, Ch. de, 173-174.
Saint-Fargeau, L. M. Lepelletier de, 27.
Saint-Foix, Poullain de, 206.
Saint-Génois, J. de, 632.
Saint-Marc, Lefévre de, 335.
Saint-Martin, Vivien de, 834.
Saint-Méard, Jourgniac de, 310.
Saint-Pierre, Bernardin de, 230-231.
Saint-Pierre, Pujet de, 21.
Saint-Priest, A. de, 30.
Saint-Réal, l'Abbé C. V. de, 172.
Saint-Remy, Lefèvre de, 280.
Saint-Surin. . . . de, 223-224.
Sainte-Beuve, C. A., 225.
Sainte-Croix, G. E. J. de, 27.
Sainte-Suzanne, Boyer de, 383.
Sainte-Palaye, J. B. de la Curne de, 414.

Saleius Bassus, 278.
Salfi, F., 429-431.
Salignac, B. de, 280.
Sallier, Cl., 878.
Salluste, 277-278.
Salo, Denis de, 808.
Salverte, Eus. de, 91-92.
Sambucus, J., 65.
Sammonicus, Serenus, 278.
Sanderus, Ant., 629.
Sandoval, Bern. de, 801.
Sarasin, J. Fr., 168-169.
Saulcy, F. de, 834.
Saulnier, Séb. L., 323.
Saulx-Tavannes, Guill. de, 280.
Saulx-Tavannes, Gaspard de, 280.
Savagner, A., 278.
Savary, J., 27.
Saviot, E., 278.
Savoie, Louise de, 280.
Say, H., 313.
Say, J. B., 313.
Scaliger, J. J., 131.
Scarron, J., 497.
Scheffer, J., 76-77.
Schiller, Fr., 147-148-149.
Schlegel, F., 377.
Schmellers, And., 634.
Schneider, Ch., 276.
Schober, E., 384.
Schoell, F., 391-392-396.
Schoppius, G., 101.
Schottus, And., 667-686-687-691.
Schrevelius, C., 87.
Schwebelé, Ed., 911.
Schweighæaser, 276.
Schwimmer, J. M., 478.
Seguier, J. Fr., 772.
Ségur-Dupeyron, A. de, 324.
Selden, J., 671.
Semet, L. T., 895.
Senebier, J., 27.
Sénèque, 207-208-277-278.
Seneuze, Laur, 977.

Septchènes, Le Clerc de, 193.
Septfontaines, Blanquart de, 27.
Septier, H., 625.
Sepulveda, J. G., 122.
Sequester, Vibius, 278.
Serenus Sammonicus, 278.
Servan, Jos. de, 27.
Servastus Lupercus, 278.
Serville, J. G. Audinet, 27.
Severus, Cornelius, 278.
Sextus Aurelius Victor, 278.
Sextus Rufus, 278.
Sextus Pompeius Festus, 278.
S'Gravesande, J., 819.
Sigebertus Gemblacensis, 744.
Silhouette, Et. de, 201-202.
Silius Italicus, 277-278.
Simler, Josias, 662-663.
Simon, Denis, 768.
Simon, J., 501.
Simon, Richard, 758.
Simplicius, 276.
Sinapius, J., 67.
Sivry, Poinsinet de, 362.
Sixtus Senensis, 737-738.
Sobolstchikoff, B., 841.
Solin, 278.
Sommervogel, P. C., 334.
Sophocle, 276.
Sorel, C., 5-698.
Soret, J., 336.
Soto Major, Ant. à, 802-803.
Souciet, Est., 758.
Soudier, J. de, 254.
Spartianus, 278.
Spinoza, B. de, 140.
Spurinna, Vestritius, 278.
Stanislaus à S. Bartholomeo, 15.
Stassart, le Baron G. J. A. de, 243.
Sterpinus, J., 585.
Steuvechius, G., 101.
Strabon, 276.
Struvius, B. G., 355.
Suard, J. B. A., 27.

Suétone, 224-277-278.
Serviteur-Loyal, 280.
Sureau, Ed., 961.
Sulpice Sévère, 278.
Sulpicia, 245-278.

Surgy, Rousselot de, 27.
Sylvestre de Sacy, S. V., 369.
Sylvius, Fr., 17-18.
Syrus, Publius, 278.

T

Tacite, 207-208-277-278.
Taillandier, Ch., 404.
Taillefer, E., 278.
Tailliar, Eug., 620.
Taine, H., 438.
Talbot, Eug., 73.
Tallemant, P., 532-533.
Taranne, 606.
Taschereau, J., 879.
Tasse, 207-208-224.
Tassin, R. Pr., 717.
Tatius Achilles, 276.
Tauler et Taulère, J., 280.
Taylor, le Baron, 580.
Techener, J., 831-1037.
Techener, L., 831.
Teisserus, Ant., 447-668.
Teissier, Ant., 447-668.
Telin, G., 40.
Temple, le Chevalier W., 153-154.
Térence, 277-278.
Tertullien, 280.
Tessier, H. Al., 27.
Testelette, 467.
Tetard, F., 155.
Texier, Edm., 651.
Thaulère, 280.
Théocrite, 276.
Théophraste, 276.
Théopompe, 276.
Theremin, Ch., 313.
Théry, A. F., 212-479.
Thiébaut, Ars., 10.
Thierry, Ed., 369.

Thiessé, Léon, 209.
Thomaeus, N. L., 111-112.
Thomas de Lavernède, I. E., 903.
Thouin, André, 27.
Thuau-Granville, 295.
Thucydide, 276-280.
Thuillier, Vincent, 192.
Tibulle, 277-278.
Ticknor, G., 436.
Tilladet, l'Abbé de, 282.
Timée, 276.
Tischendorf, C., 276.
Tite-Live, 277-278.
Titon du Tillet, Ev., 449.
Tortius, Fr., 17.
Toscan, G. L. G., 313.
Toulouse, 883.
Tourlet, R., 81.
Tourreil, J. de, 189.
Trajan, 280.
Travers, Jul., 476.
Trebellius Pollio, 278.
Trébuchet, 284.
Tremblay, D. J., 884.
Trittenhem, J., 740-741-742.
Tritthem, J., 740-741-742.
Trognon, A., 278.
Tryphiodore, 276.
Turenne, Duc du Bouillon, 280.
Turnèbe, Ad., 121.
Turnus, 278.
Turpin, Fr., 27.
Tzetzès, 276.

U

Ubicini Martelli, A., 278.

V

Valatour, A., 278.
Valdegamas, le Marquis de, 160.
Valère - Maxime, 94-95-96-97-98-99-100-277-278.
Valerius Cato, 278.
Valerius Flaccus, 277-278.
Valerius Messala Corvinus, 278.
Valery, A. Cl., 452.
Valgrave, Fr., 463.
Valla, Laur, 105.
Valois,(Ch. de),Duc d'Angoulême, 280.
Valois, Marguerite de, 280.
Valton, 276.
Van den Eede, Aub., 744.
Van Praet, J., 608-659-660-996.
Varron, 278.
Vatimesnil, L. de, 278.
Vauprivas, Du Verdier de, 159-249-699.
Vauquelin, N. L,, 27.
Vauvenargues, L. Cl., 280.
Vauvillers, J. Fr., 64.
Vedia, Henri de, 436.
Velleius Paterculus, 277-278.
Velpeau, 369.
Vergé, Ch., 555.
Verger, V., 91-92-278.
Vergile, Polydore, 356-357-358.
Vernade, 278.
Vernulæus, Nic., 510.
Versoris, 164.
Vestritius Spurinna, 278.
Veuillot, L., 160.
Vial de Clairbois, 27.

Vibius Sequester, 278.
Vicq-d'Azyr, F., 27-843.
Victor, Publius, 278.
Victor, Sextus Aurelius, 278.
Vieilleville, le Maréchal de, 280.
Vieillot, L. J. P., 27.
Villar et Villars, 843.
Villefosse, A. M. Héron de, 278.
Villemain, A. Fr., 188-278.
Villemert, Boudier de, 336-337.
Villenave, G. T., 205-278.
Villeneuve, G. de, 280.
Villeroy, N. de, 280.
Villers, 312.
Villers, Cosme de, 720.
Vinas, Léon, 598.
Vincent de Beauvais, 33.
Viollet-le-Duc, 776.
Virgile, 245-277-278.
Virunius, P., 67.
Visé, Donneau de, 291.
Vitruve, 278.
Vivien de Saint-Martin, 834.
Vivis, J. L., 45-117.
Vogelin, Sal., 863.
Voisin, A., 918-920.
Volaterranus, Raph., 110.
Volney, C. F., 27-233.
Voltaire, F. M. Arouet de, 209-210.
Vopiscus, Flavius, 278.
Vossius, G. J., 48-137-378.
Vossius, Isaac, 141.
Vulcatius Gallicanus, 278.
Vulteius, J., 75-76-77.

W

Wadding, Lucas, 723.
Wagenselius, J. Ch., 143.
Wagner, F. G., 276.
Wailly, A. de, 278.

Wailly, G. de, 278.
Wandalinus, J., 279.
Warmé, Vulfran, 237.
Watelet, C. H., 27.

Weber, Alfred, 388.
Weiss, Ch., 885-1027.
Werdet, Edm., 650.
Werlinus, Barth. 742.
Westermann, A., 276.
Willm, Jos., 287.

Wilmet, 383.
Willot, H., 722.
Wolf, Ferd., 329.
Wolff, O. L. B., 440.
Wood, Ant., 511.
Wower, J. à, 44.

X

Xanthus, 276.
Xénophon, 40-276-280.

Xivrey, J. Berger de, 412-351.
Xylander, G., 63.

Y

Yanoski, J., 833.
Yung, Eug., 348-349.

Yvert, Eug., 352.

Z

Zeller, J. S., 389.
Zobelius, E. F., 508.
Zotenberg, H., 835.

Zozime, 380.
Zuingerus, J., 63.

TABLE DES OUVRAGES ANONYMES.

A

Abeille (l'), recueil de philosophie, de littérature et d'histoire, 263.
Abeille (l') Picarde, 351.
Abbeville. Bibliothèque, 880.
— Société d'Émulation, 557.
Academia de S. Fernando, 513-514.
Académie départementale de la Somme. Règlements pour les Écoles primaires, 503-504-505.
Académie des Inscriptions et Belles-Lettres :
— Histoire, 531-532-533-534.
— Mémoires, 534-536-539-547-548.
— Comptes-rendus, 549-550.
— Tables, 535-556.
— Savants étrangers, 548.
Académie des Sciences :
— Histoire, 519-520-521.
— Mémoires, 520-521-537-538-541.
— Mémoires des savants étrangers, 527-542.
— Pièces qui ont remporté le prix, 528.
— Machines et inventions approuvées, 529.
— Comptes-rendus, 543-544-545.
— Tables, 530.

Académie des Sciences morales politiques :
— Mémoires, 540-553.
— Mémoires des savants étrangers, 554.
— Comptes-rendus, 555.
— Tables, 556.
Académie française :
— Histoire, 516-517.
— Discours, rapports..., 552.
Académie des Jeux floraux, 572.
Académie royale de Belgique, 589-590.
Académies. (Voir le nom des villes où elles ont leur siége).
Acta Eruditorum, 836.
Avertissement sur la réformation de l'Université de Paris, 487.
Affaires du temps (Mercure), 291.
Albi. Manuscrits, 606.
Ami du Prince (l'), 304.
Amiens. Académie, 558-559.
— Bibliothèque, 881-882-883.
— Manuscrits, 614.
— Anciens élèves du Lycée, 507.
Analectabiblion, 684.
Anecdotes littéraires, 450.
Angers. Manuscrits, 615.
Animadversiones in Vindicias Kempenses, 470.

Annales de la littérature et des arts, 828.
Annales typographiques, 822.
Année française ou Mémorial politique, 314.
Annuaire de l'Académie royale de Belgique, 590.
Annuaire de l'Institut des Provinces, 583.
Antiquaires du Nord (Société des), 591-592.
Apologie pour l'auteur de l'Histoire critique du Vieux Testament, 756.
Apologie pour Thomas à Kempis, 466.

Archives des missions scientifiques et littéraires, 285.
Archives du bibliophile, 1062.
Arras. Académie, 560.
— Manuscrits, 616.
Artiste (l'), Journal, 346.
Association des anciens Barbistes, 506.
Association des anciens élèves du Lycée d'Amiens, 507.
Athenæum français, 834.
Auteurs déguisés, 789.
Autun. Manuscrits, 606.
Avant-coureur (l'), 337.

B

Barbistes (Association des), 560.
Beauvais. Bibliothèque, 884.
Belgique. Académie royale, 589-590.
Besançon. Bibliothèque, 885.
Bibliophile (le) français, 1063.
Bibliographie de la France, 656-657-658.
Bibliographie ou catalogue général des livres de droit, 770.
Bibliographie parisienne, 655.
Bibliotheca Carmelitana, 720.
Bibliotheca classica latina, 277.
Bibliothèque choisie, 816.
Bibliothèque classique latine, 277.
Bibliothèque d'un homme de goût, 681.
Bibliothèque du Roy. Histoire, 855.
— Catalogue des imprimés, 878-879.
— Catalogue des manuscrits, 605-606-607-608-609-610-611-612.
Bibliothèque générale des écrivains de l'Ordre de St-Benoit, 715.

Bibliothèque impériale.
— Catalogue des manuscrits, 610.
— Catalogue des imprimés, 879.
Bibliothèque janséniste, 727-728-729.
Bibliothèque latine française, 278.
Bibliothèque protypographique, 607.
Bibliothèque raisonnée, 819.
Bibliothèque universelle des Dames, 62.
Bibliothèque universelle et historique, 815.
Bibliothèque universelle, Revue Suisse, 321.
Bordeaux. Académie, 561.
— Bibliothèque, 886-887.
Boston. Public library, 873-874-875-876-877-924-925-926-927-928-929.
— The Society of natural history, 593.
Bouillon. Société typographique, 284.

Boulogne-sur-Mer. Société d'agriculture, 562.
— Bibliothèque, 888-889.
Bourgogne (Bibliothèque des Ducs de), 630-631.
Brevis excursus de loco, tempore et authore inventionis typographiæ, 640.
British Museum. Bibliothèque, 922.
Bruxelles. Académie, 589-590.
— Bibliothèque, 872-918-919.
— Manuscrits, 630-631.
Bulletin de l'Instruction publique de l'Académie de Caen, 564.
Bulletin des Sociétés savantes, 574.
Bulletin du Bouquiniste, 1061.
Bulletin scientifique, historique et littéraire du département du Nord, 350.
Bureau d'adresse (Conférences du) 252-253.

C

Caen. Académie, 363-564.
— Bibliothèque de l'Université, 858.
— Bulletin de l'Académie, 564.
Cambrai. Manuscrits, 617.
Carpentras. Manuscrits, 618.
Catalogue.
Pour les catalogues des bibliothèques publiques, voyez le nom de la ville.
Les catalogues des bibliothèques particulières sont rangés selon l'ordre alphabétique des noms des propriétaires.
Catalogue des livres imprimés sur vélin, 659-660.
Catalogue des ouvrages relatifs aux Etats-généraux, 786.
Catalogue général des manuscrits des bibliothèques des départements, 606.
Censeur (le) hebdomadaire, 823.
Chartres. Manuscrits, 619.
Cherbourg. Académie, 565.

Clermont-Ferrand. Bibliothèque, 890.
Colmar. Bibliothèque, 891.
Commerce savant et curieux, 281.
Concours entre les Instituteurs publics (1860), 302.
Congrès méridional, 581.
Congrès scientifique de France, 582.
Conseils pour former une bibliothèque, 680.
Considérations sur l'état présent de la littérature en Europe, 400.
Constitutionnel (le), 302.
Contestations (les) touchant l'autheur de l'Imitation de J.-C., 468.
Copenhague. Société des Antiquaires du Nord, 591-592.
Correspondant (le), 325.
Coup-d'œil éclairé d'une bibliothèque, 851.
Courrier (le), 305.
Critique (la) abrégée des ouvrages des Auteurs ecclésiastiques, 759.

D

Décade (la) philosophique, 313.
Décret de la Congrégation de l'Indice contre la Bibliothéque janséniste, 732.
Démocrite (le) français, 311.
Dictionnaire bibliographique, 845.
Dictionnaire de la conversation, 29.
Dictionnaire des livres jansénistes, 729.
Dictionnaire des notions primitives, 21.
Dictionnaire historique des Auteurs ecclésiastiques, 733.
Dissertation sur le véritable auteur du livre de l'Imitation de J.-C., 472.
Distribucion de los premios por la real Academia de S. Fernando, 513-514.
Distribution des prix aux élèves du Prytanée français, 499-500.
Distribution des récompenses aux sociétés savantes, 579.
Douai. Bibliothèque, 892-913.
— Manuscrits, 620.
— Société d'agriculture, 913.

E

Echo (l') du soir, 304.
Ecoles normales (Séances des), 60.
Elémens de la géométrie de l'infini, 522.
Elenchus Theologorum in tota Sacra Biblia, 742.
Elsassische Samstagsblatt, 330.
Encyclopédie, ou dictionnaire raisonné des sciences, 24.
Encyclopédie du XIX siècle, 30.
Encyclopédie élémentaire, 57.
Encyclopédie méthodique, 27.
Encyclopédie moderne, 28-31-32.
Epilogueur (l') politique, 309.
Epinal. Manuscrits, 606.
Esprit de l'Encyclopédie, 26.
Essai historique sur la bibliothèque du Roy, 855.
Essai sur la bibliographie, 839.
Etats généraux (Catalogue des livres relatifs aux), 786.
Etudes religieuses, historiques, philosophiques et littéraires, 326.
Extraordinaires du Mercure, 291.

F

Feuille (la) nécessaire, 336.
Fragments d'histoire et de littérature, 258.
Franco (la) littérairo, 701-702-703-704-705.

G

Gand. Manuscrits, 632.
— Bibliothèque, 920.
Gartenlaube (die), 331.
Gazette de France, 300.
Gazette nationale, 295.
Géométrie de l'infini (Elémens de la), 522.
Germania, 328.
Giessen. Manuscrits, 633.
Grenoble. Bibliothèque, 893.

— 247 —

H

Havre. Bibliothèque, 894.
— Société d'études diverses, 566.
Hispaniæ bibliotheca, 691.
Histoire de l'origine... de l'imprimerie, 642.
Histoire des ouvrages des savants, 818.

Histoire littéraire de la Congrégation de S. Maur, 717.
Histoire littéraire de la France, 404.
Histoire littéraire des troubadours, 414.
Histoire littéraire de S. Bernard, 719.

I

Idée générale des sciences, 52.
Illustrated (the)London news, 327.
Indépendant (l'), 303.
Index librorum prohibitorum, 801-802-803-804-805-806-807.
Institut de France, 537-538-539-540-541-542-543-544-545-546-547-548-549-550-551-552-553-554-555-556.
Institut des Provinces, 583.
Instruction (de l') de Mgr le Dauphin, 51.

J

Jésuites. Bibliothèque, 910.
Jeux d'esprit et de mémoires, 256.
Journal de la Société des Bonnes-Lettres, 828.
Journal de l'Empire, 297.
Journal de Trévoux, 332.
Journal de Verdun, 292.
Journal des Beaux-Arts et des Sciences, 333.
Journal des Débats, 298-299.
Journal des Rieurs, 311.
Journal des Savants, 808-809-810-811-812-813.
Journal du Cercle des arts, 829.

Journal du Commerce, 306.
Journal encyclopédique, 824.
Journal général de France, 294-301.
Journal général de la Cour et de la Ville, 310.
Journal général de l'Imprimerie et de la Librairie, 656-657-658.
Journal historique sur les matières du temps, 292.
Journal officiel de l'Empire français, 296.
Journal universel, 829.
Jugements des Savants, 674.

L

Laon. Manuscrits, 606.
Lettre au R. P... pour servir d'introduction et de commentaire à son Dictionnaire des livres jansénistes, 731.
Lettres-Patentes pour la Bibliothèque de l'Université de Caen, 858.
Liège. Société d'émulation, 921.

Lille. Bibliothèque, 895.
— Manuscrits, 621-622.
— Société des sciences, 567-568.
Limoges. Bibliothèque, 896.
Lyon. Bibliothèque, 897.
— Manuscrits, 623.
Londres. Société royale, 586-587-588.
— British Museum, 922.

M

Machines et inventions approuvées par l'Académie des Sciences, 529.
Magasin (le) de librairie, 342.
Magasin (le) pittoresque, 339.
Magasin (le) universel, 338.
Manuscrits. (Pour les catalogues des manuscrits des bibliothèques, voyez le nom des villes).
Marseille. Bibliothèque, 898.
Mélanges de littérature, de morale et de physique, 226.
Mélanges tirés d'une grande bibliothèque, 61.
Mémoires de l'Académie de . . . (Voyez le nom des villes).
Mémoires de la Société royale des Antiquaires du Nord, 591-592.
Mémoires d'un détenu, 236.
Mémoires lus à la Sorbonne, 577-578.
Mémoires pour l'histoire des sciences et des beaux-arts, 332.
Mémoires pour servir à l'histoire littéraire des Pays-Bas, 445.
Mémorial universel de l'industrie française, des sciences et des arts, 829.
Mercure de France, 291.
Mercure français, 291.
Mercure galant, 291.
Metz. Manuscrits, 624.
Moniteur universel, 295.
Montpellier. Bibliothèque, 899-900.
— Manuscrits, 606.
Mosaïque (la), 341.
Moulins. Bibliothèque, 861.
Munich. Manuscrits, 634.
Musée des familles, 340.

N

Nain (le) jaune, 308
Nantes. Bibliothèque, 901.
Niort. Bibliothèque, 902.
Nismes. Bibliothèque, 903-904.
North (the) American review, 837.
Notice des manuscrits de la bibliothèque de l'Eglise métropolitaine de Rouen, 626.
Notice sur la bibliothèque publique de Moulins, 861.
Notices et extraits des manuscrits de la Bibliothèque du Roi, 605.
Nouveaux mélanges de littérature d'un centenaire, 265.
Nouveau Mercure, 291.
Nouveau Mercure galant, 291.
Nouvelle bibliothèque choisie, 673.
Nouvelle bibliothèque d'un homme de goût, 682.
Nouvelle revue encyclopédique, 833.
Nouvelles de la République des Lettres, 814.
Nova de Symbolo Athanasiano disquisitio, 456.

O

Œuvre du philosophe de Sans-Souci, 216.
Origine (de l') des lois, des arts et des sciences, 363-364.
Origine des premières sociétés, 362.
Orléans. Manuscrits, 625.

P

Panthéon (le) littéraire, 280.
Pensées diverses à l'occasion de la comète de 1680, 184.
Pièces pour servir à l'histoire de l'Université de Paris, 497.
Pour (le) et le contre, 335.

Prœmium reformandæ Parisiensis Academiæ, 486,
Prytanée français.Distribution des prix aux élèves, 499-500.
Progrès des sciences en France, 369.

R

Rapports sur l'état des lettres et les progrès des sciences en France, 369.
Rapsodies du jour, 312.
Recherches historiques, curieuses, 259.
Recueil de l'Académie des Jeux floraux, 572.
Recueil de pièces d'histoire et de littérature, 283.
Recueil des pièces qui ont remporté le prix à l'Académie des Sciences, 528.
Recueil des rapports sur l'état des lettres et les progrès des sciences en France, 369.
Recueil général des questions traitées ès conférences du Bureau d'adresse, 252-253.
Recueil philosophique et littéraire de la Société typographique de Bouillon, 284.
Réflexions sur les Jugements des Savants, 677.
Réformation de l'Université de Paris, 488.
Refutatio eorum qui contra Thomæ Kempensis Vindicias scripsere, 464.
Règles pour les enfants grammairiens, 488.
Reims. Bibliothèque, 905-906.
Remarques sur la Bibliothèque des auteurs ecclésiastiques,757.

Réponse à la Bibliothèque janséniste, 730.
Réponse aux questions d'un Provincial, 183.
Revue artistique et littéraire, 347.
Revue britannique, 323.
Revue contemporaine, 322.
Revue critique d'histoire et de littérature, 835.
Revue de la Normandie, 353.
Revue de l'Instruction publique, 345.
Revue des cours littéraires, 348.
Revue des cours scientifiques,349.
Revue des Deux-Mondes, 324.
Revue des Provinces, 344.
Revue des Sociétés savantes, 573-574-575-576.
Revue encyclopédique, 826.
Revue européenne, 319.
Revue française, 315-316-343.
Revue germanique, 317-318.
Revue germanique, française et étrangère, 318.
Revue moderne, 318.
Revue nationale et étrangère,320.
Revue picarde, 352.
Revue suisse, 321.
Rouen. Bibliothèque, 907.
— Manuscrits de l'Eglise métropolitaine, 626.
— Académie, 569.

S

Saint-Dié. Manuscrits, 606.
Saint-Quentin. Société académique, 570.
Saint-Mihiel. Manuscrits, 606.
Saint-Omer. Bibliothèque, 862.
— Manuscrits, 606-627.
Schlestadt. Manuscrits, 606.
Scriptorum græcorum bibliotheca, 276.
Séances des Ecoles normales, 60.
Semaine (la), Encyclopédie de la Presse, 307.
Singularités historiques et littéraires, 260.

Sociétés savantes.—(Voyez le nom des villes où elles ont leur siége).
Sociétés savantes. (Distribution de récompenses accordées aux), 579.
Société typographique de Bouillon, 284.
Somme. Ecoles primaires. Règlements, 503-504-505.
Statuta honorandæ Nationis Gallicanæ, 492.
Suite de la clef ou Journal historique sur les matières du temps, 292.

T

Tableau des sciences philosophiques et mathématiques, 9.
Table générale du Journal des Savants, 809.
Table générale du journal de Verdun, 293.
Toulouse. Académie des Jeux floraux, 572.
Transactions philosophiques de la Société royale de Londres, 586-587-588.
Troubadours. (Histoire littéraire des), 414.
Troyes. Manuscrits, 606.

U

Université de Paris. Pièces pour l'histoire de l', 497.

V

Valenciennes. Bibliothèque, 908.
— Manuscrits, 628.
Variétés historiques, physiques et littéraires, 262.
Vesoul. Bibliothèque, 909.
Vindiciæ Kempenses, 467.

TABLE DES MATIÈRES

POLYGRAPHIE — HISTOIRE LITTÉRAIRE — BIBLIOGRAPHIE.

POLYGRAPHIE.

Ire Division. — Traités généraux. — Encyclopédies.

    a. — *Introduction à l'étude des sciences.* 1-7.
    b. — *Classification des connaissances humaines.* 8-14.
    c. — *Dictionnaires encyclopédiques.* 15-32.
    d. — *Encyclopédies.* 33-39.
    e. — *Cours d'études encyclopédiques.* 40-62.

IIe Division. — Polygraphes.

    a. — *Polygraphes grecs.* 63-81.
    b. — *Polygraphes latins anciens.* 82-101.
    c. — *Polygraphes latins modernes.* 102-146.
    d. — *Polygraphes allemands.* 147-152.
    e. — *Polygraphes anglais.* 153-154.
    f. — *Polygraphes italiens.* 155-157.
    g. — *Polygraphes espagnols.* 158-160.
    h. — *Polygraphes français.* 161-247.
    i. — *Variétés.* 248-275.

IIIᵉ Division. — Collections d'ouvrages de divers auteurs.
276-290.

IVᵉ Division. — Journaux et Revues.

   a. — *Journaux politiques et littéraires et principalement politiques.*
      291-308.
   b. — *Journaux et Revues littéraires et politiques en français.*
      309-326.
   c. — . . . . . *en langues étrangères.* 327-331.
   d. — *Revues scientifiques et littéraires.* 332-353.

HISTOIRE LITTÉRAIRE.

Introduction. — Généralités. 354-355.

Iʳᵉ SECTION.

HISTOIRE DES SCIENCES, DES LETTRES ET DES ARTS.

Chapitre I. — Histoire des sciences, des lettres et des arts.
356-369.

Chapitre II. — Histoire des sciences. 370-376.

Chapitre III. — Histoire des lettres.

   a. — *Histoire de la littérature ancienne et moderne.* 377-386.
   b. — *Histoire de la littérature orientale.* 387-389.
   c. — *Histoire de la littérature grecque.* 390-394.
   d. — *Histoire de la littérature romaine.* 395-398.
   e. - *Histoire de la littérature moderne de l'Europe.* 399-400.
   f. — *Histoire de la littérature française.* 401-428.
   g. — *Histoire de la littérature italienne.* 429-434.
   h. — *Histoire de la littérature espagnole.* 435-436.
   i. — *Histoire de la littérature anglaise.* 437-438.
   k. — *Histoire de la littérature allemande.* 439-444.
   l. — *Histoire de la littérature belge et hollandaise.* 445-446.

Chapitre iv. — Mélanges d'histoire littéraire. 447-455.

Chapitre v. — Questions diverses d'histoire littéraire. 456-477.

IIe SECTION.

HISTOIRE DES ÉCOLES ET DES SOCIÉTÉS SAVANTES.

I. *Histoire des écoles.* — *Généralités.* 478.
- a. — *Histoire des Universités, des Facultés et des Ecoles en France.* 479-507.
- b. — *Histoire des Universités et des Ecoles étrangères.* 508-515.

II. *Histoire et travaux des Sociétés savantes.*
- a. — *Académies et Sociétés françaises.* 516-584.
- b. — *Académies et Sociétés étrangères.* 585-593.
- c. — *Mélanges.* 594-600.

BIBLIOGRAPHIE.

Ire SECTION.

DE L'ÉCRITURE.

- a. — *Histoire de l'écriture.*
- b. — *Des manuscrits.*
- c. — *Catalogues de manuscrits.* 601-635.
- d. — *Autographes.* 636-639.

IIe SECTION.

IMPRIMERIE ET LIBRAIRIE.

- a. — *Histoire de l'imprimerie et de la librairie.* 640-651.
- b. — *Annales de la librairie.* 652-658.
- c. — *Livres imprimés sur vélin.* 659-660.

IIIᵉ SECTION.

BIBLIOGRAPHIE CRITIQUE.

CHAPITRE I. — TRAITÉS GÉNÉRAUX. 661-685.

CHAPITRE II. — TRAITÉS SPÉCIAUX.

A. — *Bibliographes nationaux.*
    a. — *Ecrivains grecs.* 686-688.
    b. — *Ecrivains italiens.* 689-690.
    c. — *Ecrivains espagnols.* 691.
    d. — *Ecrivains anglais.* 692.
    e. — *Ecrivains belges.* 693-696.
    f. — *Ecrivains français.* 697-713.

B. — *Bibliographie des ordres religieux et de quelques sectes.* 714-732.

C. — *Bibliographie professionnelle.*
    a. — *Ouvrages de théologie.* 733-766.
    b. — *Ouvrages de jurisprudence.* 767-770.
    c. — *Ouvrages de sciences.* 771-775.
    d. — *Ouvrages de littérature.* 776-779.
    e. — *Ouvrages d'histoire.* 780-788.

D. — *Ouvrages anonymes et pseudonymes.* — *Plagiaires.* 789-798.

E. — *Ouvrages condamnés.* 799-807.

CHAPITRE III. — BIBLIOGRAPHIE PÉRIODIQUE.

    a. — *Périodiques français.* 808-835.
    b. — *Périodiques étrangers.* 836-837.

IVᵉ SECTION.

BIBLIOTHÉCONOMIE.

    a. — *Des bibliothèques en général.* 838-851.
    b. — *Histoire des bibliothèques.* 852-877.
    c. — *Catalogues de bibliothèques publiques de France. (Ordre alphabétique des noms de villes).* 878-909.
    d. — *Catalogues des bibliothèques de divers établissements français* 910-913.

e. — *Catalogues de bibliothèques publiques à l'étranger.* 914-929.
f. — *Catalogues de bibliothèques particulières. (Ordre alphabétique).* 930-1046
g. — *Catalogues de libraires.* 1047-1063.

Table alphabétique des noms d'auteurs . . . . page 219
Table des ouvrages anonymes . . . . — 243
Table des matières 251

www.ingramcontent.com/pod-product-compliance
Lightning Source LLC
Chambersburg PA
CBHW060228190426
43200CB00040B/1685